大学生の学びを育む学習環境のデザイン

—新しいパラダイムが拓く
アクティブ・ラーニングへの挑戦—

岩崎千晶 編著

関西大学出版部

【本書は関西大学研究成果出版補助金規程による刊行】

はじめに

本書を作るきっかけになった出来事は，筆者が大学院生だった頃に実施した関西大学の先生方へのインタビュー調査でした。当時から「大学における学び」を研究テーマとしていた私は，大学の先生方に教育実践の手立てについて調査をしていました。ある先生に話を伺った後は，その先生から別の先生を推薦していただき，20 名以上の先生に話を聞かせていただきました。どの先生も教えや学びに関する哲学，教育方法について非常に丁寧に話してくださいました。

先生方は，学生が能動的に学ぶことを重視し，ICT を活用したり，地域社会や海外との連携を取り入れたりした授業を実践されておりました。いずれも魅力的な授業ばかりでした。こうした先生方が学部を超えてつながり，実践を共有し議論しあう場を設けることで，関西大学の教育の質はさらに向上していくと筆者は確信しました。そして，先生方をつなぐ役割を担いたいと強く願うようになりました。その後，幸いにも関西大学の全学における教育の質向上を担う教育推進部の職に就くことができ，本書を執筆するに至りました。

本書は，学生の能動的な学びを実現するため，大学における学びを育む学習環境のデザインに関する理論と実践について紹介しています。学生の能動的な学びを重視している背景には，教員中心主義から学生中心主義，つまりはティーチングからラーニングへのパラダイムシフトがあります。工業化社会から情報化社会，そして知識基盤社会へと変容した現在では，学生に対して PISA 型学力（第 4 章で紹介）に代表されるような新しい能力の育成が求められるようになりました。学生には，問題に対する決まりきった対処方法を覚えることよりも，自ら問題を発見し，その解決方法を他者とともに考え，解決する力を培うことが求められるようになったのです。こうした力を育むためには，従来のように教員が問題を発見し、その解決方法を伝えるティーチングよりも，学生が学生同士で学びあうラーニングを育むことが必要になります。その方法の一つとしてアクティブ・ラーニングが注目されています。本書は，「アクティブ・ラーニングをどうデザインすればよいのか」「学生の学びをどう育めばよいのか」，こうした問いをもつ大学教員，大学教員を目指す大学院生，授業を支える大学職員の皆さんをはじめとした読者の方々に役立てていただきたいと願っています。

学生の能動的な学びを育む授業やアクティブ・ラーニングについて紹介する書籍はすでにありますが，1つの大学の取り組みを包括的に紹介する書籍を目にする機会はまだ十分にありません。しかし，学生の能動的な学びを重視した授業を展開し，普及，定着させていくためには，1つの大学がどのような授業を展開しているのかを共有することは重要だと考えます。そこで，関西大学の様子を御覧いただくために，本書は関西大学全13学部，専門職大学院、教育推進部，国際部，留学生別科の教員23名で執筆しています。どの実践も，学生の能動的な学びを育むアクティブ・ラーニングへの挑戦が行われている教育実践です。

本書は第1部の理論編と第2部〜第5部の実践編から構成されています。理論と実践を往還し，実践知を培うことを目指しています。高等教育における理論的な背景を把握した上で実践について学びたい方は，第1部からお読みください。具体的な教育実践について知りたい方は，第2〜5部をお読みください。関心のあるキーワードをもとに索引を使い，辞書的に読んでいただくこともできます。

第1部は理論編「高等教育における学習環境を考える」です。高等教育を取り巻く環境の変化とその要因について述べ，今後，大学生にとって必要とされる新しい能力について論じています。そして，新しい能力を育成するためにはどのような教育方法が求められるのか，またその力をどう評価することが望ましいのかについて概観しています。

第２部は「演習において学生の能動的な学びを育む学習環境のデザイン」です。学生数が比較的少ない演習授業において，学生の能動的な学びを育むためにどのような学習環境をデザインするのかについて紹介しています。教職課程科目，初年次教育，政治教育，ゼミを取り上げ，多彩な側面からアクティブ・ラーニングの実践を取り上げています。

第３部は「多人数講義において学生の能動的な学びを育む学習環境のデザイン」です。多人数講義は学生とのコミュニケーションをとりづらく，講義形式中心の授業という印象があり，デメリットを感じる方が多いかもしれません。しかし，多人数講義には多くの学生と意見交換ができるというメリットがあります。第３部では，多人数講義の良さを生かした授業実践として，全学共通科目，理工系科目，他大学との連携を事例に，多人数講義におけるアクティブ・ラーニングの実践について紹介しています。多人数でどのようにアクティブ・ラーニングを導入するのかを考えるきっかけになれば幸いです。

第４部は「ICT を活用した学生の能動的な学びを育む学習環境のデザイン」です。アクティブ・ラーニングの取り組みを支える ICT を利用した授業として，e ポートフォリオを活用した日本語教育，フォーラム（電子掲示板）を活用した教育課程科目，クリッカー機能を有する S-maqs を活用した授業実践を紹介しています。ICT が学生の能動的な学びをどう深めているのかを御覧いただけるかと思います。

第５部は「社会と連携した学生の能動的な学びを育む学習環境のデザイン」です。地域社会，企業，海外と連携しながらアクティブ・ラーニングを展開している様子を紹介しています。学生にとっても，社会にとっても有益な学びにするためには，どのような学習課題を設定すればよいのかを検討する際，参考にしていただけると思います。

本書の課題としては，各学部等から１～２つの授業しか紹介できていないことにあります。学生は複数の授業を受けています。学生の学びを支えるためには，カリキュラムの構成を検討することが重要になります。しかし本書では，カリキュラムの展開に関して触れられている章は限られています。

また，教育を実践するには，それを支える組織体制や教育資金が必要になります。こうした支援に関しても言及することができませんでした。いずれも今後の課題として，議論を続けたいと考えています。

関西大学には本実践以外にも紹介すべき優れた教育実践は多数ありますが，紙面の都合上すべて載せることができませんでした。これは幸せなことだと感じています。今後も，質の高い学習環境のデザインを共有する機会を継続的に設け，教員同士がつながる学びの場をつくることで，学生の能動的な学びの実現を応援していきたいと思います。

最後に本書を出版するにあたりご協力を頂きましたすべての方々に心から御礼を申し上げます。

2014年3月吉日

関西大学教育推進部　岩崎千晶

目　次

はじめに
教育推進部　岩﨑千晶 …… i

第1部　高等教育における学習環境を考える（理論編）

第1章　高等教育を取り巻く環境の変化を考える
総合情報学部　久保田賢一 …… 3

第2章　学生の能動的な学びを支え，新しい能力を育成する教授・学習法を考える
教育推進部　岩﨑千晶 …… 17

第3章　新しい能力を育む学習環境を考える
教育推進部　岩﨑千晶 …… 55

第4章　新しい学習を評価するツール　−ルーブリック−
総合情報学部　黒上晴夫 …… 87

第2部　演習において学生の能動的な学びを育む学習環境のデザイン（実践編）

第5章　ティーチング・アシスタントとe-LINCを活用した教職課程科目「英語科教育法」の実践
外国語学部　竹内 理 …… 111

第6章　ラーニング・アシスタントを活用した初年次教育「スタディスキルゼミ（プレゼンテーション）」のデザイン
教育推進部　岩﨑千晶 …… 125

第7章　学ぶ力を主体的に身につける「知のナヴィゲーター」の授業デザインとライティングラボの活用 …… 141
文学部　中澤 務

第8章　政治学教育をつうじた市民教育の実践
法学部　石橋章市朗 …… 155

第9章　合同ゼミによる大学間交流学習のデザイン
社会学部　森田雅也 …… 173

コラム　地域コミュニティから考える「実践教育」
人間健康学部　岡田忠克 …… 187

第 3 部　多人数講義において学生の能動的な学びを育む学習環境のデザイン（実践編）

第10章　学生と作る・学生が創る授業
「大学教育論―大学の主人公は君たちだ！―」のデザイン
教育推進部　三浦真琴 …… 193

第11章　理工系多人数講義における効果的なグループ討論
化学生命工学部　片倉啓雄 …… 205

第12章　専門分野の異なる三大学連携の教育
システム理工学部　倉田純一 …… 219

第13章 思考を促す会計教育
会計専門職大学院　柴 健次 …… 231

第 4 部　ICT を活用した学生の能動的な学びを育む学習環境のデザイン（実践編）

第14章　ブレンディッド・ラーニングによる日本語教育のデザイン
留学生別科　古川智樹，国際部　池田佳子 …… 243

第15章　学生の学びのスタイルと評価の互恵的関係を探る
文学部 教育推進部　田中俊也 …… 257

第16章　対面授業での S-maqs を活用した双方向授業の準備から実施まで
環境都市工学部　冬木正彦
社会安全学部　辛島恵美子
教育推進部　岩﨑千晶 …… 271

第17章　「交渉学」，ラーニング・アシスタントを取り入れた初年次教育
「ピア・コミュニティ入門・演習」におけるデザイン
教育推進部　山本敏幸 …… 283

第 5 部　社会と連携した学生の能動的な学びを育む学習環境のデザイン（実践編）

第18章　社会人基礎力を培い，新しい価値を創造するビジネス教育
商学部　川上智子 …… 301

第19章　国連機関（ILO）での政策提言プロジェクト『KUILO』を
実践する専門演習デザイン
経済学部　後藤健太 …… 313

第20章　社会との連携を通して，多人数講義を少人数ゼミに変えるレシピ
政策創造学部　深井麗雄 …… 329

第21章　大学と社会をつなげるプロジェクト学習のデザイン
総合情報学部　久保田賢一 …… 343

第22章　小学校と連携したフィールド実習―模擬保護者会の実施―
文学部　石井康博 …… 357

第23章　国際協力サービスラーニングのプログラム化に向けた実践的考察
―フィリピン共和国パンパンガ州の児童養護施設での情操教育協力活動を参考に―
国際部　澤山利広 …… 371

おわりに
文学部 教育推進部　田中俊也 …… 385

第1部

高等教育における学習環境を考える
（理論編）

第1章　高等教育を取り巻く環境の変化を考える

総合情報学部　久保田賢一

1　はじめに

21世紀に入り高等教育を取り巻く環境が大きく変化してきました。日本の経済が右肩上がりの時代には，企業は大学に対して人材育成を特別に期待していたわけではありませんでした。大学で偏った教育をされるよりも，何にも染まっていない新卒学生を雇い，企業にあった独自の色に染めるために入社後に鍛えるほうが良いと考えていたからです。その頃，大学は「レジャーランド」と揶揄され，過酷な受験勉強を経て進学できた学生には，4年間モラトリアムな日々を過ごす場として容認されていました。しかし，バブルがはじけ，先行きが不透明な経済状況が長期化し，さまざまな局面においてグローバル化が進展してきた現在，レジャーランドとしての大学ではもはや立ち行かなくなってきたわけです。企業が時間をかけて人材育成をする時代は終わり，大学卒業後，即戦力になる人材を採用することが，企業の生き残りに重要であると見なされるようになったからです。経済が右肩上がりの時代には，マニュアルを覚え，従順で辛抱強く働くことができる能力が求められました。しかし，それは急速に変化する現代において，即戦力になるものではありません。現代社会は，溢れる情報の中から必要な知識を取り出し，編集し，社会の変化に自律的に対応できる能力を求めています。つまり，学校で教わった知識や技能を習得するだけでは十分ではないということです。知識を活用し創造性を発揮し，周りの人たちと協働して問題解決ができる人材が求められるようになったといえるでしょう。そして，大学に対してこのような能力を育成することが期待されるようになってきたのです（久保田・岸 2012)。

もちろん高等教育改革の動きは，企業社会からの要請に応えるためだけではありません。情報化，グローバル化が進む中で，地球規模の課題を解決するべく，21 世紀に生き抜く人材を育成することが求められているのです。本章では，高等教育を取り巻く状況の変化，それに伴い教育や学習に関する考え方の変化，そしてこれからの高等教育において求められる人材像について概観していきたいと思います。

2　高等教育の変遷

トロウ（1976）は，アメリカの大学教育を分析し，大学進学率が 15 パーセント未満のエリート段階から始まり，15 パーセントから 50 パーセントまでのマス（大衆）段階，そして 50 パーセント以上のユニバーサル段階へと発展してきたことを示しました。そして，ひとつの段階から次の段階への移行過程では，大学と社会の間でさまざまな緊張や葛藤がおきるので，それぞれの段階にあった対応が求められることを解き明かしました。

同様に，戦前の日本の高等教育もエリート段階から始まりました。そして戦後，旧制の高等教育機関は，アメリカの教育システムに倣い新制大学として発足しました。1960 年代には高等教育への進学率が次第に高まり，マス段階に移行し始めました。マス段階では大学内外のいろいろな矛盾が表面化し，1960 年代後半から大学紛争が全国に吹き荒れました。学生は，旧来の社会システムに対して NO を突きつけたのです。中央教育審議会は 1971 年に答申を出し改革を促しますが，筑波大学の創設など部分的に具体化されただけで改革は思うように進まないものでした。現在の大学改革が本格化するのは，1990 年代に入ってからです。

現在につながる大学改革に大きな影響を及ぼしたのは，1991 年の中教審の答申「大学教育の改善について」でした。この答申は，これまで細かく規定されていた教育カリキュラムの編成を各大学の自由にゆだねるというもので，大幅な基準の緩和をすることを提言しました。また，その代わりに，大学に教育水準を向上させる努力を促し，質を保証するための「自己点検」をしっかりと行うことを義務づけました（天野 2006）。

この答申は，長い間変わらないといわれた大学に改革の道筋を与えました。カリキュラム編成が自由になったことで，多くの大学が一般教育課程や教養学部を廃止し，学際的なカリキュラムによる新しい学部を設置するようになりました。また，短大から4年制大学への移行が増え，年々大学が増加してきました。加えて，FD制度やセメスター制，TA制度，学生による授業評価，編入学定員枠の設定など，次々と新しい取り組みが導入されました。これらの取り組みのほとんどはアメリカの大学で実施されているものです。日本の大学はアメリカの大学の取り組みを日本の高等教育の中に組み入れることで，改革を行なおうとしてきたといえるでしょう。

2009年には，大学進学率が50パーセントを超え，ユニバーサル段階に入りました。大学の数は800に迫ろうとしていますが，定員を満たすことのできない大学も数多く出現しています。多くの大学で行われるようになった「学生による授業評価」や「FD研修」などは，表面的には実施されていますが，その内実はいろいろな矛盾や問題が噴出してきています。アメリカの改革の方法を取り入れても，理解が不十分であったり，形だけの導入であったりすると，その成果が十分に上がるわけではありません。現在，ユニバーサル段階に合わせた大学改革を適切に推し進めていくことは，日本の大学における喫緊の課題だといえるでしょう（苅谷 2012a）。

3　教育改革を促す要因

ユニバーサル段階における大学の在り方は，それを取り巻く社会の変化と密接に関連をしています。天野（2006）は，改革を行う理由として，三つの国際的な要因と三つの国内的な要因をあげています。

国際的な要因の第一は，前節でも説明をした高等教育の「大衆化」です。世界的に大学への進学率は高まってきています（図1参照）。先進国の多くはユニバーサル段階に到達していますし，開発途上国もマス段階に移行してきました。日本でも2009年度には大学への進学率が50パーセントを超えました。日本の場合，学生の80パーセントは私学に進学します。私立大学が進学率の増加に対応してきたわけです。このような進学率の急激な上昇や大学における学生規模の拡大は，高等教育に質的な変化をもたらします。多様なニーズを持った学生に対応するために，新しい教育方法が模索されています。

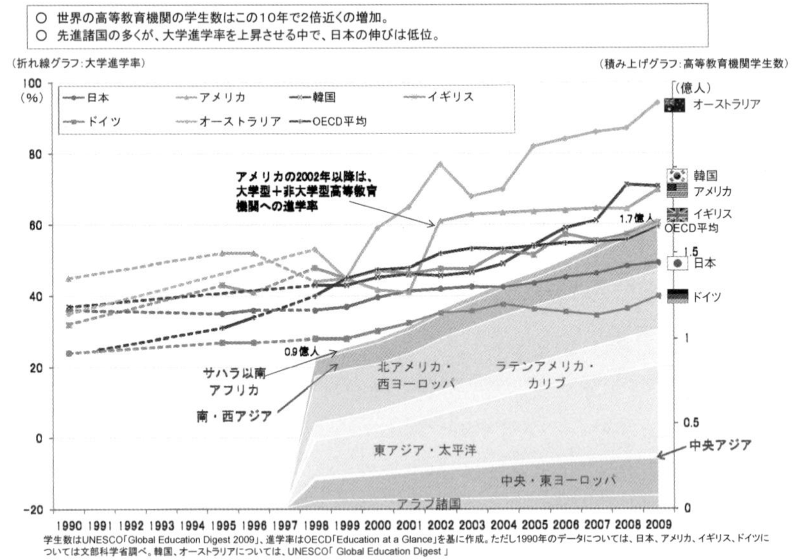

http://www.mext.go.jp/component/b_menu/shingi/toushin/__icsFiles/afieldfile/2012/10/04/1325048_6.pdf

図1　世界の高等教育機関の学生数と大学進学率の増加

国際的な要因の第二は「市場化」です。世界的に高等教育を俯瞰すると高等教育は国の強い支援により成り立ってきました。たとえば，ヨーロッパの大学は国立が多く，私学はあまりありません。アメリカの大学は私学が多いですが，8割の学生は公立の大学で学んでいます。一方，日本の学生の8割は私学で学んでいます。これは，韓国，台湾などを含む東アジアの特徴で，世界的にみると例外的な存在です。国からの援助の少ない私立大学は，早い時期から「市場化」してきたといえるでしょう。資金の獲得や経営面で，優秀な学生や教員を求めて競争せざるを得ません。

国際的な要因の第三は「グローバル化」です。インターネットの普及や交通網の発達に伴い国境を越えた人やモノ，情報の移動が飛躍的に増大してきました。経済や政治のグローバル化だけでなく，教育もグローバル化の波にさらされています。日本人の留学生数は減少していますが，世界的にみると国境を越えて外国の大学で学ぶ学生の数は年々増加しています。とくに，アメリカの大学では多くの優秀な留学生が学んでいます。アメリカの高等教育は「グローバル・スタンダード」としての地位を獲得し，世界の多くの大学が改革の方法を模倣するようになりました。

このような国際的要因は、日本の大学にも強く改革の要求を突きつけています。国際的な要因に加えて，国内的要因がさらに改革を進める後押しをしています。大きな国内的要因を三つ提示します。

国内的な要因の第一は「少子化」です。大学への進学率は上昇しているにもかかわらず，受験生の総数は増えているわけではありません。18歳人口が減少している上，大学の数が増えています。その結果，大学は十分な数の学生を集めることができなくなりました。四割近い大学が，定員割れを起こしています。入学者の募集や選抜の方法から入学後の指導や教育の在り方，経営の方針まで全面的な見直しを迫られているといえるでしょう。

国内的な要因の第二は，「経済の悪化」です。1990年代にバブルが崩壊し，経済が悪化し「失われた20年」という状況が続いています。資源の乏しい日本の経済が再生するには，質の高い人的資源を作り上げていくことしかありません。そのためには高等教育の質を高め，大学の研究能力を向上させることが必要であり，それに向けて努力をしていくことが重要であるという認識が共有されるようになってきました。とくに，大学と企業が連携し，大学の知的資源を企業が活用できる体制の構築と質の高い学生を輩出しなければならないという，外部からの圧力が強まってきました。

国内的な要因の第三は，「政策の変化」です。新自由主義的な政策がとられるようになると教育分野においても「規制緩和」と「構造改革」が進んできました。1990年代に入り，「大学設置基準」が大幅に改正され，次々と新しい大学や学部が開設されるようになりました。1980年に443校あった大学数は，2012年には783校になり，ほぼ倍増しています。国立大学の数はほとんど変化していませんが，公立，私立の大学が大幅に増えました。その結果，大学は競争的環境の中におかれ，経営面で「自己責任」が問われ，大学は生き残りをかけた競争に積極的に参加せざるをえません。

4　変貌する学習者像

高等教育を取り巻く環境が大きく変化していく中，大学生に求められる学習者像も変わってきました。先述したように，大学がレジャーランドと見なされていた時期は，大学に入学するための学力が重要視され，大学で何を学んだかということは期待されていませんでした。しかし，グローバル化がすすみ競争的な環境に移行する中で，これまでのように知識を獲得するだけでは，これからの社会には対応できないという不安が生まれてきました。そこで21世紀の知識基盤社会で生き残る力を持った学習者像が模索されるようになりました。それは，「学力」という従来の能力概念を超えた「新しい能力」が求められるという共通の認識が生まれてきたからでしょう。

「新しい能力」について，多くの団体がさまざまな名称を付け，定義づけています。たとえば，「社会人基礎力」（経済産業省），「エンプロイアビリティ（就業能力）」（日本経営者団体連盟），「就職基礎能力」（厚生労働省），「グローバル人材」（文部科学省），「21世紀型スキル」（OECD，企業）などと名付けられ，おもに国や企業の側からの強い要請として提出されてきました（溝上・及川 2012；松下 2010）。もちろん，「新しい能力」は，企業社会の求める職業人を輩出することにとどまらず，豊かな社会を建設するために社会に積極的に関与する市民として，また生涯にわたって学び続ける学習者として全人格的な能力の開花として位置づけ，大学教育の中で育成していくことが大切です（中央教育審議会 2008, 2012a, 2012b）。ここでは，2つの新しい能力について検討していきます。

4. 1　社会人基礎力

2006年から経済産業省が提唱している「社会人基礎力」は，三つの能力と12の能力要素により構成されています（表1参照）。知識や技能をうまく活用するために必要な「前に踏み出す力」，「考え抜く力」，「チームで働く力」が示されています。「前に踏み出す力」は，ものごとに主体的に働きかけ，周りの人を巻き込み協調して目標を達成するために行動に移せる力です。「考え抜く力」は，現状を分析し問題を見つけ出し，それを解決するために計画を立て，創造的に問題を解決していくことができる力です。「チームで働く力」は，相手に分かりやすく説明したり，相手の意見をしっかりと聞いたりすることができるコミュニケーション力，状況を把握し柔軟に対応する力，そして，課題達成に向けて自己を律する力などが含まれます。

表1　社会人基礎力

3つの能力	12の能力要素
前に踏み出す力（アクション） ～一歩前に踏み出し，失敗しても粘り強く取り組む力～	(1)　主体性：物事に進んで取り組む力 (2)　働きかける力：他人に働きかけ巻き込む力 (3)　実行力：目的を設定し確実に実行する力
考え抜く力（シンキング） ～疑問を持ち，考え抜く力～	(4)　課題発見力：現状を分析し目的や課題を明らかにする力 (5)　計画力：課題の解決に向けたプロセスを明らかにし準備する力 (6)　創造力：新しい価値を生み出す力
チームで働く力（チームワーク） ～多様な人々とともに，目標に向けて協力する力～	(7)　発信力：自分の意見をわかりやすく伝える力 (8)　傾聴力：相手の意見を丁寧に聞く力 (9)　柔軟性：意見の違いや立場の違いを理解する力 (10)　情況把握力：自分と周囲の人々や物事との関係性を理解する力 (11)　規律性：社会のルールや人との約束を守る力 (12)　ストレスコントロール力：ストレスの発生源に対応する力

（出所：経済産業省ホームページ）

知識を身につけるだけでなく，実際の場面で知識を活用して問題を解いたり，チームで問題解決への取り組みを進めたり，さまざまな場面で柔軟に対応して，社会のニーズに対応できる人材の育成が目指されています。職場でのストレスに対処し新しい環境に適応して，創造性を発揮できる新入社員を企業が求めているといえるでしょう。

4. 2　学士力

学士力は，中央教育審議会（2008）の「学士課程教育の構築として」と題される答申の中にまとめられた能力です。能力要素として「知識・理解」，「汎用的技能」，「態度・志向性」，「統合的な学習経験と創造的思考力」の4項目が挙げられています（表2参照）。学部の専門性にかかわりなく，学士課程教育の学習成果を汎用性のある能力の獲得と捉え，各大学が自主性・自律性のもとに達成していくものであると説明しています。たとえ各大学が独自の教育を実施しても，学習成果としての学士力はある程度，標準化されたものにならないといけません。高等教育の入り口ではなく，出口の能力としてしっかりと評価して，社会に送り出すという考え方に重点が置かれるようになったといえるでしょう。

「知識・理解」では，専門の分野における基本的な知識の体系的理解とともに，専門にとらわれない異文化理解や地球的・社会的課題の理解，社会・歴史・自然との関連で自己理解の重要性を強調しています。「汎用的技能」には，論理的思考やその基礎となる数量的スキル，情報活用能力，協働していくためのコミュニケーション・スキルが含まれています。「態度・志向性」では，自己調整的な力や他者と協調して活動できる力，その根底に市民としての責任を果たす態度，学び続ける意欲などが含まれます。「統合的な学習経験と創造的思考力」は，学士力を総合的に活用し，新しい問題に直面した時に，その問題に意欲的に取り組み，解決していける能力を示しています。学士力は，すべての専門領域をカバーする汎用的な意味合いが強く，知識だけでなく態度や志向を含む「新しい能力」概念として提案されています。

2つの新しい能力概念について概観しました。これらの「新しい能力」を

表２　学士力

能力要素	能力要素の内容
1. 知識・理解	専攻する特定の学問分野における基本的な知識を体系的に理解するとともに，その知識体系の意味と自己の存在を歴史・社会・自然と関連付けて理解する。 (1)　多文化・異文化に関する知識の理解 (2)　人類の文化，社会と自然に関する知識の理解
2. 汎用的技能	知的活動でも職業生活や社会生活でも必要な技能 (1)　コミュニケーション・スキル：日本語と特定の外国語を用いて，読み，書き，聞き，話すことができる。 (2)　数量的スキル：自然や社会的事象について，シンボルを活用して分析し，理解し，表現することができる。 (3)　情報リテラシー：情報通信技術（ＩＣＴ）を用いて，多様な情報を収集・分析して適正に判断し，モラルに則って効果的に活用することができる。 (4)　論理的思考力：情報や知識を複眼的，論理的に分析し，表現できる。 (5)　問題解決力：問題を発見し，解決に必要な情報を収集・分析・整理し，その問題を確実に解決できる。
3. 態度・志向性	(1)　自己管理力：自らを律して行動できる。 (2)　チームワーク，リーダーシップ：他者と協調・協働して行動できる。また，他者に方向性を示し，目標の実現のために動員できる。 (3)　倫理観：自己の良心と社会の規範やルールに従って行動できる。 (4)　市民としての社会的責任：社会の一員としての意識を持ち，義務と権利を適正に行使しつつ，社会の発展のために積極的に関与できる。 (5)　生涯学習力：卒業後も自律・自立して学習できる。
4. 統合的な学習経験と創造的思考力	これまでに獲得した知識・技能・態度等を総合的に活用し，自らが立てた新たな課題にそれらを適用し，その課題を解決する能力

（中央教育審議会 2008）

構成している能力要素は，次のようにまとめることができます。

・基本的な認知能力（読み書き計算，基本的な知識・スキルなど）
・高次の認知能力（問題解決，創造性，意思決定，学習の仕方の学習など）
・対人関係能力（コミュニケーション，チームワーク，リーダーシップなど）
・人格特性・態度（自尊心，責任感，忍耐力など）

（松下 2010, p2）

「新しい能力」の特徴は，認知的な能力に加え全人格的な能力を含んでいる点にあります。そして，大学はこのような能力要素を含んだ教育目標を設定し，評価の対象にしようとしていることです。つまり，「新しい能力」は，教育の中に位置づけることができ，教育を通して陶冶可能であるという観点に立っているといえるでしょう。

5 「ため込む学び」から「つながる学び」へ

それでは，このような特徴を持った「新しい能力」を育成するためには，どのような学習活動をデザインしたらよいのでしょうか。それを検討する前に，これまでの伝統的な授業とこれからの新しい授業のスタイルや，そのもととなる考え方について比べてみたいと思います。

今日でも，日本の大学の伝統的な授業では講義形式が中心で，「話を聞いてノートをとる」ことが学習の基本形です。教員は，学生に教科書に書かれた内容を理解してもらうために説明し，学生はひたすらノートをとります。教室は閉ざされた空間であり，その中で知識は教員から学生に一方向に流れます。学生は「空っぽの容器」とみなされ，その空の容器に知識というモノを満たしてあげるのが教員の役割です。教員は，教室の権威者として，あるいは知識の独占者として，知識を学生に伝達するために授業をコントロールします。学生は，将来役に立つからという説明を受け，ひたすら知識をため込んでいくことが求められます。しかし，意味も分からないまま知識をため込むことは苦痛になります。だから授業は適当に流しても，出席することで安心感を保持しようとします。そして，試験に向けて友人からノートを借り，教科書を暗記し，一夜漬けで何とか切り抜けようとするわけです。何とか試験をパスしたとしても，一夜漬けて覚えた知識は，試験が終わるとすっかり消えていってしまいます。このような伝統的な授業を受けることでは，「新しい能力」を育成することはできません（苅谷 2012a）。

このような従来型の学びを「ため込む学び」と呼ぶとすると，新しい学びは「つながる学び」と名付けることができます。知識は頭にため込むものではなく，周りと分け合うことでさらに大きな知識に変貌していきます。分け合うことで，教室の中と外がつながり，人と人とがつながり，新しい知識と学んだ知識がつながっていきます。学生が周りの人たちと知識を共有することで，新たなつながりが作られ，そのつながりから新しい価値が生まれていきます。それはちょうどブレインストーミングをすることで創造的な思考を活性化していくことに例えることができるでしょう。一人では考えられないようなアイデアが，人と人がつながり，話し合うことで生まれてきます。

このような学習活動は，学生がグループを作り，周りの道具やリソースを活用しながら問題解決をしていくプロジェクトあるいは，問題解決学習と呼ばれるものです。これらの学習は，学生自身の主体的な取り組みが軸になります。学生の興味・関心のある研究テーマにもとづいて情報を集め，問題を解決するための手立てを見つけ，まとめて発表する学習です。たとえば，環境や貧困，安全などの地球規模の課題について学ぶとき，学生同士で議論を進め，外部の専門家に問い合わせたり，実際にアジアの国を訪問し，フィールドワークをして情報を収集し，発表したりすることを通して，学生は新しい能力を身につけていくことができます。教員の役目は，学生の取り組みをモニターし，必要に応じてアドバイスをしたり，活動を見守ってあげたりすることです。表3に，2つの学習スタイルに関しての違いを比較してみました。

「新しい能力」を育成するには，「つながる学び」に示されたような協同する活動を活性化することです。最近では，アクティブ・ラーニング（能動的学習）に代表されるような参加型学習，ワークショップなど，コミュニケーション力や意欲を育てる学習活動が多く取り入れられています。学生にとって「意味のある学び」をどうデザインしていくかが教員に問われるようになってきました（苅谷 2012b; 久保田 2005）。

表３「ため込む学び」と「つながる学び」の比較

ため込む学び	つながる学び
教員中心の情報管理 教員が何をどのように学ぶか管理する	**学生中心の学習** 学習者自身が知識を構成する
教科書と教員が唯一の情報源 限られた情報源からの情報を受け取る	**豊かな学習環境** さまざまなツールやコンテンツが活用できる豊かな学習環境の中で学ぶ
知識の受け皿としての学生 ひたすら記憶することが求められる	**学習コミュニティの形成** 多様な視点，多様な価値観を提供し合い，相互に貢献する
事前に用意された知識 個々人の学習ニーズは考慮されず，パッケージ化された知識のみ	**細かな学習ニーズに対応** 多様な学習者のニーズに合った学習を展開する
知識をため込む容器としての学生 知識は，教員から学生へ流れ，学生は知識をため込む容器と捉えられる	**参加型の学習** 水平方向の情報の流れのなかで，相互作用を通じて知を創造する
教師への絶対的な信頼 信頼のおける知識は教員のみが持つ；学生は無知で信頼がおけない	**協同のための信頼** 多様な視点，多様な価値観のもと，学習者間で情報を提供しあう
教員に知識と権威が集中 教員の指示に従うことで，効果的な学習ができる	**自律的な学習** 学習者が自律的に学び，相互作用を大切にする

6「つながる学び」を支える環境の整備

「新しい能力」を育成するには，単に「教え」と「学び」を変えるだけでは十分ではありません。教員が新しい授業を実践していくための環境を大学のシステムとして充実させていく必要があります。たとえば，学生と対話を重視した授業を導入しようとしても，固定された机と椅子の教室では，学習スタイルを柔軟に変えたりすることは難しくなります。また，1セメスターに10科目も履修するようになっている現在のカリキュラムでは，事前に教科書を読んでくるように指導しても，学生の負担が大きくなりすぎて現実的ではありません（苅谷 2012b）。また，学生が自主的に学習しようと思っても，コンピュータ教室が自由に利用できなかったり，混雑をしていたりしたら学ぶ意欲がそがれます（久保田 2013）。このような仕組みを変えるのは，一人の教員の努力では難しいものがあります。教員が教えやすい環境，学生が学びやすい環境を，大学として責任を持って整備していくことが求められます。

大学のシステム改革に加え，社会との関係性も改革していかなければならないでしょう。まず，大学教育システムの入り口である入学選抜の仕組みを変えていくことです。いくら「新しい能力」の育成を唱えても，現行の知識偏重の学校教育システムが変わらなければ，実現は難しいといえるでしょう。書く力や話す力，協調して問題解決する力を大学から育成するのではなく，初等・中等教育でもその重要性を共有し，育てていこうとする合意を形成していくことが求められます。単に知識を身につけるだけでなく，意見をしっかりと言え，行動できる学生を選抜する仕組みづくりが求められます。

第二に，大学教育システムの出口のところを充実させることです。就職活動の時期が早まり，3年生の半ばから多くの学生は活動を開始します。就職活動の早期化・長期化により，実質，大学での学習は3年間だけになってしまいます。これでは，大学教育に対して企業は期待していないと言わざるをえません。優秀な学生を採用したいという企業の気持ちはわかりますが，学生をしっかり育成するための時間を大学に与え，コンピテンシーの高い人材を輩出してもらうことを重視する必要があるでしょう。一方，多くの私学は授業料に依存した経営体制をとっています。学生に厳しい成績評価をしたり，高度な学習要求を突き付けたりしては，学生を集めることができなくなります。アメリカの大学と違い，日本の大学は入学したら，ほぼ卒業できることが確実な教育システムが作られているため，学習への取り組みが十分に行えないことが課題です。

高等教育の改革は，教室の中の授業改善にとどまらず，大学の教育システム，社会との連結部分の仕組みなどを改善して行くことが求められます。もちろん，教室内での授業改善は，教員の努力で変えることのできる部分ですが，それよりも大きなシステムとの関連で，高等教育の改革を俯瞰していくことも大切です。本書では，おもにそれぞれの教員が，授業においてどのような取り組みをしているかという点に焦点を絞って紹介しています。授業改善に加え，大学と社会を俯瞰するグローバルな視野を持ち，ひとり一人の教員が授業を改善する努力を支える仕組みを作り，より大きな枠組みの中で高等教育を改善していくための方向性をしっかりと持つことが必要です。

参考文献

天野郁夫（2006）『大学改革の社会学』，玉川大学出版部．
苅谷剛彦（2012a）『グローバル化時代の大学論①アメリカの大学・ニッポンの大学：TA，シラバス，授業評価』，中央公論新社．
苅谷剛彦（2012b）『グローバル化時代の大学論②イギリスの大学・ニッポンの大学：カレッジ，チュートリアル，エリート教育』，中央公論新社．
久保田賢一（2005）『ライフワークとしての国際ボランティア』，明石書店．
久保田賢一（2013）『高等教育におけるつながり・協働する学習環境デザイン：学生の能動的な学びを支援するソーシャルメディアの活用』，晃洋書房．
久保田賢一・岸磨貴子（2012）『大学教育をデザインする：構成主義に基づいた教育実践』，晃洋書房．
松下佳代（2010）『〈新しい能力〉は教育を変えるか：学力・リテラシー・コンピテンシー』，ミネルヴァ書房．
溝上慎一・及川恵（2012）「学生の学びと成長・支援」，京都大学高等教育研究開発支援センター（編著），『生成する大学教育学』，ナカニシヤ出版．
中央教育審議会（2008）『学士課程教育の構築に向けて』，（答申）文部科学省．
中央教育審議会（2012a）『予測困難な時代において生涯学び続け，主体的に考える力を育成する大学へ』，（審議まとめ）文部科学省．
中央教育審議会（2012b）『新たな未来を築くための大学教育の質的転換に向けて～生涯学び続け，主体的に考える力を育成する大学へ～』，（答申）文部科学省．
トロウ，マーチン（1976）天野郁夫・北村和之（訳）『高学歴社会の大学：エリートからマスへ』，東京大学出版会．

第２章　学生の能動的な学びを支え，新しい能力を育成する教授・学習法を考える

教育推進部　岩﨑千晶

新しい能力を育むためには，「ため込む学び」から「つながる学び」へ，ティーチング（教えること）からラーニング（学ぶこと）へのパラダイムシフトをする必要があることを第１章で紹介しました。中教審の大学分科会大学教育部会（2013）においても，大学が社会の変容を見据えたうえで，教員と学生が対話をし，学生同士の相互作用を促すような課題解決型の能動的学習（アクティブ・ラーニング）を推進することを求めています。このような学習を実現するためには，どのような授業を展開すればよいのでしょうか。第２章では，アクティブ・ラーニングを実施するための様々な教授・学習法を紹介しつつ，授業をいかに設計するのかを具体的に検討する手立てとしてインストラクショナルデザインについて触れます。そして，アクティブ・ラーニングを支え，質を高めるツールとして，ICT の活用方法に関しても考えたいと思います。

１「つながる学び」を実践するアクティブ・ラーニング

ティーチングからラーニングへのパラダイムシフトに欠かせないキーワードとして，アクティブ・ラーニングが挙げられます。アクティブ・ラーニングは，包括的な概念であり，その定義はとても幅広いといえます。溝上（2013）は，授業者による一方向的な知識伝達型の授業を乗り越える能動的な活動が含まれるものはすべてアクティブ・ラーニングであるとしていま

す。また Prince（2004）は，アクティブ・ラーニングとは，学生が意義のある学習活動を行い，彼らが実施していることに対して深く考えることで，学習プロセスに従事（engage）することだと定義しています。そして，アクティブ・ラーニングは，受動的な学習（Passive learning）の反対概念になるとも説明しています（ほかにも河合塾 2013 など）。本書においては，アクティブ・ラーニングを情報を受け取るだけの講義を超えた学生の能動的な学習活動を含み，学生が取り組んでいる活動に対して深く思考し，学習プロセスに積極的に関与することを目指した学習と捉えます。

アクティブ・ラーニングの特徴に関しては，Bonwell（1991）が次のように記しています。

- 学生は聴くことを超えた学びに関与する
- 情報を伝えることよりも，学生のスキルの育成を重視する
- 学生は，高次な思考が求められる取り組みに関与する（課題の分析，構造化，評価など）
- 学生は，リーディング，ディスカッション，ライティングに関連する活動に従事する
- 学生自身の価値や姿勢に対して探求することが重要視される（Bonwell 1991 p.2）

Bonwell（1991）は，アクティブ・ラーニングでは，学生が講義を聞き，情報をため込むだけではなく，講義を聞く際にも思考をしたり，講義を聞いた内容を基に小レポートを書いたりするなどして，単に情報を受容することを超えた学びに関わるのだと述べています。そのためには，情報を伝えることに重きを置くのではなく，学生が情報を理解することで何ができるようになるのかを重視した授業を展開する必要があります。また，アクティブ・ラーニングでは，学習課題と自らの既有の知識を結び付けて，課題を分析したり，構造化したりするような高次な思考力を働かせる取り組みを導入することを目指しています。高次な思考が求められる活動としては，批判的に物事を読み解くリーディング，学習者同士でさまざまな視点から学習課題について考えるディスカッション，学習者同士で調査した事柄についてまとめるライティングやプレゼンテーション等の活動が挙げられます。こうした活動

に従事することで，高次な思考が育成されることにつながっていきます。

アクティブ・ラーニングを育む具体的な方法としては，協同学習（協調学習），PBL（Problem Based Learning, Project Based Learning）などが挙げられます。このほかにも，クリッカー，ミニレポートなど広い意味でのメディア（媒介物）を活用して学生の能動的な参加を促す方法，グループディスカッション，ディベートなどもアクティブ・ラーニングの方法に含まれます（Prince2004，溝上2013）。次節以降では，アクティブ・ラーニングの具体的な方法である協同学習（協調学習），PBL（Problem Based Learning, Project Based Learning）を紹介します。

2　協同学習（協調学習）

日本では，“Cooperative Learning”は「協同学習」と訳され，“Collaborative Learning”は，「協調学習」とされることが多いのですが，訳語に関しては，研究者の間でも混乱が見受けられます（関田・安永2005）。協同学習と協調学習に本質的な違いはないとされていますが，安永（2009）は，協調学習に比べて協同学習のほうが，教員による学習課題や学習活動の構造化の程度が高いと指摘しています（ほかにもBruffee1995など）。しかし，これらの教授・学習法は共通する点も多く，明確な定義の違いや基準に関して研究者や教育現場において十分に共有されていないことから，本章では，2つの学習を共に，協同学習として扱います。

協同学習は，学生が少人数のグループをつくり，共に活動するプロセスを通じて，学習目標に向かうために，学生自身と他者が互いを深めるために学び合う教授・学習法です（Smith1996，バークレイ2009）。他者と共に学び合うことは，従来から行われていたので新しい学習ではありませんが，協同学習としては18世紀後半からイギリスにおいて推進されるようになり，19世紀初めアメリカにわたり，急速に広がっていきました（ジョンソン2001）。

協同学習の利点としては，他者と共に学習に従事するプロセスを通じて，推論をする力がつくこと，新しいアイデアが生成されること，相手の立場を考慮した上で，状況や課題を判断できることなどが挙げられます（Johnson&Johnson 1989）。さらに，安永（2009）は，他者との学び合いを通じて，学習内容に加え，効果的な学び方，学びに対する意欲も向上することを指摘しています。他者とのつながりを持つことや，他者と円滑なコミュニケーションを取ることが重視されている現代の社会では，有効な学習の一つだといえるでしょう。

協同学習の特徴として，バークレイ（2009）は3つの特徴「①意図的な計画 ②共に活動すること ③意味ある学習（p.4）」を提示しています。「①意図的な計画」では，教員が学習目標に沿って意図的な学習活動を学生に提示します。学習目標を達成するために，構造化されたグループ活動を行うことによって，学生は共に学び合うことができます。教員が具体的な指示を出さず，単に学生同士にグループを組ませて活動させるだけでは協同学習にはなりません。「②共に活動すること」では，特定のメンバーが課題に取り組むのではなく，各メンバーがグループに貢献できる役割を持って，グループの目標に向かい活動に取り組むことが求められます。「③意味ある学習」では，グループ活動と学習目標が合致しており，グループ活動をすることで学習目標を達成することが必要になります。学生は共に活動に関わることを通じて，科目内容に関する理解を深めることができるのです。

こうした協同学習を実践するために，Johnson et al.（1984, 1990）は5つの基本原則として「①互恵的な相互依存の関係性　②相互交流　③個人の責任　④対人（対集団）に対する社会的技能　⑤ふりかえり」を示しています。

ジョンソン（2001）によると，「①互恵的な相互依存の関係性」とは，各メンバーの努力や貢献がグループの成果へと結び付くような関係性をつくることになります。そのためには，一人では解決できないが，グループで集まれば解決できる課題を設定したり，各メンバーが役割を分担したりしてグループに貢献できるようにします。また，「②相互交流」では，学生同士が調査した結果や学んだ事柄について意見交換をするなどして，活動内容をお互いに称賛したり，励まし合ったりします。「③個人の責任」では，各メンバーの活動がグループの成果につながりますから，グループの中に活動をしない学生が出ないように，メンバーが活動に責任を負うことの必要性が述べられています。「④対人（対集団）に対する社会的技能」では，グループで活動するために，リーダーシップや意思決定，信頼形成などの技能を育成することが求められます。「⑤ふりかえり」では，グループでの活動プロセスにおいて，自分たちが学んだことを称えたり，また反省すべき点を見いだしたりして，今後の改善へとつなげていく活動を取り入れることの重要性が説かれています。協同学習を推進するためには，これらの基本原則を考慮します。

さらに，Johnson, Johnson, & Smith（1998），ジョンソン（1998）は，協同学習の実施にあたり，いくつかの注意事項を示しています（以下は，Johnson, Johnson, & Smith（1998），ジョンソン（1998）を参考に，筆者が一部加筆修正)。

①「活動全体と評価の方法を説明する」では，学生が目指すべきゴールはどこなのか，何がどう評価されるのかを明確にして，学生が向かうべき方向や培うことができる力を自ら把握し，自分たちで活動をふりかえり，改善していけるようにします。

②「活動の目的を明確にする」では，①と同様に，今回の授業ではどこを目指して学び，どこまで達成しておくことが求められるのかを学生自身が把握できるようにします。

③「活動の手順を説明する」では，どういった手順で活動を進めていくことが望ましいのかを学生が理解できるようにします。口頭説明だけでは理解できないことも多いので，手順を図式化し，レジュメに示して渡しておくことも有効です。

④「必要な時には例を示す」では，写真を見せたり，TA がモデルを見せたりすることで，学生がゴールに至るプロセスを明確に把握できるようにします。たとえば，協同学習で，マッピングやポスターセッションをする際，学生はどういったものを求められているのかを理解できない場合があります。このような時は，過去の授業で作成したサンプルや活動を記録し

た映像を見せたりするなどして，学生が何をすべきなのかを具体的にイメージできることが大切です。

⑤「グループ活動に求められるルールを確認させる」では，授業で大切にすること（活動方針）を学生に理解させます。たとえばグループの意見交換の際に，「人の発言を遮らず，まずは傾聴して受け止める」というルールをつくったとします。しかし，学生は活動に入りこむとこうしたルールを失念してしまうこともあります。学生がルールを守っていないと気づいた際は，改めてこのルールを確認する機会を設けます。

⑥「時間制限を設ける」では，タイムマネジメントを意識させます。授業は15回で，無制限に時間があるわけではありません。タイムキーパーの役割を徹底させ，いつまでに何をしなければいけないのかを学生が自分たちで調整できるようにします。

⑦「学生を観察し，活動を促す手掛かりを用意する」では，グループ活動が始まると，話し合いが止まっているグループ，下を向いてしまっているグループが出てくる場合があります。このようなときは，なぜ学生がそうした行動をとっているのかを観察したり，学生に状況を尋ねるなどして，その原因を突き止めるようにします。そして，新しい視点を提供して視野を広げるのか，広がっている意見を収束させるのか，チームの合意形成を導くことがよいのかなどを判断して，活動を促すために必要な手掛かりを用意します。

⑧「学生が理解できているのかを把握し，質問できる機会をとる」では，学生が授業で取り上げた事柄や活動を理解できているのかについて把握できる機会を用意し，学生が疑問に思っている点を確認する場を設けることが必要になります。学生が安心して意見を聞ける場を構築することで，協同学習にも積極的に取り組んでいくことができます。

3　協同学習で活用されている技法

協同学習で活用されている技法には，さまざまなものがあります。バークレイ（2009）は，「話し合い・教えあい・問題解決・図解・文章作成」のカテゴリーに分けたうえで，30の技法を提示しています（ほかにジェイコブズ2006など)。ここでは，いくつかの技法を紹介します。

「ジグソー法」はAronson（1978）が中心となって開発した方法です（図1参照)。ジグソー法では，学生を性別や能力が異なる5～6人のグループに分けます。各グループは，あるテーマに関する複数の視点や下位概念にあたるいくつかのテーマに分かれて調査を進めます。その後，それぞれのグループから1名ずつが集まり，新たなグループを作ります。新たなグループでは，各自が調査した項目を基に，上位概念にあたるテーマについて検討します。たとえば，「教育方法技術論」の授業で「ICTを活用した教育」について学ぶ授業回で考えてみましょう。テーマは，「『なぜICTを活用した授業を実践する必要があるのか』という問いに対して説明資料を作成する」です。各グループは，教員から提示された「タブレットPCの活用」「インターネットを活用した協同学習」「社会の変化と学生に求められている力」に関して調査し，学校現場におけるICTの活用事例，効果，課題を理解した上で，問い（テーマ）に答えていきます（学生たちから複数の視点を出させ，学習課題を絞る場合もあります)。この場合，まず学生は「タブレットPCの活用」を調べるグループ，「インターネットを活用した協同学習」などを調べるグループにわかれます。各グループは担当になった学習課題にそって調査を行います。その後，各グループから1名ずつメンバーを出した新しいグループで，「ICTを活用した教育実践の必要性」について改めて検討します。メンバーは「タブレットPCの活用」などこれまで調べてきたことに関してそれぞれ報告を行い，「ICTを活用した教育」について検討する資料を作成します。この成果物を授業に活用します。また，このほかにも，あるテーマに基づいて異なる視点から書かれた資料を読み込み，自分なりに理解できた箇所に関して相手に説明をする資料を作って，新たなグループで意見交換をするような活動もあります（COREF2013)。

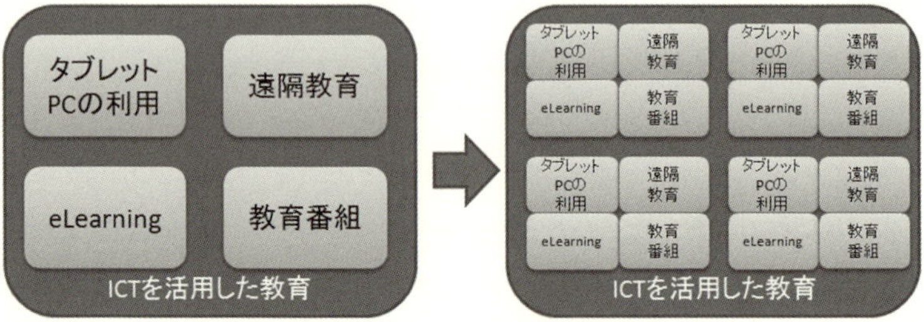

図１　ジグソー学習のイメージ図

「ワールドカフェ」は，組織学習や組織開発のために生まれた手法ですが，現在では教育分野においても利用されています（ブラウン 2007）。ワールドカフェでは，学生は４～５人のグループに分かれてある議題について意見交換をはじめます。その際テーブルの上に模造紙を置き，自由に書き込みをしながら話を進めていきます（香取 2009）。その後，各グループにホストを一人だけ残し，他のメンバーは別のグループへ行きます。次に，そのグループで自分がいたテーブルで話し合ったことを互いに話し合い，自分たちのグループとの共通点・差異点や，どのようなつながりがあるのかなどを考えていきます。そして，最初に自分がいたテーブルに戻り，他のテーブルで聞いた話を紹介しあいます。ワールドカフェは 100 人以上の参加者でも活用されている技法ですから，比較的人数が多い授業でも利用しやすいといえます。

「シンクペアシェア」では，ある議題に対して，まずは個人で意見を考えます。その後，近くの学生とペアになり意見を共有しあいます。授業では，自分の意見を発言することに不安を感じる学生もいますが，ペアになって意見を交わすことで，自分の意見が正しいことや，改善すべき点があることに気づくことができます。

こうした協同学習は，グループに分かれて活動するため，誰をどのグループにするのかというグループ編成を検討しなければなりません。一般的に協同学習では，課題解決に向けて幅広い意見を出すことができる利点から，性別，学年，学力などをもとに異質性の高いメンバーを混在させたグループが望ましいとされています（安永 2013）。しかし，必ずしも異質性の高いメンバーが望ましいとは限りません。日本の大学生の場合は，上位年次生ばかりのグループに下位年次生が入ると，下位年次生が意見を言いにくいといった状況もあります。逆に上位年次生が遠慮する場合もあります。また，自分の主張を何としても通したい学生もいますし，強い意見を持っている学生に従ってしまう学生もいます。協同学習を始める前に，簡単なワークを実践したり，アンケート調査をするなどして，どのような学生がいるのかを可能な範囲で把握した上で，グループ編成を行うことが望ましいでしょう。

グループ編成が決まったら，グループのメンバーがどういった役割を担うのかを決めます。協同学習には，「互恵的な相互依存の関係性」や「個人の責任」が重要ですから，メンバーの役割を明らかにしておくことは大切です。例えば，意見を引き出したり，議論を整理したりする「ファシリテータ」，議論のプロセスを文章化や図式化して記録する「書記」，グループ活動について報告する「報告係」，活動のマネジメントをする「タイムキーパー」，意見が出なくなった時やグループが沈んでしまった時の「励まし係や発言係」などがあります（バークレイ 2009，ジョンソン 2001 など）。メンバーをどう編成するのか，技法をどう組み合わせるのかに関しては，いずれも授業の目標に応じて検討し，学生の学びにつなげるようにします。

4　PBL 学習（プロブレムベースドラーニング）（プロジェクトベースドラーニング）

4. 1　Problem Based Learning（プロブレムベースドラーニング）

PBL は，Problem Based Learning（問題解決学習）と Project Based Learning（プロジェクト学習）の略です。両者は，学習のプロセスにおいて共通する事柄が多く，なおかつ両方とも PBL と略されるために，共に語られることが多いです（松本 2013）。

Problem Based Learning は，学習者が事例から問題を発見し，その問題を解決するプロセスに従事する教授・学習法のことを指します（吉岡 2009，Boud&Feletti 1997）。PBL では，まず教員はあるシナリオ（事例）を学生に提示します[注1]。学生は 4，5 人の小グループになり，提示されるシナリオから解決すべき問題を見出し，その問題を解決するための学習に取り組みます（木内 2011，ウッズ 2001）。ウッズ（2001）は，トースターの修理を事例に PBL と通常の授業の違いを紹介しています。PBL に取り組む教員は，「故障したトースターがあります。これを直してみましょう」と学生に語ることから授業を始めます。「金属を通す電流についての講義」からは始めません。PBL では，「問題を解決するために何を議論しなければならないのか」を学生が自ら発見していく必要がありますが，通常の授業では，教員が議論すべき課題を提示するといった違いがあります。つまり PBL では，学習者が自ら問題を発見し，それを解決していかなくてはならないのです。しかし，PBL は，問題を解決することだけを重視しているわけではありません。問題を解決するプロセスにおいて，問題に関連する情報や概念を習得することも重視しています（Schwartz 2007）。そのため，PBL では，問題を解決するために求められる知識，スキル，態度を涵養することも目指しているといえます。

PBL の利点としては，実際の社会の文脈に基づいた知識の構築，自己主導型学習スキルの発達，学習に対する満足感，高い動機付け，対人スキルやコミュニケーションスキルの向上などが挙げられています（Schwartz 2007）。実際の社会の文脈に基づいた知識が構築できるという点から，PBL は医療関連の分野で取り入れられ，主に臨床現場での問題解決を事例にして学習が行われています。現在では，その効果が認められ，工学，教育学，一般教養といった幅広い分野において導入されています。PBL は初年次教育においても実施されています。学習者が自ら問題を発見し，解決するプロセスは大学生にとって必要な力として認められているとともに，初年次教育では対人スキルやコミュニケーション力を培うことを重視しているからです。

PBL の進め方に関しては，Schwartz et al.（2007）が，次のようなステップを示しています。

①　教員からシナリオを受け取り，問題は何なのかを考える
②　問題にかかわる事柄について，お互いが知っていることをグループで話し合う

③　問題を説明できそうなメカニズムについて（現在の知識レベルにおいて），仮説を立て検証する
④　問題に関連して，さらに学習しなければならない事柄を見つける
⑤　次のグループ学習までに，学習しなければならない事柄に関して自己学習を行う
⑥　再びグループ学習をし，新しく学んだ知識を統合して，それを問題に適応する
⑦　③−⑥を繰り返す
⑧　学習のプロセスと内容をふりかえる

（Schwartz et al. 2007 p.2 を基に筆者が一部修正）

①では，まず学生が教員からシナリオを受け取り，問題を発見していきます。たとえば，「メディア教育論」を受講している学生が，「教室に電子黒板が導入された場合，どのように授業を展開するか」について考えるというシナリオが与えられたとしましょう。②では，問題に関わる事柄に関して，グループで話し合います。「電子黒板がどのようなものであるか」「現在どのように利用されているのか」など，自分たちが知っていることを話し合います。そして，③「電子黒板を活用してどのようなことができそうなのか」を調べ，仮説を立てて，実際にどのような授業ができそうなのかを検討します。④では，科目内容が変わると電子黒板の活用方法も異なることが考えられるので，グループで科目ごとに担当者を決めて，各科目でどのような電子黒板の利用方法があるのかを調査します。ほかにも電子黒板に関する課題など，さらに学習しなければならないことを決めます。⑤では，④で決めた事柄について各自が調べてきます。⑥では，これまで調べてきた電子黒板の利用方法や課題などを踏まえたうえで，実際に教室でどういった授業が展開できるのかを検討します。⑦では，③−⑥のプロセスを必要に応じて繰り返し，⑧ではこれらのプロセスをふりかえる学習をします。

このような学習のステップを記すと，教員は指導をどうするのかという疑問が出るかもしれません。PBL では，教員にファシリテータとして学習者がグループの活動を円滑に進められるように支える役割が求められます。教員は，学生が問題を発見し，適切な情報収集をしたうえで，問題を解決するプロセスを支援し，なおかつグループが協力し合って活動ができるよう支え

ることが求められています（Schwartz et al. 2007）。

PBLには課題もあります。たとえば，PBLを効果的に実施するためには，グループ活動やグループ内のメンバーの相互依存関係を構築したり，学生が自己評価のスキルを有していることが要件になるとされています（ウッズ 2001）。しかし，こうしたスキルを有している学生は多くはありません。学生スタッフを導入するなどして，学生がメンバー間の相互依存関係を作っていけるようにサポートすることが必要になるでしょう。また，PBLでは教員が講義形式で教えるスタイルをとることはあまりありません。そのため，PBLの学習スタイルを受け入れることが難しい学生もいます。学生だけではなく，教員がPBLを実施することに対して受け入れが困難なケースもあります。PBLを全学的に導入するには，PBLの意義を十分に理解した上で授業を実施できるような工夫と努力が求められます。

4．2　Project Based Learning（プロジェクトベースドラーニング）

Project Based Learning（プロジェクト学習）は，学習者が挑戦すべき問いや，活動に基づいた複雑な学習課題を扱い，学習者が意見を交換し合ったりしながら問いを探求し，活動する中で，問題解決のデザイン，実施，リフレクション，問題解決，意思決定を行う教授・学習法です。この取り組みは，ある一定の期間おこなわれ，現実社会において役立つ成果物，プレゼンテーション，活動やイベントをその学習成果として提示します（Jones, Rasmussen, & Moffitt, 1997; Thomas, Mengendoller, & Michaelson, 1999）。本章では，Problem Based Learningとの違いを区別するため，Project Based Learningを「プロジェクト学習」と表記します。

プロジェクト学習のルーツは，100年以上も前に遡ります（Krajcik 2006）。教育哲学者であるデューイは，プロジェクト学習で学ぶことの意義を唱えていました。その後，この学習が本格的に広まっていったのは，1990年代における北米の高校での取り組みがその発端になります（松本 2013）。当時，高等学校の科学の教科書は，技術的な語彙に焦点を当てたものが中心となっており，現実の現象に対して包括的な説明ができる生徒が少なく，そうした機会も十分に設けられていませんでした（Kesidou&Roseman 2002）。その結果，科学に関して表面的な理解しか培われていないという課題が浮き彫りになり，学習者の理解を深める取り組みとしてプロジェクト学習が展開されていきました。Thomas（2000）は，プロジェクト学習に取り組むことにより，学習者の動機づけが高まったこと，自律的に学ぶようになったこと，成績が高まったこと，出席率が向上したことなどの効果を示しています（ほかにも Marx et al., 2004 など）。その効果が認識され，現在では大学においてもプロジェクト学習が広く実践されています。

プロジェクト学習の特徴としては，次の５つが挙げられます（Krajcik 2006）。

① プロジェクト学習は，駆り立てられるような，解決すべき課題（Driving question）を扱うことからはじまる
② 学習者は，真正の，現実の状況に基づいた活動に参加することによって，解決すべき課題を探求していく
③ 学習者，教員，（あるいは，問題に関連する）コミュニティのメンバーは，課題の解決策を見つけるために，協同的な活動に従事する
④ 問いを探求する活動に従事している間，学習者は，彼らの能力をより活かすために，ICT を活用する
⑤ 学習者は，取り上げた問題やその解決に関する具体的な成果物をつくりあげる

（Krajcik 2006 p318）

①で取り上げた「駆り立てられるような課題」とは，どのような課題になるのでしょうか。Krajcik（2002）は，よい課題（Driving question）の特徴を提示しています。まず，(1)「実行可能な課題」です。学習者が自ら問いに対する探求を計画して進めていくことができるような課題にします。次に，(2)「価値のある（やりがいのある）課題」です。これは国や地域における規範に従い，科学者たちが実際に取り組んでいる活動に関連するような，豊富な科学的な内容を含んだ課題のことを指します。(3) は「文脈や状況に当てはまるような課題」です。学習者が実際の社会において関連する重要な内容を扱うような課題です。(4) は「意義のある課題」です。学習者が

興味関心を持ち，情熱を持って取り組めるような課題です。(5) は「倫理にかなった課題」です。個人，組織，環境に悪影響を与えない課題になります。これらの特徴に配慮し，学習者の特性や授業の目標も検討しながら，課題を設定していくことが必要になります。

②の「真正な活動に参加すること」では，現実に取り組まなければならない課題に参加することで，学習者は「その活動がいかに重要であるのか」という意義を知ることができます。同時に，活動に対する動機も高めることができます。またそうした状況におかれることは，自分が持っている既有の知識と現実の状況を結び付け，知を構造化させることを促すことにもつながります。しかしながら，学生が自分で課題を探求していくことが困難な場合もあります。こうした際は，教員あるいはTAなどの学生スタッフが手助けすることを検討してみましょう。

③の「協同的な活動に従事する」では，学習者と教員だけではなく，現実の課題にかかわるコミュニティのメンバーとも協力しながら，課題の解決に向かって活動することが重要になってきます。例えば，第5部で紹介する実践では，NGOや国連機関のスタッフが学習活動に関わっています。

④の「ICTの利用」では，ICTを利用することで科学的なデータや情報へのアクセスやその分析が可能になり，課題を調査したり，仮説を根拠立てるデータを出すことができます。また，これらの情報をグループで共有したり，意見交換をしたりするなど共同活動を円滑に促し，学習の質向上につなげていくことができます（Krajcik 2006）。

⑤の「具体的な成果物をつくる」では，レポート，ビデオ，ウェブサイト，イベントなどの学習の成果物を作ることになります。これらの成果物を作り上げるプロセスでは，活動をふりかえることが促され，学習者の理解がより深められます。

5　ディープラーニング

これまでアクティブ・ラーニングを概観し，協同学習やPBLなど具体的な教授・学習法について紹介しましたが，これらの学習では学生の活動に重きが置かれていることがわかります。この活動には，観察可能な行動として現れる外的な側面と，精神的な活動として営まれる内的な側面があると松下（2012）は指摘しています。講義形式の授業でも，教員と学生との間に活発な対話が行われる授業では，すべての学生が教員と常に対話しているわけではありませんが，考えながら話を聞く学生は内的に能動的であるといえます。また，学生同士で活発な議論が行われていたとしても，レポートや期末試験で十分な点数が出せるとは限りません。つまり，学生の能動的な学びは，必ずしも質の高い学びであるとは言えないと松下（2012）は主張しています。

そこで，学生の外的な側面である活動だけに着目するのではなく，内的な側面にも重きを置いて，アクティブ・ラーニングをすすめることの重要性が指摘されています。この考え方にはスウェーデンのマートン氏が提唱するディープラーニングがあります（Marton & Säljö 1976, Bowden 1998）。アクティブ・ラーニングが活動の形態に重きを置かれることに対して，ディープラーニングは活動の質に重きが置かれています（溝上 2013）。

Ramsden（2003）は，深い理解につながる「深い学習」と，表面的で既有の知識を活用できない情報を記憶する「表面的な学習」を区別し，「深い学習」を展開することの重要性を述べています。これらの学習の区別をより明確にするには，Säljö（1979）の研究が参考になります。Säljö（1979）は，大人を対象に学習をどう理解しているのかを調査し，その結果を５つの階層的なパターンに分類しています。

① 学習は，知識の量を増やすことであり，また，多くの情報，もしくは知っていることを増やすことである
② 学習は，記憶することであり，また情報を蓄えることである
③ 学習は，必要に応じて使えるスキルや，方法，事実を習得することである
④ 学習は，物事や現実の社会の関係性を把握し，意味を見いだすことである
⑤ 学習は，知識を再構成し，現実の社会を理解することであり，多様な視点から現実を理解することである

(Säljö 1979)

④，⑤は学習者の内的な側面における理解を強調しており，学習は現実の世界を理解するために行っていることだと捉えられています（Ramsden 2003）。高等教育におけるディープラーニングが目指している方向性は④，⑤にあるといえます。

では，アクティブ・ラーニングをディープラーニングへと展開させるためには，どうすればよいのでしょうか。Cross（1999）は，学生が日常的な生活やそこでの経験と学術分野で学んだ理念や概念を関連させて，その構造を理解できるようにする必要があると指摘しています。そのためには，内的な側面に配慮した授業設計を行うことが必要になります。エンゲストローム（2010）は，学生が学習すべき内容やそれに関する認知的な目標を設定することで，学生の内的な学びが深まると述べています。そのためには，学生の行動がどのような説明モデルや談話形式に基づいているかを明確にすることが必要になると指摘しています。また，こうした学習に取り組む学生に対する動機づけに関しては，学生の興味関心を喚起するような葛藤が必要だとも示しています。しかし，葛藤を授業に組み込むことは容易ではなく（松下 2008），我々は検討を重ねる必要があります。

また，学生が深く学ぶことを支える授業を実施するには，多くの大学で実施されている週１回の授業では限界があります。カリキュラムは週１回の授業を前提とするのではなく，週２回開講する授業実践，夏休みに集中講義としてフィールドワークを実施することなども，授業目的に応じて必要になるでしょう。関西大学では，理工系の学部では講義と演習が組み合わされて１日に数コマ連続で行われる授業があります。また，文学部で開講されている「フィールド演習」は週２回あります。１回は小学校でフィールドワークをし，残りの１回は大学で授業を行います。このような時間割を柔軟に取り入れることは，ディープラーニングを促す手立ての一つになります。

加えて，１学年におけるカリキュラムだけではなくて，４学年，つまり学士課程においてディープラーニングやアクティブ・ラーニングを展開させるためのカリキュラムを考える必要があります。1990年代にはいると，学生の能動的な学びを促すことがより求められるようになり，アクティブ・ラーニング型の初年次教育が開講されるようになりました（松下 2008）。今後は，1年次に配当するだけでなく，学士課程の各段階でアクティブ・ラーニングやディープラーニングがどう展開されることが望ましいのかを考え，実践していくことで，大学は深く考え，自ら学ぶ力を持った学生を輩出することにつながるといえるでしょう。

6　授業を設計するインストラクショナルデザイン

6. 1　インストラクショナルデザイン

これまで，アクティブ・ラーニングを主軸として，様々な教授・学習法について紹介してきましたが，実際に教員は授業をどう設計すればよいのでしょうか。本節では，授業設計の手法の1つであるインストラクショナルデザイン（ID）について取り上げます。ID は，学習者に対して，知識や技術を育成するために最も適した教授法を決める過程のことを指します（Reigeluth1983）[注2]。つまり，ID は，教育目標を設定したうえで，学生がどのような手順，環境，教材で学習すれば高い学習効果を生み出すことができるのかをデザインする手法といえます（鈴木 2005）。ID はアメリカを中心に研究が進められてきた学問分野で，そもそも軍隊での訓練プログラムや企業研修を中心に，研究知見が蓄積されてきました（鄭 2008）。軍隊や企業では短期間に低予算で効果の高い教育プログラムを提供する必要があったからです。その後，e ラーニングや授業を設計するために，日本でも ID が活用されるようになりました。

ID には，ADDIE モデル，ARCS モデル，GBS（Goal Based Scenario），最適（OPTIMAL）モデルなどさまざまなモデルや理論があります。もっとも基本的な ID としては，ADDIE モデルが挙げられます。ADDIE モデルは，「分析（<u>A</u>nalyze）」「設計（<u>D</u>esign）」「開発（<u>D</u>evelop）」「実施（<u>I</u>mplement）」「評価（<u>E</u>valuate）」の一連のプロセスから構成されています。「分析（Analyze）」では，学習者の特性・前提条件（レディネス），学習目標，学習内容はどういったものであるのかを明らかにします。「設計（Design）」は，分析で明らかにした学習目標をもとにして，具体的にどのような方法で授業を進めるのかを検討します。協同学習やPBLで紹介したいくつかの原則が注意事項をどう活用するのかはこのステップで考えます。「開発（Develop）」では，指導方法を実践するにあたって必要となる教材を設計し，授業の準備をします。「実施（Implement）」では，実際に授業を行います。「評価（Evaluate）」では，授業の目標を達成することができていたのかを検討します。「評価」の結果は，再度「分析」「設計」「開発」「実施」に活かされ，授業設計を継続的に改善するというサイクルをとります。

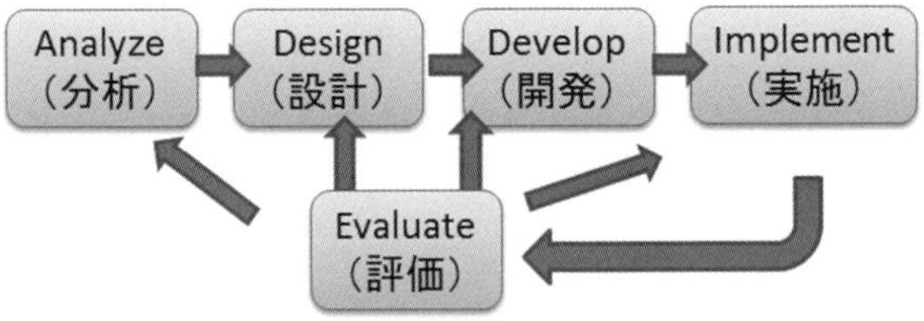

図2　ADDIEモデル

IDは，特定の学習者が知識や技術を育むための最適な方法を考えるため，学習者と学習内容の分析が欠かせません（鄭 2008）。学習者の分析に関しては，学習者のレディネスを確認しておくことが必要です。授業を受ける際に，あらかじめ学習者が知っておかなければならない事柄や学習者の状況を明らかにします。ディックら（2004）は，デザイナーが理解しておかなければならない項目として，学習者に対する「前提行動」「教育内容に対する前提知識」「学習の動機づけ」「教育レベルと能力」「学習スタイルの好み」「グループの特徴」などを提示しています。こうした項目を明らかにしたうえで，デザインを始めていきます。授業が開始する前にこれらの項目をすべて把握することは容易ではありませんが，授業が開始した早い段階で，WEBアンケート，小テスト，クリッカー等を活用して，学生のレディネスを把握し，授業設計に活かすことはできるでしょう。

学習内容を考えるに先立って，IDではまず授業の目標を明確にします。目標を明確にするためには，「目標行動，評価条件，合格基準」の3つの要素が必要です（市川 2011)。「目標行動」では，授業を受けた後，学習者がどのように変容しているのかを観察可能な行動として表現します。例えば，「――に関する問題解決策を記述できる」「――の共通点と差異点を説明できる」「――について適した公式を選択し，問題を解決できる」といった具合に，目標を達成できたのかを行動として評価します。そうすることで，学生がこの授業を受けた上で何を達成することができたのかという学習成果（アウトカム）を明らかにすることができます。「評価条件」はどのような条件で学習者の合否を決めるのかを明らかにします。評価をする際に辞書を使ってよいのか，電卓を使ってよいのかなどを設定します。「合格基準」に関しては，何を達成すれば，また何点以上であれば合格になるのかを示します。また，大学の授業における目的の設定に関しては，大学の教育理念，カリキュラムの構造，科目単位認定要件を考慮したうえで決定する必要があります（鈴木 2006)。大学はどういった人材に学位を授与するのかを提言しているDP（ディプロマポリシー），学位を授与するために求められるカリキュラムの在り方を示すCP（カリキュラムポリシー）を設定しているからです。

目標が明らかになると，次に学ぶ範囲，授業で扱う内容を決めます。授業内容を検討するには，学習課題の構造がどのようになっているのかを明確にする必要があります。「課題分析図」を作成すると，学習課題の構造を明らかにできます。「課題分析図」には，「クラスター分析」「手順分析」「階層分析」などがあります（坂本 2011)。たとえば，「クラスター分析」は，学習目標を達成するために教えるべき課題をいくつかのカテゴリーに分け，カテゴリーの中に下位カテゴリーを作り，教えるべき内容を整理します。「手順分析」では，目標を達成するためにどのような手順で行うのかを整理します。「階層分析」は，クラスター分析のように教えるべき内容を整理しますが，ある内容を扱うには前提条件として学習者に求められる要件が記されるという積み重ねの学習についても触れます。授業の目的に応じた課題分析図を活用するとよいでしょう。

学習課題の構造が明らかになれば，学生がどのような手順で学んでいくのかを検討します。授業の目的を達成するためには，どの段階でICTの活用や協同学習を取り入れて，授業を展開するのが好ましいのかを考えます。授業の展開を検討するにあたっては，ガニエの9教授事象を活用できます（表1参照）。ガニエは，教授を大きく3つのカテゴリー，9つのステップに整理しています（Gagne 2005)。「導入」の部分では，学習者の注意を喚起し，授業で扱うべき目的を知らせます。その際，これまでの授業で学んだ事柄についてもふりかえります。「展開」では，授業で新たに学ぶ学習課題やそれをどういった指針で進めていくのかを提示します。そして，学んだ事柄を活用して練習できる場を作り，その活動に対してフィードバックを行うようにします。「まとめ」としては，学生の成果を評価し，今回の授業以外の場面でも活用できるように促します。

授業を設計する方法と書いてしまうと，教授，つまりティーチングに重きが置かれ，ラーニングが軽視されており，IDはアクティブ・ラーニングには活用できないのではないかという意見があるかもしれません。IDでは学習者と学習内容の分析を最初に行いますが，このプロセスでは学生が授業を受けた後，何がどうできるようになっているのかを考えます。

また，日本教育工学会では，「大学授業デザインの方法―1コマの授業からシラバスまで―」をテーマに教員向けのFD研修を開催しています。筆者もこの研修の企画運営に携わっています。この研修では，IDに関する講義，個人ワーク，ペアワーク，グループワークを通して，次に記す項目に基づいて授業設計の改善案を教員が考えます（根本・鈴木 2012)。「目標（①誰に

表1　ガニエの9教授事象力

導　入	1. 学習者の注意を喚起する
	2. 学習者に授業の目的を知らせる
	3. これまでに学んだ事柄を思い出させる
展　開	4. 新しい学習課題を提示する
	5. 学習者に学習の進め方を提示する
	6. 練習する機会を作る
	7. フィードバックを行う
まとめ	8. 学習の成果を評価する
	9. 他の学習場面でも利用できるように促す

教えようとしているのか，②それはなぜか），方法（③どうやって教えているか，④それはなぜか），評価（⑤単位取得の要件は何か，⑥それは科目の目標と合致しているか）」（根本・鈴木 2012）の6項目です。これらの項目は，ADDIE モデルに基づいたシンプルなものですが，自分の授業実践を改めてふりかえり，他者から意見をもらうことで，新たな気づきが促されています。参加者からは，「授業の目的と評価の方法が結びついていないことに気づいた」「授業内容が多すぎて15回では収まらず，カリキュラム間での調整が必要なことがわかった」などの意見が寄せられ，授業設計を見直すきっかけになっていることが示されています。この研修に参加された教員の多くは，学生の能動的な学びを実現したいという思いを持ち，アクティブ・ラーニングの授業の展開を目指しています。ID は万能な授業設計法ではありませんが，アクティブ・ラーニングの実施や見直しをするための有益な手立ての一つとなるのではないでしょうか。

6. 2　構成主義的な考えに基づいたインストラクショナルデザインとインストラクショナルデザインの課題

ADDIE モデルやガニエの9教授事象は，システムアプローチに基づいた授業設計の手法です。これらは行動主義をもとにしていますが，構成主義をもとに提案された ID モデルもあります。例えば久保田（2000）は，構成主義に基づく学習環境デザインのガイドライン（Cunningham, Duffy,& Knuth, 1993）として次の8項目を提示しています。「①学習活動を実際に解決しなければならない問題として，より大きな枠組みの中に埋め込む」「②学習者が問題や課題に主体的に取り組めるように支援をする」「③本物（Authentic）の問題状況をデザインする」「④現実の複雑な社会状況を反映した学習環境と課題をデザインする」「⑤問題解決に向けて取り組んでいるプロセスを学習者自身が自分のこととしてとらえられる環境をデザインする」「⑥生徒の学びの過程を支援し，多様なコミュニケーション・モードを活用する環境をデザインする」「⑦多様な視点を評価できる学習環境をデザインする」「⑧学習内容と学習プロセスの両方について内省する機会を用意する」（久保田

2000　p.65-69）です。この考え方は「5節ディープラーニング」で紹介したSäljö（1979）が提示している④⑤の学習に近い考え方で，現実の社会とのつながりを重視しています。

このような構成主義的な考え方をもとにしたIDの傾向について，Merrill（2002）は，ID第一原理として次の5つにまとめています。「①実際の社会で解決すべき問題を取り上げる際に，学習は促進される」「②すでに学習者が保有している知識や経験が，新たな知と出会い再構成，精緻化すると，学習は促進される」「③学習者が新しい知識を実際に例示する際に，学習は促進される」「④学習者が実際に新しい知識を活用することができる機会を設けることで，学習は促進される」「⑤新しい知識が学習者の日常生活の中に取り込まれ活用される際に，学習は促進される」（Merrill 2007 p.63）です。

①に関しては，理論だけではなく，実際の問題を取り入れることで理論と実践の往還を目指すことが分かります。②では，自らの経験や学習してきた事柄をベースにしたり，それらとつながる形で新たな事柄を学んだり経験をする機会を取り入れることが重要になることを示しています。③と④では，学生が学んだ事柄を生かす場を設けることです。教育方法について学んだのであれば，その方法を実際に試す機会をつくる必要があります。そうした機会を通じて，学習者の日常的な生活の中で，知が活用されるようになると，⑤で指示されているように学習は促進されるのです。これらのモデルの特徴としては，授業設計だけにこだわらず，授業外の取り組みも含めてより広い視座で授業の展開をとらえている点にあります。

以上のように，システムアプローチに支えられたIDと構成主義的な考え方を重視したIDについて提示しました。IDを授業に効果的に活用するためには，1つのモデルや理論にあてはめることではなくて，学生の学びの文脈や置かれている状況を考慮して，適切なものを組み合わせたり，新たなモデルを開発したりして，授業を実践していくことが重要になります。

IDは，授業目的を達成させるための方法を考えるうえで効果的な手法だといえますが，どんな状況にもあてはめることができるデザイン手法ではありません。IDの課題として挙げられることは，目的を最初に設定しないといけないことです。授業では目的を設定しておくことは当たり前という意見があるかもしれません。しかし，アクティブ・ラーニングを展開するうえでは，厳密に目標を設定することが困難な場合もあります。例えば久保田(2012)はロミゾウスキー（1981）の「教授」に関する提言（表2参照）を用いて次のように述べています。ロミゾウスキーは，「具体的な目標を設定しているか」「事前に計画を立て，教材を用意するのか」を指標にして，博物館や図書館での学習，研究活動やプロジェクト学習，意図的ではない学習においてはIDを用いるのが困難であると指摘しています。

アクティブ・ラーニングでは，上記のように授業だけに収まらない学びもあります。たとえば，社会と連携して学習を進める場合，学生がフィールドワークとして企業や海外で活動する場合があります。教員が学生の学びを把握していないところで学生は学んでいます。こうしたケースに対しては，どうしたらよいのでしょうか。アクティブ・ラーニングでは，意図しない学びが生成されることも含めて，学生の学びをどう支援するのかを考えることも，重要な要素になります。授業以外の場を含めて，学生の学びをどう支えるのかに関しては第3章で取り上げます。

表2　教授の定義（Romiszowski1981）

<table>
<tr><th colspan="2" rowspan="2"></th><th colspan="2">具体的な目標を設定しているか</th></tr>
<tr><th>YES</th><th>NO</th></tr>
<tr><td rowspan="2">事前に計画を立て，教材を用意するのか</td><td>YES</td><td>授業</td><td>劇場，博物館，遠足，図書館などでの学習</td></tr>
<tr><td>NO</td><td>プロジェクト，研究活動，徒弟的な学習</td><td>意図的でない学習</td></tr>
</table>

（久保田2008　p.21　筆者により一部変更）

7　ICTを活用した教育実践

アクティブ・ラーニングでは，協同的な学習や，学生の思考を促す能動的な学習を行い，学習者が自律的に学ぶことを重視していますが，この取り組みを支え，質を高めるツールとしてICT（Information & Communication Technology）が挙げられます。

ICTを活用した教育は，いつごろから始まったのでしょうか。教育にコンピュータを導入した授業実践は，1960年代から展開され始めました。当初は，CAI（Computer Assisted Instruction）が主流で，コンピュータは個別学習指導をするための手段として利用されていました。その後，1990年代に入ると情報機器の整備やネットワークの構築が安価で行えるようになり，教育分野におけるICTの導入は本格的に行われるようになりました。そして，個別学習のツールであったコンピュータは，ティーチングからラーニングへのパラダイムシフトに伴い，学習者同士が対話を通じて学ぶことを支援するためのツールとして活用されるようになってきました。本節では，アクティブ・ラーニングで活用されているCMS，クリッカー，講義配信システムについて紹介します。

7．1　CMSを活用した授業

対面型授業にCMS（Course Management System）を導入した教育実践は，1990年代から日本の高等教育において実施されるようになりました。メディア教育開発センター（NIME）[注3]が行った「2008年度eラーニング等のICTを活用した教育に関する調査」（NIME2008）では，2006年度にCMSを利用している大学が34.7%であったのに対して，2007年度は52.8%となり，多くの大学でCMSが採用されていることがわかります。CMSの開発理念や目的は，当初，教員による教材の管理，学生の学習状況の管理，成績管理が主軸であり，教員が学生の学習を管理することをより効率的に効果的に実現するシステムとして扱われていました。しかし，次第にその機能を拡張し，単に学習を管理するだけではなく，学習者が学習を進める上で，より効果的，効率的に取り組めるように支えることも，システムの目的として含まれるようになってきました。

CMSの機能には，お知らせ，教材提示，テスト，レポート提出，フォーラム（電子掲示板），チャット，成績・出席管理などがあり，教授と学習の両方を支援する機能を備えています。CMSにはWebCTやBlackBoardなどの商用システムとCEAS，Moodle，Sakaiなどのオープンソースシステムがあります。CMSが活用され始めた当初は商用システムが主流でしたが，大学での活用数が増えるに従いオープンソースのCMSの活用が広まりました。NIME（2008）による調査では，CMSの種類に関して，Moodleと独自開発システムが最も多く活用されており，商用システムに加えて，オープンソースシステムであるCMSを活用する大学が多いことが示されています。

CMSの利用場面は，遠隔教育，eラーニング，そして対面型授業の併用と大きく３つに分けられています。対面型授業の併用はブレンディッド・ラーニングともいいます。吉田（2005）の調査によると，日本の高等教育では対面型授業が中心であることから，対面型授業とCMSの併用が最も多く実施されています。NIME（2008）によるCMSの利用機能に関する調査結果では，「学習管理機能（87.4%）」，「成績管理機能（83.4%）」，「レポート提出機能（83.1%）」に次いで，「BBSやチャットなど，学生同士のコミュニケーション機能（71.1%）」の利用が多いと示しています。「BBSで学習者同士のやり取りを促す」ことに関しては，学習者と教員がコミュニケーションをとれることが評価され，学習者の学びを支えるために対面型授業にCMSが導入されてきたことが伺えます。たとえば，岩﨑（2011）は，CMSのBBS機能を活用し，学生が主体的に授業に参加する教授方法を取り入れるという授業改善に取り組んだところ，学生同士が意見を交わすようになり，理解を促進し，学習課題について深く考える力をつけたなど教育の質を高めることができたと報告しています。

7．2　Course Management System “CEAS” の活用

関西大学では，CMSとしてCEASを導入しています。CEASは関西大学

の理工学系の教員とその研究室の院生が中心になって開発したシステムです（図3参照）。CEASは，①コンテンツ作成を前提としないため，スライドや文書ファイルなど従来の対面型授業で活用していた教材を活用し，授業回数の進行に沿って掲載できます。教務管理的な負担の軽減にも配慮しており，出席確認と修正，小テストの一斉実施，学生による自己採点が可能です。従来の授業を支援するために開発されたインタフェースは，教員が授業の準備，授業実施，成績管理という一連のワークフローの各段階でとるべき操作手順を一目で分かるようグループ化されており，比較的使いやすさに配慮されたCMSとなっています（冬木2008）。

CEASの機能には，お知らせ，教材提示，テスト，レポート提出，フォーラム，チャット，成績出席管理などがあります。出席管理，レポート，フォーラム，小テストに関しては，学生の提出や解答履歴を確認することができます。CEASはこれらを一括で管理し，CSV形式にして成績管理システムに提示することができる管理機能も備えています。これにより，学生がどのような学習プロセスを経ているのかや，学生の理解度を教員は把握でき，学生の学びの軌跡を形成的に評価することができます。

たとえば，会計学の授業では，学生が講義を受講した後に，授業に関連する問題，解答，解説を学生たちが作成し，CMSのフォーラムに載せ，互いに問題に答え合うという教育活動が実施されています（岩﨑2012）。学生たちからは，問題作成をするプロセスで授業内容をふりかえるとともに，会計学で扱う知を構造化して理解することへとつながっていること，他の学習者の問題や解説を参考にすることで授業の復習ができたといった声が上がっています。

復習として小テストをCEASに提示している授業もあります。学生は次の授業日まで問題を解き，授業では誤りが多かった問題を中心に解説をすることも行われています。

「メディア表現論」では，フォーラムを活用して授業で扱った内容についての意見交換を授業外に実施しています。授業では，ある事件を取り扱った複数のニュース番組を紹介し，それぞれのニュース番組が取り上げている視点やアプローチの違いに関する意見交換をフォーラムで行い，次の授業では意見の傾向や，独創的な意見が紹介されたりします（図4参照）。学生同士で異なる意見が対立した際は，授業の時間を活用して議論の続きを行われていました。第2・4部では，CEASを活用した授業実践例も紹介しています。

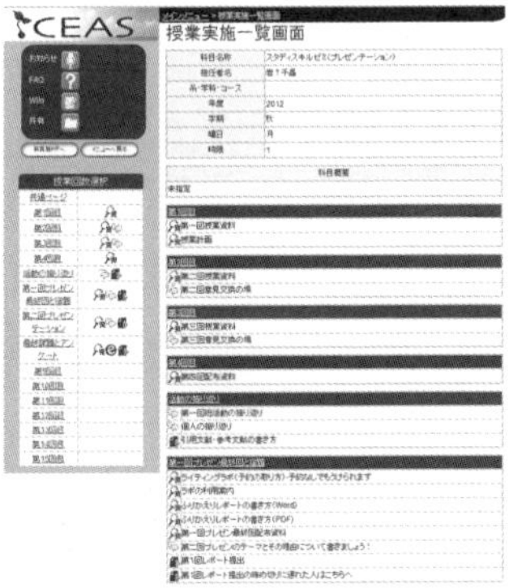

図3　CEASの授業実施画面

図4　フォーラムの意見交換の場面

7. 3　クリッカーの活用

クリッカーは受講生に予め配付したレスポンス・カードと教員のパソコンにUSB接続されたレシーバーからなる簡単な通信機器です（図5参照）。あらかじめ教員が用意したアンケートやクイズを表記したスライドをスクリー

図5　クリッカーのレスポンス・カード

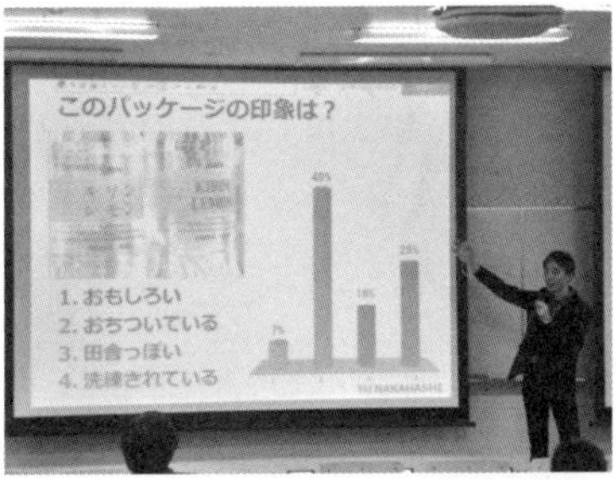

図6　クリッカーを利用している授業の様子
「メディア表現論（担当：中橋雄）」

ンに映し，学生に対する問いかけを表示すると，学生はレスポンス・カードのボタンで反応を返します。学生が回答し終えると，集計結果が即時にグラフでスクリーンに投影され，結果を共有できます（図6参照）。クリッカーを利用して集計した情報はエクセル形式のレポートとして保存でき，授業の記録やふりかえりの資料としても利用が可能です。クリッカーは多人数講義で，学生一人に1台で利用することもできますし，グループに1台を配付し，グループ学習をクラス全体でまとめるような使い方もできます。

溝上（2013）は，クリッカーのメリットとして，瞬時に学生の理解を把握できる，授業の導入での復習や予習のチェックに使える，多人数講義でも双方向の授業が実現できることを指摘しています。また，集中力を維持させることや，参加意欲や学習意欲を引き出すことにもつながると示しています。

関西大学では，4台のレシーバー，460枚のレスポンス・カードを保有しています。教員は，レシーバー，PC，レスポンス・カードを用意すれば比較的容易にクリッカーを活用できるため，利用者は増加傾向にあります。これまでに，法学部「現代政治論1」，文学部「少子高齢化社会を考える」，システム理工学部「基礎からの物理学」，外国語学部「M外国語教育メディア論」，総合情報学部「メディア表現論」，全学共通科目「プロフェッショナルのまなざし　―マナビをマナブ。―」，教職科目「教育方法技術論」など複数の学部においてクリッカーを活用した授業が行われています。

関西大学のクリッカー活用の傾向を分析してみると，100名以上の多人数講義での利用，50名程度の中人数程度の授業での利用に2パターン化されています。100名以上の多人数講義である「メディア表現論（担当：中橋雄）」では，学生にCMや商品のパッケージを見せ，その感想をクリッカーで問います。学生の反応は大きく分かれますので，CMから受ける印象の違いを認識させ，それに関してディスカッションをするという授業が展開されています。反応の違いが大きければ大きいほど，学生はなぜそんなに違うのだろうかを確認したくなり，その後の議論が深まります。受講生が150名程度の「教育方法技術論（担当：岩崎千晶）」では，どの科目の教員を目指しているのかや，これまで学んできた事柄や学習指導案を作成した経験など学習者のレディネスを確認するため，最初の授業でクリッカーを利用しています。教員は，学生がどの科目の教員になりたいのかを確認することで，授業で取り上げる科目の事例を検討します。また，PISA型学力などの教育用語に関する理解度を確認することで，授業で扱う事柄やその説明をどの程度行うかや，学生に何を議論させるのが望ましいのかを考える材料としています。

中人数程度の授業である「物理を学ぶ（力学1）（担当：前 直弘）」では，クリッカーで問題を出してから実験をするという授業が行われています。たとえば，「運動と力」に関する分野では，「動くスピードの速い物体と遅い物体が衝突します。互いに及ぼす力はどちらが大きいですか」という問いを提示し，学生はクリッカーを使って「速い物体が与える物体」「遅い物体」「どちらも同じ」の3つの選択肢から答えます。答えは「同じ」なのですが，約半数の学生は「速い物体が与える力が大きい」と誤った選択肢を選びます。その後，実際に実験をして，結果を検証します。実験の結果，学生は自らの誤りに気が付き，速さは関係しないことを学びます。そして，なぜそうなるのか，に関する教員からの説明や学生同士の議論に集中します。ハーバード大学で物理学を教えているエリック・マズール教授も，クリッカーを使って学生に問題を解かせ，正解にばらつきがあった問題を取り上げ，選択肢を選んだ理由について学生同士で議論をさせるというピアインストラクションの手法を使っています（溝上 2013）。

議論を深めるためには，クリッカーを使った問題に何を取り上げるのかが重要です。学生たちがよく躓く課題や，意見が分かれるトピックを選定し，学生の反応を見ながら試していくとよいでしょう。

一方，クリッカーの課題としては，講義で扱う情報量が減少することや課題が択一式に絞られてしまうことが指摘されています（鈴木 2008，溝上 2013）。前者に関しては，授業のねらいを達成するためには，どの程度の学習課題をどう扱い授業を展開するのかを十分検討する必要があります。しかし，実際には学生の様子を見ながら進めていき，試行錯誤を重ね，形成的に授業を評価し，改善していくことが望ましいでしょう。後者に関しては，第

4部で紹介するS-maqsを活用することで解決することができます。S-maqsはスマートフォンをクリッカーの代わりに利用するので，数字だけではなく，文章を打ち込むことができるからです。システムが発展するにつれて，新たな授業方法の展開が見込めます。

7．4　講義収録・配信システムを活用した授業，反転授業の可能性

2012年はMOOC（Massive Open Online Course）元年といわれるように，北米ではUdacity，Coursera，EdXに代表されるMOOCが立ち上がりました。MOOCとは，大規模なウェブ上のオンラインコースで，ここには講義映像，テキストが提供されており，学生や教員らが参加可能なディスカッションの場もあります。MOOCを活用することでスタンフォードやMITなど著名な大学の優秀な講師陣による講義を無料で受講することができます。

このMOOCが注目される中，「反転授業（Flipped Classroom）」という教育方法が北米で広がり始めています（山内2012）。反転授業は，教員からの提供が必要な説明型の講義を映像とするなどしてオンライン化し，学生は授業外にこの講義映像を視聴します。そして，授業では説明を省き，対話を重視した授業を展開する手法のことを指します。山内（2012）は北米の大学で反転授業を実施した成果として，「生化学」の授業で学生の出席率が30%から80%に増加したことを示しています。日本の大学でも反転授業の試みが増加しつつあります。授業外に学生が講義を個別に視聴し，授業では学生同士の対話を重視するという取り組みは，アクティブ・ラーニングの質を高める要素の一つとして，今後注目される学習になるでしょう。

関西大学では，講義収録・配信システムを整備し，授業の映像やパワーポイントのスライドなどの授業資料をブラウザ上の専用ページ（http://cm.itc.kansai-u.ac.jp/Gateway/loginInit.do）から配信することが可能です（図7参照）。映像の配信に関しては制限をかけることができ，受講生のみの配信，全学生への配信，外部への公開などを選べます。またこのページは，iPhoneやiPadなどの携帯端末からも見られ，講義配信システムの映像をSCORM教材にするとCMSにeラーニング教材として提示できます（図8参照）。

講義収録やSCORM教材制作に関しては，関西大学ITセンターによる支援体制が整っておりますので，技術的な負担が教員にかかることもありません。講義配信システムやSCORM教材をCMSに掲載することで，講義で説明をする時間を減少させるとともに，授業外における学生の学習を促し，授業中は学生が主体的に活動する時間を増やすことができます。

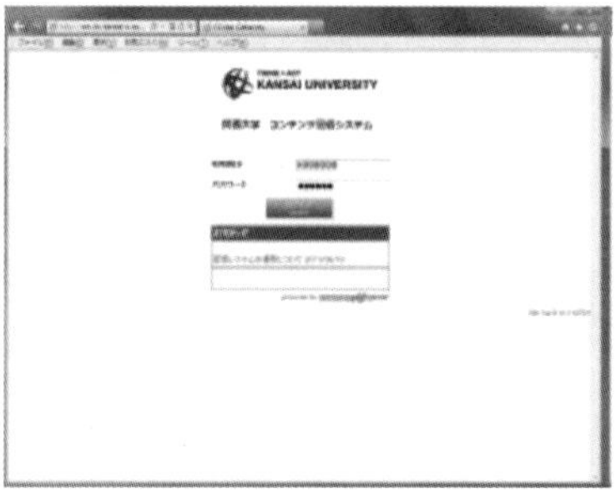

図7　講義収録・配信システムログイン画面

図8　2分間スピーチのSCORM教材

7．5　eポートフォリオの活用

ティーチングからラーニングへのパラダイムシフトにより，評価の方法も変わってきました。講義形式の場合は，これまでは，「知識は習得されるものだ」という行動主義に基づき，試験によって学生がいかに知識を習得しているのかを測定する評価が主流でした。しかし，知識は他者との対話により構成されるものだという構成主義の知識観では，他者との対話や授業での活動について学生が自らふりかえることを重視します。こうした学びを評価する方法としては，学習のプロセスや学習の成果物から学習者を多面的に評価する必要があります。これを効果的に実施するため，eポートフォリオ（電子ポートフォリオ）の導入が開始されました。1991年の大学設置基準等の大綱化において，教育研究の質保証が求める方針が定められたことも，eポートフォリオの導入を後押ししました（小川2012）。大学は教育の質を保証するために，学生の成果（アウトカム）を把握し，提示することが求められるようになったからです。ポートフォリオは，学習履歴や学習の成果物をファイルなどに整理したものを指します（西岡 2003）。これらを電子化して行うようになったのがｅポートフォリオです。現在では，ポートフォリオを作成したり，マネジメントしたりするソフトウェアやシステムを含めてｅポートフォリオと呼んでいます（森本 2011）。

ｅポートフォリオを活用した学習活動は，「ゴール設定（目標設定：goal setting），ルーブリック（評価基準：rublic）の作成・確認，学習成果物（artifacts and works）の作成および収集，評価活動，ｅポートフォリオのセレクション（selection），公開（showcase）（森本 2011 p.24）」から構成されています。ｅポートフォリオは，学習をふりかえり，理解や考察を深めるという「リフレクションを促すため」に用いられる場合と，また学習履歴の中からよいパフォーマンスのものを選び，公開するという「学習の成果を公開するため」の活用方法があります（森本 2011）。

アクティブ・ラーニングには，ディスカッションやプレゼンテーションといった外的な側面だけではなく，それらを通して学習者が何を学んだのかを考える内的な側面が欠かせません（松下 2011）。このふりかえりを促すためのツールとしてもｅポートフォリオの可能性が期待されています。ｅポートフォリオでは学習の履歴を残すことができるため，学生は履歴を参照することで自らの学びのプロセスを確認することができます。Collins（2009）は，ふりかえりを促すためには，①学習のプロセスをふりかえること，②他者と自らの活動のプロセスを比較すること，③自らの活動と活動の標準基準を比較することが重要だと指摘しています。ｅポートフォリオでは，自分の学習履歴を見ることで①が可能になり，他者の活動を見ることで②が可能になります。そして③を可能にするためには，ルーブリックを活用できます。ルーブリックとは，学習者のパフォーマンスを３から５段階にレベル化し，文章化したものです（ルーブリックに関する詳細な説明は第４章参照）。学習者は，ルーブリックのどのレベルに自分の活動が位置付けられるのかを考えることで，自分の活動をふりかえり，自己評価をします。この活動は１つの科目で展開されている場合もありますし，金沢工業大学のように４年間を通じてｅポートフォリオを作成し，キャリア形成に活用している場合もあります。

eポーフォリオを活用した評価に関しては，教員による評価に限らず，学生自身による自己評価，学習者同士による評価もあります。アクティブ・ラーニングでは，学生同士のグループ活動も多く取り入れられますので，グループ内でメンバーの活動を評価し，学生が活動を改善する際に活かすのです。社会と連携をして授業を実践する場合は，社会と連携した際に活動に携わった組織の人々が評価する場合（真正な評価）もあります。たとえば，市役所と連携をして，市の祭りでのイベントを学生が企画するといった活動の場合は，共に活動に携わった市役所のスタッフが評価に関わります。

eポートフォリオを全学的に導入する際は，どういった目的で学生の学びを支え，また教員はどのようにポートフォリオを運営し，教育でどう活用するのかを組織的に検討する必要があります。

8　学生の能動的な学びを育む，私なりの教授・学習法を考える

本章では，学生の能動的な学びを支え，新しい力を培うために，アクティブ・ラーニングを主軸としたさまざまな学習について触れてきました。

2節から5節では，協同学習，PBLを取り上げ，授業を設計する際のデザイン原則や注意事項について紹介しました。6節では，これらの原則を実際の授業にどう組み込み，授業を設計するのかを考えるために，インストラクショナルデザインを取り上げ，ADDIEモデル，課題分析図，ガニエの9教授事象等について取り上げました。7節では，授業の質をよりよくするために，具体的な実践事例を交えながら，ICTをどのように活用すべきかを検討しました。

しかし，冒頭で述べたようにアクティブ・ラーニングの定義は幅広く，本章で取り上げた教授・学習法はアクティブ・ラーニングを実践する手立ての一部に過ぎません。今後，読者のみなさんが実際に授業を設計される際，本章で紹介したデザインの原則，インストラクショナルデザイン，第2部以降の実践例をクリティカルに読みとっていただき，授業の目的，自身のお考え，学生の状況に応じた授業を展開していただけると幸いです。

注1）Problem Based Learningには，教員がシナリオを提示せずに，問題自体を学生に考えさせる方法もあります。

注2）このほかにもケンプ（Kemp et al.1994）やディック（2004）によるIDの考え方があります。

注3）NIMEは2009年に廃止され，現在は放送大学ICT活用・遠隔教育センターにその業務を移管しています。

参考文献

アニータ・ブラウン，デイビッド・アイザックス（2007）『ワールド・カフェ　café的会話が未来を創る』香取一昭，川口大輔（訳），ヒューマンバリュー．

Aronson, E., Blaney, N., Stephan, C., Sikes, J., & Snapp, M.（1978）*The jigsaw classroom*. Sage Publications.

Bonwell, C.C., Eison, J.A.（1991）, Active Learning: Creating Excitement in the Classroom. ***ASHE ERIC Higher Education Report No.1***, George Washington University.

Boud, D. & Feletti, G.（1997）What is Problem-based Learning?. Boud, D. & Felleti, G.（Eds.）*The Challenge of Problem-Based Learning*. Kogan Page.

Bowden, J., Marton, F.,（1998）*The University of Learning Beyond Quality and Competence*. Routledge.

Bruffee, K.A.（1995）Sharing our toys : Cooperative learning versus collaborative-learning. *Change*, vol.27, No.1, pp.12-18.

Collins, A.,（2009）「認知的徒弟制」R.K. ソーヤー編『学習科学ハンドブック』，培風館.

COREF（2013）大学発教育支援コンソーシアム推進機構　http://coref.u-tokyo.ac.jp/archives/5515（情報取得日2013年9月1日）

Cross, K.P.（1999）*Learning is about making connections. Mission Viejo*. CA: League for Innovation in the Community College.

Cunningham, D., Duffy, T.M., & Knuth, R.（1993）. Textbook of the future. in C. McKnight (Ed.), *Hypertext: A psychological perspective*, London: Ellis Horwood Publishing.

ディック・ケアリ（2004）『初めてのインストラクショナルデザイン』，ピアソンエデュケーション．

ドナルドR. ウッズ（2001）『PBL Problem Based Learning 判断力を高める主体的学修』，医学書院.

エリザベス・バークレイ，クレア メジャー，パトリシア・クロス（2009）『協同学習の技法―大学教育の手引き』安永 悟（訳），ナカニシヤ出版.

冬木正彦（2008）「教育改善につながるICT活用の進め方」，『NIME研究報告：ICT活用FD推進セミナー教員の教育力向上とICT活用』，45，pp.32-40.

Gagne, M.R. (2005) *Principles of instructional design* (5th Ed.). Wadsworth/Thomson Learning.

稲垣忠，鈴木克明（2011）『教師のためのインストラクショナルデザイン　授業設計マニュアル』，北大路書房.

鄭仁星，鈴木克明，久保田賢一（2008）『最適モデルによるインストラクショナルデザイン―ブレンド型eラーニングの効果的な手法―』，東京電機大学出版局.

市川尚（2011）「学習目標を明確にする」稲垣忠，鈴木克明編著『教師のためのインストラクショナルデザイン　授業設計マニュアル』，北大路書房.

岩崎千晶，中橋雄（2011）「LMSを活用した多人数授業におけるアクティブ・ラーニングの実践」，『論文誌ICT活用教育方法研究』第13巻第1号，pp.11-15.

岩崎千晶，川上智子，岡本真由美，柴健次（2012）「会計教育におけるモバイルラーニングを導入した知識構築型学習環境のデザイン」，『ICT利用による教育改善研究発表会資料集』ICT利用による教育改善研究発表会，pp.62-63.

ジェイコブズ,J., パワー，M., ロー，W.I.（2006）『先生のためのアイデアブック』伏野久美子，木村晴美（訳），関田一彦（監訳），日本協同学習学会，ナカニシヤ出版.

Johnson, D.W., &Johnson, R.T., & Holubec, E. (1984, 1990) *Circles of learning: Cooperation in the classroom*. Edina, MN: Interaction Book Company.

Johnson, D.W., &Johnson, R.T. (1989) *Cooperation and competition: Theory and research*. Interaction book Company.

Johnson, D.W., Johnson, R.T. & Smith, A.K., (1998) Cooperative Learning Returns To College: What Evidence Is There That It Works?. *Change*, pp. 27-35.

ジョンソン，D.W., ジョンソン，R.T., ホルベック，E.J.（1998）『学習の輪　アメリカの協同学習入門』杉江修治，石田裕久，伊藤康児，伊藤篤（訳），二瓶社.

ジョンソン，D.W., ジョンソン，R.T., スミス，K.A.（2001）『学生参加型の大学授業　協同学習への実践ガイド』関田和彦（監訳），玉川出版部.

Jones, B.F., Rasmussen, C.M., & Moffitt, M.C. (1997). *Real Life problem solving: A collaborative approach to interdisciplinary learning*. American Psychological Association.

香取一昭，大川恒（2009）『ワールドカフェをやろう！』，日本経済出版社.

河合塾（2013）『「深い学び」につながるアクティブラーニング』，東信堂.

Kemp, J.M. (1983) Motivational design of instruction. In C.M. Reigeluth (Ed.), *Instuructional – design theories and models: An overview of their current status*. Lawrence Erlbaum Associates.

Kesidou, S., & Roseman, J.E. (2002). How well do middle school science programs measure up? Findings from Project 2061's Curriculum review. *Journal of Research in Science Teaching* ,Vol.39, No.6, pp.522-549.

木内祐二（2011）「PBLチュートリアル学習の基本的な進め方」日本薬学会（編）『問題解決型学習ガイドブック一薬学に適したPBLチュートリアルの進め方』東京

化学同人.

Krajcik, J.S., Czerniak, C.M., & Berger, C.F.（2002）*Teaching science in elementary and middle school classrooms: A project-based approach（2nd ed.）*. McGraw Hill.

Krajcik, J.S., Blumenfeld, P.C.（2006）Sawyer, R.K.（Edit）Project Based Learning. *The Cambridge Handbook of The Learning Sciences*. Cambridge.

久保田賢一（2000）『構成主義パラダイムと学習環境デザイン』，関西大学出版部.

久保田賢一，岸磨貴子（2012）『大学教育をデザインする―構成主義に基づいた教育実践』，晃洋書房.

Marton, F., & Säljö, R.（1976）On qualitative differences in learning : I-Outcome and Process. *British Journal of Educational Pcycnology*, 46, pp.4-11.

Marx, R. W., Blumenfeld, P.C., Krajcik, J.S., Fishman, B., Soloway, E., Geier, R., & Revital, T.T.（2004）Inquiry-based science in the middle grades: Assessment of learning in urban systemic reform. *Journal of Research in Science Teaching*, Vol.41, No.10, pp.1063-1080.

松本茂（2013）「「問題基盤型学習」と「課題基盤型学習」の過去・現在・未来」，初年次教育学会編『初年次教育の現状と未来』，世界思想社.

松下佳代（2008）「主体的な学びの原点」，『2008年度課題研究集会開催校企画特別シンポジウムー学生の主体的な学びを広げるためにー』，発表スライド

松下佳代（2011）「主体的な学びの原点―学習論の視座から」，杉谷祐美子編著，『大学の学び　教育内容と方法』，玉川大学出版部.

松下佳代，田口真奈（2012）「大学授業」，京都大学高等教育研究開発推進センター（編）『生成する大学教育学』，ナカニシヤ出版.

Merrill, M. D.（2002）. First principles of instructions. *Educational Technology, Research and Development*, Vol.50, No.3, pp.43-59.

メディア教育開発センター（2008）「2008年度eラーニング等のICTを活用した教育に関する調査」

溝上慎一（2013）「『深い学び』につながる工夫とは」，河合塾「「深い学び」につながるアクティブラーニング」，東信堂.

森本康彦（2011）「高等教育におけるeポートフォリオの最前線」，『システム制御情報学会誌』，第55巻10号，pp.425-431.

森本康彦，小川佳代，谷塚光典（2012）「コンピュータ利用テスト」長岡慶三，植野真臣，山内祐平『教育工学における学習評価』，ミネルヴァ書房.

根本淳子，鈴木克明（2012）「FDワークワークショップ実践報告　デザイン力向上の支援を目指して」，『日本教育工学会第28回全国大会』，pp.967-968.

西岡 加名恵（2003）『教科と総合に活かすポートフォリオ評価法―新たな評価基準の創出に向けて』，図書文化社.

小川賀代，小村道昭（2012）『大学力を高めるeポートフォリオ―エビデンスに基づく

教育の質保証をめざして』，東京電機大学出版局.

Prince, M.（2004）Does Active Leariining Work? A Review of the Research. ***Journal of Engineering Education***, Vol.93, No.3, pp.223-231.

Ramsden, P.（2003）***Learning to Teach in Higher Education***. Routledge.

Reigeluth, C.（1983）Instructional design : what is it and why is it?. In C.Reigeluth（Ed.）***Instructional design theories and models***, pp.4-36, Erlbaum Associates.

Romiszowski,A.J.（1981）***Designing Instructional Systems : Decision making in course planning and curriculum design***. Kogan Page.

坂本英祐（2011）「何を教えるのかー教材研究の方法ー」稲垣忠，鈴木克明編著『教師のためのインストラクショナルデザイン　授業設計マニュアル』，北大路書房.

関田一彦，安永悟（2005）「協同学習の定義と関連用語の整理」，共同と教育，第 1 巻，pp.10-17.

杉江修治（1998）「協同学習の展開」，『中京大学教養論叢』，第 38 巻第 3 号，pp.175-190.

Säljö, R.（1979）Learning in the learner's perspective. I: Some Common Sense Conceptions. ***Reports from the Institute of Education***, University of Gothenburg 76.

Schwartz, P. Mennin, S. & Webb, G.（2007）『PBL　世界の大学での小グループ問題基盤型カリキュラム導入の経験に学ぶ』，大西弘孝高（監訳），篠原出版新社.

Smith, K.A.（1996）Cooperative learning: Making "group work" work. In Sutherland, T.E. & Bonwell, C.C.（Eds.）, Using active learning in college classes: A range of options for faculty. ***New Directions for Teaching and Learning***, No.67, Jossey-Bass.

須長一幸（2010）「アクティブ・ラーニングの諸理解と授業実践への課題―activeness概念を中心に―」，『関西大学高等教育研究』，第 1 号，pp.1-11.

鈴木久男，武貞正樹，引原俊哉，山田邦雄，細川敏幸，小野寺彰（2008）「授業応答システムクリッカーによる能動的学習授業―北大物理教育での 1 年間の実践報告―」，『高等教育ジャーナル』，第 16 巻，pp.1-17.

鈴木克明（2005）「［総説］e ラーニング実践のためのインストラクショナル・デザイン」，『日本教育工学会誌』，第 29 巻第 3 号，pp.197-205.

鈴木克明（2006）「ID の視点で大学教育をデザインする鳥瞰図：e ラーニングの質保証レイヤーモデルの提案」，『日本教育工学会第 22 回公演論文集』，pp.337-338.

Thomas, J.W., Mergendoller, J.R., & Michaelson, A.（1999）***Project Based Learning: A handbook for middle and high school teachers***. The Buck institute for Education.

Thomas, J.W.,（2000）***A review of research on project based learning***. http://www.ri.net/middletown/mef/linksresources/documents/researchreviewPBL_070226.pdf

山内 祐平（2012）「講義が宿題になる―「反転授業」カーンアカデミーが変えた講義と宿題の関係」,『10 年後の教室』. http://pc.nikkeibp.co.jp/article/column/20120518/1049903/

安永悟（2009）『協同学習の技法―大学教育の手引き』, エリザベス バークレイ, クレア メジャー, パトリシア クロス（著）, ナカニシヤ出版.

安永悟（2013）「協同学習―授業づくりの基礎理論」, 初年次教育学会編,『初年次教育の現状と未来』, 世界思想社.

ユーリア・エンゲストローム（2010）『変革を生む研修のデザイン　仕事を教える人への活動理論』, 松下佳代, 三輪健二（監訳）, 鳳書房.

吉岡俊正（2009）「PBL チュートリアルの概念と目的」, 東京女子医科大学医学部テュートリアル委員会（編）,『新版テュートリアル教育―新たな創造と実践』, 篠原出版新社.

吉田文, 田口真奈（2005）『模索される e ラーニング：事例と調査データに見る大学の未来』, 東信堂.

付記

本章の一部は, 文部科学省科学研究補助金・若手研究（B）（課題番号 24700917）, ならびに平成 24 年度関西大学学術研究助成基金若手研究者育成費の助成を受けている。また, 本章 7 節は, 岩﨑千晶, 山本敏行（2013）「アクティブ・ラーニングを支える Course Management System “CEAS” を主軸とした ICT 活用による授業デザイン―教職科目・初年次教育科目を事例に―」『IT センター年報』第 3 号, pp.3-13 の原稿の一部を修正し, 加筆をしたものである。

第3章　新しい能力を育む学習環境を考える

教育推進部　岩崎千晶

1　学生の能動的な学びを支える学習環境

学生の能動的な学びを支え，アクティブ・ラーニングを実施するためには，学習目的や活動に適した教室や学習支援が必要となります。第3章では，アクティブ・ラーニングを支える学習環境について検討したいと思います。学習環境というと，教室や図書館などの場を思い浮かべる人が多いと思いますが，学習環境は物理的な場だけを指すのではありません。山内(2010)は，学習環境の要素として，空間，活動，共同体，人工物を挙げています。山内（2010）によると「空間」は教室や図書館など物理的に保障する要因，「活動」は授業や研修会といった学びの生成に直接的に関連するきっかけを指しています。そして，「共同体」は，ある目的を達成するために集まった人々のことを指し，「人工物」は，書籍や教材などがそれに該当し，空間，活動，共同体を有機的に関連させる役割を持ちます。これらの要素が関連しあうことで学習環境は成立します。また，加藤（2001）は，学習環境をデザインするプロセスを3つのレベル「ヒト（組織）・コト（活動）・モノ（道具）」に整理しています。ヒトは，組織の構成や制度を，コトは，活動内容や目的を，モノは，（空間的）場，教育メディアや機器，ドキュメントなどを示しています。いずれの提言も，学習環境は物理的な場所だけを考慮するのではなく，そこで生成する活動，活動に関わる人，活動を支える物を複合的に検討していくことが重要であることが分かります。

第3章では，学びを支える「ヒト」や「モノ」に着目して学習環境について考えていきたいと思います。「ヒト（人）」「コト（活動）」「モノ（道具）」

の関連を複合的に考慮してデザインされた学習環境に関しては，第２部以降の実践編において具体的に取り上げていきます。

2　アクティブ・ラーニングを支える学生スタッフ

2節では，アクティブ・ラーニングを支える「ヒト」に着目したいと思います。アクティブ・ラーニングには，意見交換や発表をするという外的な側面に加えて，ある概念の精緻化がされ，理解が深まり，知が再構成されるという内的な側面にも着目する必要があることを第２章で述べました。こうした活動を支えるのが，TA（Teaching Assistant），LA（Learning Assistant），メンター，チューターといった学生スタッフです。彼らは，学びの外的な側面ならびに内的な側面を支える存在として，アクティブ・ラーニングの取り組みに介入し，学生の学びの質を向上させるために活躍しています。2節では，学生スタッフによる具体的な活動を紹介しながら，その効果や学生スタッフと共同して授業を展開していく際に考慮すべき点について検討していきたいと思います。

2. 1　Teaching Assistant（TA）

アクティブ・ラーニングには，グループワークが取り入れられる場面が多々あります。演習クラスの学生数は20～30名程度ですが，グループでディスカッションをする経験が浅い学生同士では，円滑にディスカッションを進めることが難しい場合もあるのが現状です（岩﨑 2012a）。また，学生数が100名を超える多人数講義では，教員一人がグループワークを支援するのは容易ではありません。そこで，大学院生をTAとして活用する授業例が増えてきています。たとえば，グループワークを円滑に進めるためのファシリテータとしての役割をTAが担ったり，個別学習を実践するための学生の補助などに携わったりする活動がおこなわれています（小笠原 2006）。

TA制度は，担任者の指導のもとで学習者に対する助言や実験・実習などオの教育補助を行うことによって，教授効果を高めることを目的としています（田中 2012）。TA 制度は，1970 年代ごろから教育補助者という名称で利用が開始されました。当初は，一部の大学での利用でしたが，1990 年代に入り，各大学においてTA 制度が導入され始めました。1991 年の大学審議会の答申では，教員の教育活動を補助し，学生に対するきめ細かな指導を行うために，TA の積極的な活用が期待されると提言されています（大学審議会 1991）。子安（1996）はTA の役割について①実習，演習，実験など少人数で実施する授業においてきめ細かい支援をし，教育の質を向上させる，②将来大学の研究職に就く大学院生が教育現場の経験を積む，③ TA 自身にとっての経済的な支援をするという3点に整理しています。

TA 制度の導入当初は，子安（1996）の指摘するように少人数クラスできめ細かい支援が求められる情報処理実習，実験，外国語においてTA が活動する実践が中心となっていましたが，次第に講義型授業においてもTA が活用されるようになりました。現在では幅広い科目でのTA 制度が利用され，その教育効果が認識されています。関西大学では，2005 年から 2010 年までの授業内において活動しているTA を対象とした活動報告書を基に，TA の活動した授業を分類しました。その結果，TA の活動は，次の4つのカテゴリーに分類されました（岩﨑 2012a）。

1）実習・演習（社会調査系，制作系，情報処理系実習・演習，理系実習・演習）
2）講義（100 名以上の多人数講義，100 名以下の講義）
3）初年次における演習（導入ゼミ）
4）外国語（外国語「英語」，初学となる外国語「中国語・仏語」，留学生対象の日本語）

1）実習・演習では，グループごとにディスカッションやディベートなどのパフォーマンス体験を伴う学習が多く行われています。また PC を用いた実習では，個人で進行具合が異なることがあります。このような場合，教員一人ではきめ細やかな学生指導が十分にできない部分があるため，TA が活動しています。

2）講義では，多人数講義においても学生が能動的に学ぶ場を確保するために，コメントペーパーやCMSのトピック機能を利用した授業が展開されています。TAは，これらのツールを活用して寄せられた学生の意見を整理し，その結果を教員や学生に報告しています。中人数程度のクラスにおいても，学生の能動的な参加を促し，ディスカッションや調べ学習などのグループワークを補助するためにTAが活躍しています。また，授業の予習や復習として実施されている小テストなどの教材作成にも携わっています。

3）初年次における演習では，学生が専門分野の基礎に関して学習した成果をもとに，プレゼンテーションやディベートをしたりするなど，学生参加型の授業が行われています。TAは発表までの準備における学習プロセスを支援する役割を担っています。

4）外国語の英語に関しては，グループワークの指導やオーラル・プラクティスの支援にTAがあたっています。大学生にとって初学となる中国語などの外国語に関しては，発音指導やレポートのライティング指導を留学生のTAがサポートし，各学生の学びを支えています。教員の指導のもと，小テスト作成や採点の補助をTAが担うこともあります。

いずれの科目においても，学生が能動的に学ぶアクティブ・ラーニングの質を高めるための環境を整備するために，TAが活躍していることがわかります。

また，TAとして活動する大学院生には，TAとしての活動を将来，担任者・研究者などになるためのトレーニングの機会として提供することも求められています。TAとなる学生自身の重要なキャリア形成の場とするためにも，TAを雇用する教員には，TAにとっての学びについても配慮し，TAの業務内容を検討することが必要になります。

2. 2　Learning Assistant（LA）

LAは，Learning Assistantの略で，「スタディスキルゼミ」等の初年次教育を主軸とした演習型授業において，受講生の学びを支援する学生スタッフです[注1]。関西大学は,2010年に「三者協働型アクティブ・ラーニングの展開」が文部科学省の補助事業に採択されたことから，LA制度を整備し，初年次教育を主軸としたアクティブ・ラーニングを展開する授業にLAを配置しました。

写真1　LAが授業で活動している様子

LAは，当該科目の単位を取得し，担当教員の推薦を受けた学部生です。彼らは，教育開発支援センターが提供する研修を受講したのちに，LAとして授業に参加します。TAではなく学部生であるLAを導入する意義は，受講生が能動的な学習を行うために具体的な姿をイメージできるように，受講生の身近な能動的学習のモデルとして機能させることにあります。LAの活動内容としては，グループワークのファシリテーション，プレゼンテーションのモデル，ディベートの司会などが挙げられます。

森（2009）は，初年次教育に協同学習を導入した効果として，学習における他者の位置付けが，個人学習が中心であった学習者の学習観の転換に作用すること，協同して働く力の育成に役立つことと示しています。しかし，効果的な協同学習を実施するための条件は簡単なものではありません。茂呂（2005）は，グループワークを成立させる条件として，班員同士の協力関係の確立，対人コミュニケーションスキルの確立等の条件を提示していますが，大学に入って間もない段階で，グループメンバーの協力関係を確立させることは容易ではありません。コミュニケーション力も十分に育成されているとはいえません。協力的な関係性を築くことができない場合，グループ内に問題が起きる可能性があります。例えば，McGrath（1984）は，グループで何らかの活動をする際，グループ内にある種の圧力が働くことを指摘しています。発言力が強い学生や多数派の意見を持つ学生がグループワークの決定権を握り，その他のメンバーが自分の意見を言えない状況に陥ることやフリーライダーが出てしまうなどの問題が挙げられます。植田（1996）も，単にグループを作り協同して活動させるだけでは，個人のパフォーマンスを有意に向上することができないケースがあることを指摘しています。

別の課題もあります。それは学びを深めていくことに関する課題です。学生は他者との対話を通じてグループで学習を進めますが，まとめや結論を導き出すことが困難な場合があります（秋田 2012）。しかし，学生同士で話し合った内容を整理してまとめることや，授業で学んだ事柄（理論）と議論の内容（実践）を結びつけることができなければ，学びを深めることができません。学んだことを深め，知を構成していくためには，ふりかえりを行うことが必要になります。議論した内容と授業内容がいかに関連するのか，そこから自分が学んだことや考えたことを，議論の後にグループや個人でふりかえることで，議論の位置づけや意義，また議論だけでは足りなかった学習事項が明らかになってくるのです。

中には，積極的に発言し，ふりかえりを自ら行う学生もいます。しかし，全学時代が到来し，学力や学習意欲が多様化しており，グループワークで積極的に発言したり，学びを深めていくことができない学生がいることもまた現状です。こうした学生がいるグループにLAが介入することで，学生が能動的に活動できるような場づくりをしています。

学生からは，「プレゼンの内容や方向が行き詰ったときに，第三者の視点から丁寧にアドバイスをしていただいた。自分たちのプレゼンがいかに客観性に欠けているかがわかり，もう一度内容を改善し，よりよい内容にすることができた」「初めてのグループとプレゼンテーションで，何から始めればいいかわからない時に具体的なアドバイスをくれて，わかりやすかったです。また，グループの意見がまとまらず（活動が）進まない時には，一緒に考えてもらい，自分たちが何について調べたいのかが明確になり，助かった」などの意見が出ており，LA を導入することの効果が出ています。また，LA として活動した学生も，ゼミや授業でグループワークをする際に，リーダーシップを持って活動するようになったという声が挙げられており，学生スタッフの成長にも効果が見受けられます。

2. 3　メンターやチューターなどの学生スタッフ

TA や LA といった学生スタッフ以外にも，メンター，チューターといった名称で活動する学生スタッフがいます。たとえば島根大学では，メンターを導入しています。この制度は，学問，人格ともに優れた上級生を初年次生の学習や大学生活全般に関して助言を行い，学習者のモチベーションを向上させるための取り組みです（Between 2012）。また，津田塾大学ではライティングチューターという名称で，レポート作成を支援する学生スタッフがいます（関西大学，津田塾大学 2012）。

Beverly（2012）は，メンターとチューターの違いについて次のように述べています。メンターは，対象者との関係性を築くことが重要であり，それが比較的長い間続くことを特徴としています。一方，チューターは，関係性を築くことよりもむしろ，改善すべき事柄が重要になります。そして，比較的明確な目標に沿って，ある一定の期間学習者の支援を行うことを特徴としています。

現状では，各大学が活動の目的に応じて学生スタッフの名称を決めており，同じ役割を担っている学生スタッフでも大学によって名称が異なる場合があります。そのため，TA，LA，メンター，チューターなどの様々な名称をもつ学生スタッフが複数活動しているのが日本の大学の現状です。しかし，いずれの学生スタッフも何らかの形で学生の学びの質を高めるための活動に携わっており，学生力の活用はアクティブ・ラーニングには欠かせない要因になるといえるでしょう。

2. 4　学生スタッフの成長を促し，質の高い授業をするために

授業には必ずねらいがあります。そのねらいを達成するために，教員はさ

まざまな教育方法を駆使して，授業を実施します。そのため，学生スタッフと連携して質の高い授業を実現するには，教員と学生スタッフが同じ教育目標を達成するために活動し，学生スタッフが自らの役割を十分に認識し，成長し続けることが重要になるといえます（岩﨑 2012b）。

学生スタッフが成長するためには，どのような手立てを講ずればいいのでしょうか。そのひとつとして，自らの活動を反省的にふりかえることが挙げられます。「反省」とは，自己の教育実践を対象化し，批判的に検討し，新しい取り組みを実践することです（木原 1998）。この「反省」の概念は，Schön（1983）が生み出した「反省的実践」からきています。Schön は，建築や臨床心理の専門家に対する事例研究を通じて，従来の専門家が科学的な技術の合理的な適応を原理とした技術的実践をしていることに対し，現代の専門家は活動過程におけるふりかえりを原理とする反省的実践において専門性を発揮していると指摘しています（佐藤 1996）。同様に，教授者の専門性は，自らの判断と行動に基づき，授業を省察し，授業を再構成していくところにあると秋田（1993）は指摘しています。つまり，教授者の専門性は，どんな状況にも有効な技術や原理を基に授業を実施するのではなく，授業の過程で，学習者の様子や教室の状況に応じて，授業を再構成する際の思考や判断に専門性があることを示しています（Schön 1983，秋田 1993）。たとえば，教授者は授業の中で，学習者の発言や理解度など手がかりを捉え，授業の状況に適した対応をしていると秋田（1993）は指摘しています（ほかにも堀野 2005 など）。このように授業中の判断や行動を反省的にふりかえることで，教授者は成長していくのです。教授者の成長は，こうした個人的な経験の積み重ねで培われてきたその人なりの行為を基盤とする実践知に基づいています（Schön 1983，秋田 2000，佐藤 1996）。

これは教員だけではなく，授業に参加する学生スタッフにも当てはまることだといえるでしょう。学生スタッフは，グループワークや学生が問題を解いている場面を観察して，どの場面で介入するのが望ましいのか，また，そこで学習者とどのような対話をすればよいのかを考えることが求められます。学生スタッフは，自らが実践した対話の内容や行動を反省的にふりかえり，その改善方法を見出すことで成長につなげていけるといえるでしょう。

この「反省」を強化する要因として，「他者との共同」が挙げられています。教授者が自らの授業を反省するには，授業を対象化させる必要があります。この対象化を促すのが，他者の視点です（Loughran2002）。教授者の実践知は，個人的な経験の積み重ねで培われてきた各個人の行為（Schön 1983，秋田 2000）であるため，これについて説明をしようとしてもすでに暗黙知化しており，分析することが容易ではない状況にあります（丸野 2008）。また，教授活動をよりよく改善するための実践知とは，テキストを読んだり，人から説明をしてもらったりして容易に習得できるものではありません（秋田 2008）。そのため，実際の授業での振る舞いをもとに，他者と対話することを通じて問題点を改善していく方法が適しているといえます。これまでの研究知見においても，話し合いを通じて教授者が問題を認識できたり，新しい方向性を見い出すことができたりしたなどの知見が示されています（Greeno2007，Clark 2001）。加えて，反省をより活性化させるために，彼らが多様な立場の人間と授業に関する対話を繰り広げることが重要であると木原（2004）は指摘しています。異なる見方に触れることで，暗黙的に当たり前だと認識している事柄を新たな枠組みから捉えなおすよう促されるからです。

以上のことから，学生スタッフは，教員とともに授業での振る舞いについて検討する機会を持つことが重要になるでしょう。教員と授業について話し合う機会を持つことは，教育目的を達成するためのミッションについて確認できる機会ともなり，授業での学生の様子やグループの進捗状況などを共有する場にもなり得ます。また，学生スタッフ同士で話し合う機会を持つことも大切です。他の業務に携わっている学生スタッフと対話することは，教員とはまた違う見方に触れ，暗黙的な知に気付く機会になるからです。

つまり，学生スタッフを研修する立場にある組織は，学生スタッフが対話することで日常的な業務を反省的にふりかえる機会を提供することが求められます。関西大学は，研修において，TA・LA 制度の概要，TA・LA としての振る舞い，授業に参加するにあたっての準備事項等を取り扱います。この研修は，講義形式ではなく学生スタッフ同士の意見交換やロールプレイなどを取り入れています。研修を通じて，学生スタッフが自ら担う役割を自覚し，望ましい態度で授業に臨む準備をします。しかし，研修に参加することで，学生スタッフへの教育が完結するわけではありません。学生スタッフが成長するためには，日常的な活動において学生や教員とのやり取りをふりかえる態度を育むことが重要です。そのプロセスを経て，気づいた改善点を業務の中で活かしていくことで，学生スタッフは成長し続けることができ，結果的に質の高い授業の実現へとつなげられるといえるでしょう。

3　学びを支える学習環境ラーニング・コモンズ

3節では，アクティブ・ラーニングを支える「モノ」に着目した学習環境について考えたいと思います。アクティブ・ラーニングは，協同的な学習や学生の思考を促す能動的な学習を行い，学習者が自律的に学ぶことを重視しています。自律的な学習は授業内にとどまるものではありませんので，授業外においても学習者が継続して学習することが重要になります。中央教育審議会も2012年8月28日の答申「新たな未来を築くための大学教育の質的転換に向けて～生涯学び続け，主体的に考える力を育成する大学へ～」では，学修時間を増加させるために，授業外学習を促進するための学習環境を整備することの重要性を指摘しています。このような学習を可能にする上で鍵となるのが，ラーニング・コモンズのような学習を促す環境の構築です。3節では，各大学におけるラーニング・コモンズの事例を紹介し，コモンズをデザインする際に求められる要素について検討します。

3. 1　自律的な学び，協同的な学びを促すコモンズ

ラーニング・コモンズとは，どのようなものを指すのでしょうか。ラーニング・コモンズにはさまざまな定義があります（加藤 2012）。McMullen（2008）は，ラーニング・コモンズとは，利用者に対して図書館が持つ機能，情報技術，学習支援を機能的，空間的に統合したものであるとしています。

そして，ラーニング・コモンズの構成要素として，コンピュータ・ワークステーション・クラスタ，サービスデスク，協同学習用のスペース，プレゼンテーションの支援センター，FDのためのサポートセンター，電子教室，ライティングセンターなどの学習支援，各種打ち合わせ・セミナー・レセプション・イベント等で利用されるスペース，カフェエリアを挙げています。また，米澤（2006）は，ラーニング・コモンズを「ネット世代の学習支援を行う図書館施設もしくはサービス機能」と定義しています。いずれもラーニング・コモンズを，図書館を主軸に，協同的な学習や自律的な学習を支援する学習施設やそこでの学習支援を示していることが分かります。これらの定義に共通するラーニング・コモンズの特徴としては，河西（2010）の提言が参考になります。河西（2010）は，「①図書館メディアを活用した自律的な学習支援」「②協同的な学習の支援」「③ライティングや学習の進め方に関するアカデミックスキルの支援」にラーニング・コモンズの特徴を整理しています。

従来の図書館では，館内静粛が当たり前で，学習者は沈黙を保ち個別に学習を進めるスタイルが主流でした。一方，ラーニング・コモンズでは，学習者が図書館機能を活用して対話をしながら，協同的に学ぶことを促進しようとしています。静粛を保つ機能と対話を通じて協同を促す機能という2つの機能を備えるため，ラーニング・コモンズを開設する図書館が増えています（山内 2011）。国立大学では，筑波大学，名古屋大学，金沢大学，大阪大学，私立大学では立命館大学，国際基督教大学（以下「ICU」），立教大学など，数多くの大学が挙げられます。

また，昨今では，図書館に限らず学生の自律的な学びや協同学習を支えるコモンズが開設されています。関西大学では学生が集まる食堂や購買機能がある学舎の1Fにコラボレーション・コモンズを開設しています。同志社大学や関西学院大学では，新たに学舎を建設して，ラーニング・コモンズを開設しました。また，大阪大学では全学共通科目を学ぶ学舎にステューデント・コモンズがあります。ラーニング・コモンズは，図書館で開設され始めた経緯がありますが，学生の学びを支える場としての効果が確認されると，次第に学習の目的や学生生活の特色に応じた施設においても多様なコモンズが作られるようになってきました。

3. 2　図書館におけるラーニング・コモンズ

国内の図書館におけるラーニング・コモンズの事例として，金沢大学，ICU，大阪大学を紹介します。金沢大学は，2010 年 4 月に中央図書館においてKULiC-α と称されるラーニング・コモンズを開設しています。KULiC-α は，3つの異なる目的をもった空間から構成されています。本を利用した協同的な学びの展開を見据えた「コラボスタジオ」，カフェコーナーを備えた「ブックラウンジ」，PC を備え図書館の各種情報へのアクセスポイントとなる「インフォスクエア」です。

「コラボスタジオ」は，「オープンスタジオ」と「グループスタジオ」から構成されており，図書館蔵書と PC を活用したグループワークからプレゼンテーションの演習まで多様な学習形態を支援する空間となっています。これらのスタジオは，「フリー」「オープン」「見える」をコンセプトとしており，机や椅子のレイアウトが自由で，空間をガラス面で仕切るなど，開館中であればいつでも自由に利用できる施設として積極的に活用されています（村田 2013)。「オープンスタジオ」は予約が不要で，ホワイトボードやプロジェクタの利用が可能です。「グループスタジオ」は予約が必要ですが，個室で隣を気にせず議論が行える環境となっています。写真 2 は，「オープンスタジオ」で，教育学部の学生が卒論で扱う調査結果の考察に関してホワイトボードを活用して議論をしている様子です。その奥では，「法律」について学習している学生グループの姿があります。学部を超えた学生たちがひとつの空間に集まり，その学習の様子を互いに「見える」化することは，学生同士のコラボレーションを生み出し，学生の興味関心や学習への動機づけを高めるトリガーになっているといえるでしょう。

「ブックラウンジ」は，無線 LAN も使えるオープンなコミュニケーションスペースとして開放されており，新聞や CNN を閲覧できるニュースラウンジとしての機能も備えています。カフェコーナーでは，地元のコーヒー

写真2　コラボスタジオでホワイトボードを使って議論する学生グループ

ショップが手頃な価格で本格的なコーヒーを提供しています。ある学生はコーヒーを飲みながら新聞を読み，また，ある学生グループはケーキを食べながら討論をするなど，自由な雰囲気で「ブックラウンジ」を活用しています。そこでは「とぼら」と称される図書館ボランティアの学生らによっておすすめの本について紹介し合うワークショップ「ブックトークCafé」も企画・運営されています。

「インフォスクエア」は，PCを配置し，各種情報へのアクセスポイントとして活用されています。そのほか，新刊図書や教員の推薦図書なども配置されています。金沢大学では，学生は1人1台ノートPCを購入することになっているため，インフォスクエアに限らず，多くの学生は自分のPCを図書館に持ち込み学習しています。

ICUでは，図書館新館（オスマー館）にラーニング・コモンズを設けています（畠山 2011）。ラーニング・コモンズには，PCが約120台設置されており，プリントアウトもできる環境があります。また，PCやプロジェクタ等が設置されたグループ学習室が3室用意されており，学生たちがICTを活用しながら，グループで学びやすい環境が整備されています。書籍は主に図書館本館に配架されており，学生は通路を移動して新館のラーニング・コモンズへ移動することができます。

ICUでは，2010年12月よりラーニング・コモンズの一角に，学習支援の一環としてライティング・サポート・デスクを設置しています。ライティング・サポート・デスクは，ガラス張りの部屋で，学生が入りやすいように，また学習者の学んでいる様子が「見える」化できるように工夫されています。現在，ライティング・サポート・デスクでは，大学院生のTAが日本語と英語のライティング相談に対応しています。相談件数の割合は日本語が7割，英語が3割となっています。2012年度よりICUに在籍する留学生のライティング対応も始めています。

写真3　オスマー図書館新館ラーニング・コモンズ

写真4　ライティング・サポート・デスク室内

大阪大学は，従来の講義形式が中心の教育方法とは異なり，学生が主体的に学ぶ課題解決型学習を支援するため，豊中キャンパスの総合図書館，吹田キャンパスの理工学図書館および箕面キャンパスの外国語図書館にそれぞれラーニング・コモンズを設置しています。総合図書館は，学生同士のディスカッションができる「ラーニング・コモンズ」に加えて，静けさを保つ「サイレントゾーン」やPC機器が多数備えられており，PCを活用したグループワークができる「端末ゾーン」と目的に応じた階別のエリア分けがなされています。「ラーニング・コモンズ」と「端末ゾーン」では，可動式の机や椅子を組み合わせての利用，ホワイトボードの利用が可能で，PCを借りることも可能です（久保山 2011）。

さらに，2012年には総合図書館の一角に新たにグローバル・コモンズを開設しています。グローバル・コモンズは，「多言語・異文化理解のため共同学習スペース（大阪大学）」です。大阪大学の教育理念の1つとなってい

写真5　大阪大学総合図書館
ラーニング・コモンズ

写真6　グローバル・コモンズ

る「国際性」を重視した教育を支援するスペースになることが期待されており（大阪大学 2013），多言語・異文化理解学習を促進し，留学生と日本人学生の学びと交流を実現する場となっています。プレゼンテーションやディスカッション用設備，電子黒板など，アクティブ・ラーニングを促す設備も備えられています。これらのコモンズでは，教員・職員・TA 協働による各種講習会などの学習支援がおこなわれています。

このように，図書館におけるラーニング・コモンズでは，書籍や情報メディアを活用して，自律的な学びや協同的な学びを促し，学問知を高めるための場の構築や学習支援の提供が行われています。

3. 3　授業外学習・課外活動を応援する“コラボレーション・コモンズ”

図書館以外の場所に設立されたコモンズの事例としては，関西大学を取り上げたいと思います。関西大学は，吹田市の千里山キャンパスにある総合学生会館メディアパーク凜風館1階に「コラボレーション・コモンズ（愛称“Lin com”）」を2013年4月に開設しました[注2]。コラボレーション・コモンズでは，ライティング支援，留学支援，ボランティアセンターの活動など，関西大学がこれまで展開してきた独自の取り組みを集結させ，学生たちのコラボレーションを誘い，他者と協力し合いながら，考え，行動する「考動力」を培った人材を育成することを目指しています。

「コラボレーション・コモンズ」は，ライティング，グローバル，ボランティア，ピア，ICT，ラーニングエリアから構成される6つの専門エリアに加え，多目的エリアであるコラボレーションエリアを設けています。コモンズでは，これらのエリアを活用して，「授業外に学生同士でともに学びあう学生，課外活動に励む学生たちを応援する」をコンセプトにしています。

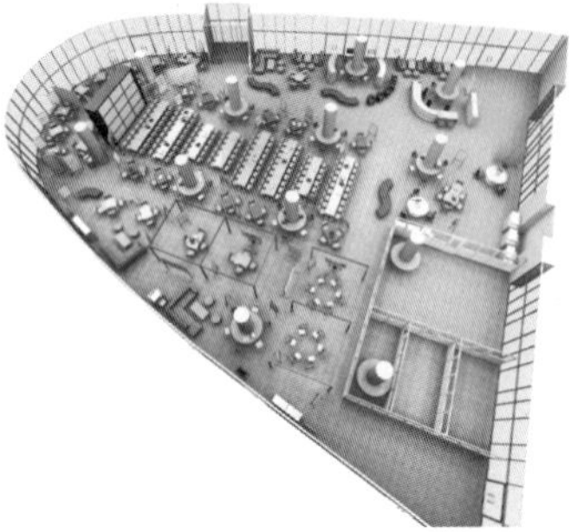

写真７　コラボレーション・コモンズ

写真８　LA による自主企画勉強会 “LA ラーニング café”

ライティングエリアでは，プレゼンテーション・ライティング・リーディングなどのアカデミックスキルの基礎について学ぶ Learning Café を開催しています。

グローバルエリアでは，留学生による外国語会話交流会，留学情報の提供，留学をした学生との交流会（留学 Café），留学生向け学習支援を実施しています。留学生による外国語交流会では，留学生が講師になります。学生は，留学生とともに韓国語，中国語，英語，ドイツ語，スペイン語を楽しく学んでいます。留学 Café は，「留学先の様子や学んだこと」について，留学に行った学生と留学を希望する学生とがお茶を飲みながら気軽に話し合う場となっています。また，学生が日本語チューターとして，留学生向けに日本語表現や表記の学習を支援する取り組みも行っています。グローバルエリアでは，学生と留学生が互いに協力し合い学び合っている場が生成されています。

ボランティアエリアでは，学生スタッフが活躍して，ボランティアに関する情報の提供や活動に参加する学生への説明会を実施しています。ボランティア活動には，子ども支援，障害者支援など様々な種類がありますが，学生スタッフは，学生の力を生かしつつ，派遣先ならびに学生自身の学びや成長にもつながるボランティアを紹介しています。たとえば，ボランティアを依頼する側から「(大阪府) 羽曳野市でブドウ栽培に携わる方たちが高齢化しており，若い人材に参加してほしい」という意向が寄せられました。そこで，関西大学の学生が羽曳野市を訪れ，ブドウ栽培やワイン造りの現状について学び，実際にブドウの木の手入れを手伝いました。学生からは，地域開発や後継者問題についても学ぶよい機会にもなったとの声が寄せられました。

ピアエリアには，ピアサポーターと呼ばれる学生生活を支えたいという意欲を持った学生スタッフが活動しています。ピアエリアでは，留学生が日本で円滑な学生生活が送れるように支援するKUブリッジ，学生主催による活動を支援するKUサポーターなど8つのピアコミュニティに分かれて活動しています。ピアエリアを活動の拠点として，学生が有益な大学生活を過ごせるようにピアサポーターは活動しています。

ICTエリアでは，ハードスペックのPCとiPadを備えており，動画，冊子，マルチメディアプレゼンテーションをグループで制作できる環境をつくっています。ITセンターにおいてもグループで活動する場所は整備されつつありますが，学生からのニーズが高いため，コモンズにおいてもグループでフリーペーパーや映像を制作できる環境を整備しています。

ラーニングエリアは，プロジェクタ，モニター，ホワイトボードを配置し，ゼミでの学習，サークルや課外活動の勉強会，研修などグループワークを実施しやすい環境となっています。たとえば，関西大学には初年次教育を主軸とした授業で，グループワークによる議論が円滑に進むように，ファシリテーションやプレゼンテーションのモデルを示すLA（ラーニングアシスタント）と呼ばれる学生スタッフがいます（本章2.2節参照)。ラーニングエリアでは，LAが自分たちのファシリテーション技術の質を上げるために自主的に勉強会（LAラーニングcafé）を開催しています。ほかにも，ゼミ発表会の準備をしている学生や，授業の予習復習をしながら互いに教え合い学び合っている学生たちがたくさんいます。

これまで紹介しました専門エリアに囲まれる形で位置しているのがコラボレーションエリアです。ここは，多目的スペースとなっています。くつろぎながら雑誌や新聞が読めるコラボレーションラウンジ，ゼミや課外活動の発表が行えるKUステージ，エリアの利用案内，機材貸出を担うKUコンシェルジュカウンターがあります。また，コモンズの全域には無線LANを構築しており，ノートPCやiPadを貸し出し，ICTを活用した学習を推進しています。

このように，コラボレーション・コモンズでは，正課や課外における学生同士の学び合いを促進し，グローバル・ライティング等の専門性を持った学生スタッフが学習支援や課外活動支援を行い，学生の学びを深めることを目指しています。コモンズで生成する活動には，学生，学生スタッフ，教員，職員など様々な立場にいる関大人が関わるため，多層のコラボレーションが生成されることを想定しています。なお，関西大学のコラボレーション・コモンズの活動はFacebook「関西大学コラボレーションコモンズ」でも報告しています。

3. 4　教養，デザイン力，国際力を追及するための学習空間 “ステューデント・コモンズ”

大阪大学では，図書館におけるラーニング・コモンズのほかにも，全学共通教育が行われる全学教育推進機構総合棟1，2階に，ステューデント・コモンズを設置しています。ステューデント・コモンズは，「大阪大学の3つの教育目標である『教養』『デザイン力』『国際力』を総合的に追求する学習活動を展開するために設置した，新たな共有の空間（コモンズ）（大阪大学 2013)」であり，「カルチエ」，「マッチング型セミナー室」，「セミナー室Ⅰ，Ⅱ」から構成されています。

「カルチエ」には，カフェゾーン，情報ゾーン，自習ゾーンがあり，全域で無線LANが利用可能で，ITサポートも充実しています（大阪大学 大学教育実践センター）。写真9は，「カルチエ」において，英語を学習している学生グループの様子です。また，ホワイトボードを使って話している学生らの様子も頻繁に見受けられます。その中では学生同士の新たな出会いも生まれています。筆者が大阪大学を訪問した際，文学部と人間科学部の学生（ひとりは留学生）は，民俗学について意見交換をしていました（写真10)。彼

写真９　カルチエで学習する学生たち

写真10　議論しあう学生たち

らはカルチエで友人関係になり，定期的に民俗学について議論しているということでした。学部の垣根を越えて議論をする彼らに，学生同士の対話による学習環境の空間を設けることの効果を改めて認識することができます。こうした，授業カリキュラムとは異なるインフォーマルな学びが生成される可能性がある点もコモンズを備える利点の一つとなり得るでしょう。

「マッチング型セミナー室」では，全壁面型ホワイトボード，PC，スキャナー，可動式の机といすなどが用意されています。学生は，教員の許可を得た上で申し込みをし，部屋を利用することができます。「セミナー室Ⅰ，Ⅱ」は，可動式の壁をパーティションとして活用することで少人数から多人数での講義も可能な空間となっています。

3．5　コモンズを構築する際に問うべきこと

コモンズには，図書館に設置されるラーニング・コモンズ，その他の学舎に設置されるコラボレーション・コモンズやステューデント・コモンズなど様々なケースがあります。今後も，多様なコモンズが構築されていくことが想定されます。それでは，コモンズを構築する際，大学は何から検討すればよいのでしょうか。従来のやり方は，施設の運用やサービスをどう展開するべきなのかを検討することから始まっているとScott（2012）は批判しています。まず考えるべきことは，その施設で学生にどのような力を培うのかという学びの特性を検討する必要があると彼は主張します。教員は，授業を実施するには，授業設計の段階で到達目標を考えた上で，それを達成するため

の教育方法を検討しますが，コモンズの検討においても同様のことがいえるでしょう。

3. 5. 1　目的に応じたデザイン・エリア分け

コモンズを構築するには，スペースを使って達成されるべき目的や育成したい学生像を設定し，その目的を達成するためにはどのようなスペースをデザインするべきなのかを考えることが重要になります。そうすることで，学習者の学びを促す環境の構築へとつなげられます。すでにコモンズを設置している大学も，目的に応じたエリア分けをしています。コモンズにおける学習目標を設定する際，Scott（2012）は次のような問いを立て，問いを繰り返し検討することで，より良いコモンズの構築へとつながると指摘しています。「「学生が勉強に使う時間を増やし，勉強の生産性の向上を促進させるためには，このスペースをどのようにデザインするのか」「学習スペースの設計は単独学習から協同学習までのどこの領域に焦点を当てるべきか」「このスペースは教室外での学生と教員の交流を推進するように設計すべきか」「このスペースで教育経験の質を高めるにはどうするか」（Scott 2012「ラーニング・コモンズ」（第7章，勁草書房，筆者により一部修正，抜粋）」です。

また，目的を達成するために学習者がどのような学習プロセスをたどることが望ましいのかを検討することも必要になります。たとえば，図書館が「対話を介した協同的な学びを重視する」という方針を立て，「自ら考え課題を解決する力の育成を目指す」とします。学習内容としては「学際的なトピック」を扱います。コモンズではこれらの学びを支えます。この取り組みは協同で学ぶことを重視していますが，この場合，個別で学習する空間は必要ないのでしょうか。協同的な学びのプロセスでは，他者とともに学ぶ部分だけではなく，他者と学んだことを基に，一人でじっくりとその内容を省察することが重要になります。また文献を整理し，自分なりの考えを再構築することも必要で，こうした個人の活動も学習プロセスに含まれます。この際，授業外の学習環境には，従来の図書館が持つ静粛を保った個別学習を促す機能と対話による協同的な学びを重視する機能が共存する形式を持つことが必要となってくるといえるでしょう。また，取り扱うトピックを扱った書籍コーナーを用意したり，学習の進め方について質問できるような学習支援のサービスを提供したりすることも考えられます。各大学の設定する目的に適したスペース，エリア分けをデザインし，学習プロセスを支えるために適したモノの配置や学習支援を提供することはコモンズ成功の鍵となります。

すでに述べたようにラーニング・コモンズは図書館だけにとどまるものではありません。関西大学のような大規模私立大学の場合，千里山キャンパスには10学部あるため，学生数が多く，キャンパスも広いです。このような場合，図書館だけではなく，学部学舎やその他の施設にもコモンズを設置することが望ましいでしょう。

大学は，学びの目的や学生の置かれた状況に応じて，図書館，情報処理センター，学部の学舎など，どの場所にコモンズを設置することが適しているのかを検討しながら，授業外の学習環境を整備していくことが重要になります。

さらに，学部教育の特色や学年によっても授業外の学習環境に関するニーズには差異があると言えます。理工系と文系では保有している施設にも違いがあります。理工系では3年次生から研究室に所属する場合が多く，比較的学生の居場所があります。一方，文系でこのような場所を確保できている事例はさほど多くありません。各学部の特色に適した学習環境を整備するためには，学生や教員に対して授業外の学習に関する調査をするなどして，学部の教育，ならびに全学的な教育目的に応じた授業外の学習環境を整備していくことが望ましいでしょう。

3. 5. 2　ラーニング・コモンズで提供する学習支援，授業との連携を検討

授業外の学習環境のデザインには，場所のデザインだけではなく，そこで学習者同士の学びが生成するような仕組みや，学生の学びを深めるような工夫が必要になります。たとえば，先に述べたように，ラーニング・コモンズの役割にはアカデミックスキルの支援が挙げられています（河西 2010）。東京女子大学では，図書館内にライティングセンターを設置して学習支援にあたっています（山内 2011）。また，金沢大学では図書館ボランティアの学生

が，ワークショップを企画するなどして学生同士のインフォーマルな学びの生成に貢献しています。授業外の学びを支えるための支援はどこに焦点を当てればよいのでしょうか。アカデミックスキル全般を対象とするのか，ライティングスキルを対象とするのか，正課外の活動も支援するのかなど，扱うコンテンツは非常に幅広いといえます。繰り返しになりますが，大学はコモンズで達成すべき目的を基に，どういったスタンスで学習支援を行っていくのかという方向性を十分協議する必要があります。

また，こうした授業外の学習環境で学生支援を行うとすれば，その行為主体は誰なのかについても検討しなければなりません。これには教職員だけではなく，学生が関わることが外せないといえるでしょう。関西大学の図書館にあるピアコミュニティ団体「KU コアラ」ではピアサポーターが活躍していますし，コラボレーション・コモンズではライティング TA が活躍しています。いずれも学生スタッフたちが学習支援を担っています。彼らのような学生スタッフが活躍するためには，教職員による協力と連携が欠かせません。学生スタッフが関心を持った分野の業務ができるようにするなど活動の方向性を考え，彼らが自己の活動を省察し，成長していく姿を見守る存在が必要です。それには教職員の存在が大きく影響します。学生を活用した学習支援を行うには，学生と教職員が協同し，新しい何かを生み出すことが，学習支援を支える第一歩となるのではないでしょうか。

学生が学習支援をうまく活用して学んでいくためには，授業との連携も考える必要があります。意欲の高い学生は，自分で積極的に学習支援を利用しますが，学習支援を利用しない学生もいます。利用しない学生には，利用する方法が分からない場合や，どうすれば自分の学びにつながるのかを明確に認識できていない場合もあります。正課の授業に加えて，正課外に学習支援を活用するとどのような効果があるのかを学生が認識できる機会を授業の中で設けることも必要になるでしょう。

3. 5. 3　組織の垣根を越え，継続的に協働する組織体制とコモンズのリデザイン

コモンズの開設には，複数の組織が関わることになります。図書館にコモンズを整備する場合で考えてみましょう。図書館職員以外にも，PC，プリンタの設置，無線LANの整備をするための情報処理センターのスタッフ，アカデミックスキルに関する学習支援をするために教育開発支援センターなどの教育支援を担う組織のスタッフ，各学部の学習目標を図書館がどうサポートするのかを検討するために学部の教務担当者などが関わります。また，学習支援を提供するTAなどの学生スタッフも関わります。このように，授業外の学習環境を支えるためには，複数の組織の関与が考えられ，それぞれの立場の教職員とのコラボレーションが求められます。しかし，所属する組織が異なると，それぞれの組織の考え方や信念が一致するとは限らず，ときには葛藤や利害関係などさまざまな社会的制約によって活動を進めづらい場合もあります（加藤 2001）。共通したコモンズの目的を達成するためには，縦割りの組織ではなく，組織の垣根を越えて各組織の専門性を発揮し協働する体制をとることが，コモンズの成功には大きく関与します。組織を超えて協働する体制が整備できていれば，学内に複数のコモンズが存在しても意思疎通をとることが容易で，学生の学びを統括的に支える環境を醸成できます。こうした組織体制を整備することは，全学的に学生の学びを支える学習環境を提供できることにつながるといえます。

また，コモンズをデザインして運用が始まると，学生が当初想定していた利用方法とは異なる使い方をすることもあります。大学はコモンズを開設した後も，学生が実際にスペースをどう活用するのかを継続的に調査し，当初の目的と照らし合わせてコモンズをリデザインする（デザインし直す）必要があります。利用者である学生の意見を柔軟に取り入れたデザインを検討し，継続的にコモンズのデザインを評価し続けていく組織作りをすることも重要になるでしょう。

4　書く力を育むライティングセンター

4節においては，書く力を育むライティングセンターに着目して，アクティブ・ラーニングを支える学習環境について検討します。アクティブ・ラーニングでは，自分が学んだ学習領域に関する高次な認知力が求められています（溝上 2013）。その認知力の一つとして書く力が挙げられます。学生には，学んだ事柄に対する自分の主張を論理的に説明するための手立てとして書く力が必要です。そこで，大学は，学生の書く力を育成するために，ライティングを扱う授業を展開したり，ライティングセンターを開設したりしています。

4.1　書く力を育むライティングの授業

大学がユニバーサル化したことから，学力や動機の多様な学生が入学し，学生の読み書きに関する基礎的な力の低下が指摘されています。井下(2008)は，これを補完するために書く力を育成することが重要になってきたと指摘しています。

では，書く力とは，どのような力を指すのでしょうか。自分の考えや意見を他者に伝えるために文章で表現するための力を指すのでしょうか。もちろんこれも書く力になります。こうした力は，すでに小学校や中学校でも扱われてきた力です。では，大学において求められる書く力とはどういった力になるのでしょうか。井下（2008）は，「『ことばで思考し，ことばに表現することを通して自己を認識するという内的にして知的な行為』と捉え，それを文章として具現化する力（井下 2008, 3頁）」としています。また，中澤(2012）は，「書く力には資料を検索し読解する力，データを分析し総合する力，自分の見解を論理的に考え表現する力，発表して相手に伝える力，相手とコミュニケーションをとり相互理解を形成する力など，多様な力が含みこまれている」と示しています。つまり，大学における書く力は，自分が学んだ学習領域において考えたことを精緻化し，新たな知を構成し，文章として表現していくことができる力であり，主張に対する理由や根拠を提示するといった論理的な思考力，それを文章として表現する力などが含まれる総合的な高次の認知力（井下 2008）といえるでしょう。これはアクティブ・ラーニングが目指している力であるともいえ，大学は大学生の書く力を育成するために，様々な取り組みをすすめています。

大学 1 年生を対象とする初年次教育では，文章作成に関する教育実践を導入する大学が増加しています（山田 2012）。鈴木（2009）は，初年次教育において論理的な文章を執筆する際に，学生が他の学生のレポートを読み，気づいた点に関して，「重要」「賛成」「わからない」などのコメントを付与するなどの協同学習を取り入れ学生たちの学び合いを推奨しています。

井下（2008，2013）は，こうした大学におけるライティングに関する授業を表現教養型，学習技術型，専門基礎型，専門教養型，研究論文型の 5 つの類型に分けています。表現教養型では，ディシプリンの要素を含まない文章表現指導がなされ，学習技術型では初歩的なアカデミックライティングを扱います。専門基礎型では，専門分野に特化したレポートの基礎的な書き方を学びます。専門教養型では，多様なディシプリンでの幅広い学びを対象にしたレポートを，卒業論文型では研究レポートや卒業論文を扱います（井下 2008）。ライティングは高次な認知力のため，学習技術型に代表される初年次教育の演習でレポートの書き方を学ぶだけでは，十分なライティング力を培うことはできません。そのため，2 年次への接続や 3，4 年次における卒業論文の執筆に向けて，これらのカリキュラム全般にわたってライティングを指導することが重要になります（松下 2013）。それが，Writing Across the Curriculum という考え方です。学生がどのような授業を受け，書く力を育成するプロセスをどうたどっているのかを把握している大学はそう多くないと考えますが，学生の書く力を養うためには，カリキュラム単位でどのような授業を展開することが望ましいのかを検討する必要があります。そのためには，教員同士が各学年で何をどのレベルまで扱った授業をするのかを十分議論することが望ましいといえます。

4. 2　書き手の成長を促すライティングセンター

正課の授業実践に加えて，各大学は，授業外の学習支援としてライティングセンターを設け，大学生に対して書く力の育成を支える取り組みを全学的に実施しています。これまでに，関西大学，津田塾大学，早稲田大学，立命館大学，ICU，熊本大学，大阪音楽大学などの大学における図書館内やその他の施設においてライティングセンターが設立されています。ライティングセンターでは，主に博士課程前期課程ならびに後期課程の大学院生がTA（Teaching Assistant）として，課外に学部生のレポート作成に関する相談に応じます。TAの役割は文章添削ではなく，学生が自分自身の力で課題に気づき，自ら文章を書き直す力を育成することを目指して活動しています（佐渡島 2013）。そのためTAは，レポートにおける課題を抽出し，その改善方法を自ら把握できるような質問を重ねて，レポート作成を支援します。レポート自体をよくすることではなく，書き手自身を良くすることを目標としています。

関西大学では，ライティングラボと名付けたライティングセンターを開設し，TAがレポート作成の支援をしています。現在は20名のTAが活動しています（2012年7月現在）。扱っている文章は，授業で課されたレポート，発表用レジュメ，スライド，卒論，奨学金の申込願書，留学やゼミの志望理由書などです。ライティングラボは，授業期間中の11時から17時まで開室しており，1セッションは最長40分の相談ができます。1セッション（40分）で，相談できる文字数に関して個人差はありますが，日本語で約800～1200字（A4　1枚程度）になります。

学生は，文章を書く前の段階からライティングラボを利用することができます。作成前は「何をどのように書けばよいのか？」「構成はどうすればよいのか」「文献をどう探せばよいのか」などの相談が寄せられています。作成後は，「意図をうまく文章で表現できない」「書いている内容を整理したい」「形式や構成がおかしくないかみてほしい」といった相談に対応しています。

特に，レポートを書くことが初めての1年生からは，「ライティングラボで指導を受け，レポートの書き方や日本語の表記表現を学ぶことができた」という意見が挙げられています。

先に示した５類型のように，ライティングには様々な目的やスタイルの授業があるため，ライティングセンターには多岐にわたるレポートの相談が寄せられています。TA は，レポートのねらいや書き手の希望を考慮した上で，相談にあたっています。レポートで目指している点や考慮してもらいたい点などを，教員が事前にライティングセンターに伝えると，授業のねらいに沿ったより効果的な相談を展開できます。

以上のように，大学はライティングに関する授業と，ライティングに関する個別相談に応じているライティングセンターを展開し，学生の書く力を培うための取り組みを行っています。学生が書く力を培うためには，正課の授業と正課外におけるライティングセンターの利用をうまく連携させていく必要があるでしょう。

写真９ライティングラボの様子

写真10　相談中の学生と TA

5　授業内外における学習環境のデザイン

本章では，アクティブ・ラーニングを支える学習環境を整備するために，「ヒト」「モノ」を主軸に取り上げて検討しました。アクティブ・ラーニングを展開するためは，物理的な環境だけではなく，授業内，ならびに授業外において学習支援をする「ヒト」の活躍や，「モノ」の構築が求められていることを各大学の事例を通じて示しました。また，これらの要素をうまく活用して，より質の高い学びを実現させるためには，アクティブ・ラーニングを支える学習環境にどのような配慮が求められるのかを論じていきました。

「ヒト」に関しては，TA や LA に代表される学生スタッフが，学生の学びを支えるためにどのような活動をしているのかを紹介し，彼らが自ら成長し続けるためには，教員やスタッフと連携しながら，活動を省察する機会を設ける必要があることを示しました。

「モノ」に関しては，ラーニング・コモンズを取り上げ，目的に応じたデザイン，異なる組織の連携，学生の声を反映させた継続的なデザインが求められていることを示しました。また，高次な認知力としての書く力を育成するためのライティングセンターを取り上げ，正課と正課外のライティングセンターの連携，ならびに書く力を養うためのカリキュラムデザインをすることが必要になっていることを述べました。これらの要素を複合的に検討することで，質の高いアクティブ・ラーニングの学習環境をデザインしていくことが求められます。

また，本章では正課の授業を中心に扱いましたが，アクティブ・ラーニングは正課にとどまるものではありません。第５部で扱うように，ときには社会と連携した正課外のインフォーマルな学びへと発展する場合があります。インフォーマルな学びに対する学習支援の提供は，生涯学び続ける資質を持った人員を輩出する役目，社会貢献をする役目をもつ大学に期待されているといえるでしょう。その際，大学はどのような「ヒト」「モノ」を提供することが望ましいのでしょうか。私たちは考えていかなくてはなりません。

注１）現在では関西大学以外にもLAを導入している大学がありますが，活動内容は大学によって異なります。またLAをラーニング・アドバイザとしている大学もあります。

注２）コラボレーション・コモンズの開設は，文部科学省による「2012年度私立大学教育研究活性化設備整備事業（取組担当者 岩崎千晶）」において採択された取り組みです。

参考文献

秋田喜代美（1993）「教えることの認知過程研究：「授業に関する実践的知識」の獲得と利用」，『日本教育心理学会総会発表論文集』，第35号，S59.

秋田喜代美（2000）『子どもをはぐくむ授業づくり―知の創造へ（シリーズ教育の挑戦）』，岩波書店.

秋田喜代美，キャサリン・ルイス（2008）『授業の研究，教師の学習』，明石書店.

秋田喜代美（2012）『学びの心理学 授業をデザインする（放送大学叢書）』，左右社.

Beagle, D.R.（2006）*The Information Commons Handbook*. Neal-Schuman Pub.

Beverly, J.I.（2012）Editor's Overview: Mentoring, Tutoring, and Coaching. ***Mentoring & Tutoring: Partnership in Learning***, Vol.20, No.3, pp.297-301.

Between（2012）「島根大学　意欲やスキルを分析してメンター制や初年次教育を設計」，『Between』，㈱進研アド，2012年2-3月号，pp.14-15.

Clark, C.（2001）*Talking Shop: Authentic Conversation and Teacher Learning*. Teachers College Press.

大学審議会（1991）「大学院の整備充実について」，『内外教育』，第4234号，pp.6-11.

Greeno, J. & Sande, C.（2007）Perspectival Understanding of Conceptions and Conceptual Growth in Interaction. ***Educational Psychologist***, Vol. 4, pp.9-23.

濱生快彦（2012）「金沢大学附属図書館ラーニング・コモンズ視察報告」，三者協働型アクティブラーニングの展開最終成果報告書.

畠山珠美（2011）「ライティング・センター：構想から実現へ」，『情報の科学と技術』，61巻12号，pp.483-488.

堀野良介，大島純，大島律子，山本智一，稲垣成哲，竹中真希子，山口悦司，村山功，中山迅（2005）「デザイン研究に参加した教師の学習観の変化―教師の資質向上の新しい可能性―」，『日本教育工学会論文誌』，第29巻第2号，pp.143-152.

井下千以子（2008）『大学における書く力考える力認知心理学の知見をもとに』，東信堂.

井下千以子（2013）「思考し表現する力を育む学士課程カリキュラムの構築―Writing Across the Curriculumを目指して―」，関西地区FD連絡協議会京都大学高等教育研究開発推進センター，『思考し表現する学生を育てるライティング指導のヒント』，ミネルヴァ書房.

岩﨑千晶，田中俊也，竹中喜一，川瀬友大（2012a）「関西大学における教育補助者を活用した活動，授業実践の動向」，『関西大学高等教育研究』，第3号，pp.53-67.
岩﨑千晶（2012b）「協同学習を重視した初年次教育において学習者が抱える課題と教育補助者による介入の分析」，『日本教育工学会研究報告集』．JSET12-3，pp.69-76.
岩﨑千晶，池田佳子（2013）「考動力を育む学習環境“コラボレーションコモンズ”のデザイン」，『関西大学高等教育研究』，第4号，pp.9-17.
金沢大学付属図書館「金沢大学中央図書館ラーニング・コモンズパンフレット」
関西大学，津田塾大学（2012）「〈考え，表現し，発信する力〉を培うライティング・キャリア支援2012年度報告書」，関西大学教育開発支援センター，津田塾ライティングセンター．
河西由美子（2010）「自立と協同の学びを支える図書館」，山内祐平『学びの空間が大学を変える』ボイックス株式会社，pp.101-112.
加藤浩，鈴木栄幸（2001）「協同学習環境のためのインターフェイス」，加藤浩・有元博文編著『認知的道具のデザイン』，金子書房．
加藤信也，小山憲司（2012）『ラーニング・コモンズ　大学図書館の新しいかたち』，勁草書房．
木原俊行（1998）「自分の授業を伝える」，浅田匡，生田孝至，藤岡完治編『成長する教師』，金子書房，pp.185-196.
木原俊行（2004）『授業研究と教師の力量』，日本文教出版社．
北野秋男（2005）「我が国のティーチング・アシスタントの（TA）制度研究の動向」，『教育学雑誌』，第40号，pp.49-61.
子安増生，藤田哲也（1996）「ティーチング・アシスタント制度の現状と問題点：教育学部教育心理学科のケース」，『京都大学高等教育研究』，第2号，pp.77-83.
久保山健（2011）「大阪大学総合図書館における 学習支援の取り組み：場所の提供と，コンテンツの商品化」，『大学図書館における教育支援・学習支援の動向と事例～大学図書館マネジメントの観点から将来のヒントを探る～資料』http://hdl.handle.net/11094/14171
Loughran, J. J.（2002）Effective Reflective Practice: In Search of Mearning in Learning about Teaching. *Journal of Teacher Education*, Vol.53, pp.33-43.
丸野俊一（2008）「対話を通した教師の対話と学習」，秋田喜代美，キャサリン・ルイス編『授業の研究教師の学習』，明石書店，pp.68-97.
松下佳代，田川千尋，坂本尚志（2013）「イントロダクション―ライティングを指導するということ」，関西地区FD連絡協議会京都大学高等教育研究開発推進センター『思考し表現する学生を育てるライティング指導のヒント』，ミネルヴァ書房．
McGrath, J.E（1984）*Groups: Interaction and performance*. Enclewood Cliffs: Prentice-Hall..
McMullen, S.（2008）*US Academic libraries: today's learning Commons*. http://

www.oecd.org/unitedstates/40051347.pdf（情報取得日 2013 年 3 月 7 日）
溝上慎一（2013）「アクティブラーニングの理論的課題と実践的課題―深い学びにつながる工夫とは―」，河合塾編著『「深い学び」につながるアクティブラーニング』，東信堂．
森朋子，山田剛史（2009）「初年次教育における協調学習が及ぼす効果とそのプロセス」，『京都大学高等教育研究』，第 15 号，pp.37-46.
茂呂雄次，森敏明編著（2005）『認知心理学キーワード』，有斐閣．
村田勝俊（2013）「金沢大学附属図書館の学習支援：ラーニング・コモンズを中心に」，http://hdl.handle.net/2297/33909（情報取得日 2013 年 9 月 20 日）
中澤務（2012）『文部科学省大学関連携共同教育推進事業〈考え，表現し，発信する力〉を培うライティング / キャリア支援 2012 年度報告書』，関西大学・津田塾大学．
小笠原正明，西森敏之，瀬名波栄潤（2006）『高等教育シリーズ TA 実践ガイドブック（高等教育シリーズ）』，玉川大学出版部．
大阪大学（2009）『阪大 Now』，No.112, pp.4-7. http://www.osaka-u.ac.jp/ja/news/publicrelation/now/files/now112.pdf（情報取得日 2013 年 7 月 20 日）
大阪大学 http://www.osaka-u.ac.jp/ja/oumode/education_env/communication_space（情報取得日 2013 年 7 月 20 日）
大阪大学 http://www.osaka-u.ac.jp/ja/oumode/education_env/communication_space（情報取得日 2013 年 8 月 20 日）
佐渡島沙織，太田裕子（2013）『文章チュータリングの理念と実践』，ひつじ書房．
佐藤学（1996）『教育方法学』岩波書店．
Schön.D.（1983）*The Reflective Practitioner: How professionals think in action*. Temple Smith.
Scott, B.（2012）「高等教育における学習スペースの設計に当たって最初に問うべき質問」，加藤信哉，小山憲司編訳『ラーニング・コモンズ　図書館の新しいかたち』，勁草書房．
鈴木宏昭（2009）『学びあいが生みだす書く力―大学におけるレポートライティング教育の試み（青山学院大学総合研究所叢書）』，丸善プラネット．
田中俊也，岩崎千晶（2012）「学びをサポートする学生・院生の教育力の活用」，『関西大学高等教育研究』，第 3 号 , pp.1-11.
中央教育審議会（2012）『新たな未来を築くための大学教育の質的転換に向けて―生涯学び続け，主体的に考える力を育成する大学へ―』（答申）文部科学省，http://www.mext.go.jp/b_menu/shingi/chukyo/chukyo0/toushin/1325047.htm
植田一博，丹羽清（1996）「研究・開発現場における協調活動の分析―「３人寄れば文殊の知恵」は本当か？」，『認知科学』，第 3 巻第 4 号，pp102-118.
山田礼子（2012）『学士課程教育の質保証へ向けて　学生調査と初年次教育から見えてきたもの』，東信堂．
山内祐平（2011）「ラーニングコモンズと学習支援」，『情報の科学と技術』，第 61 巻第

12号，pp.478-482.
山内祐平（2010）『学びの空間が大学を変える』，ボイックス株式会社.
米澤誠（2006）「動向レビュー　インフォメーション・コモンズからラーニング・コモンズへ大学図書館におけるネット世代の学習支援」，日本図書協会『カレントアウェアネス』，289，pp.9-12.

参考 URL

金沢大学付属図書館ボランティア「とぼら」ブログ http://tobonyan.blogspot.com/
金沢大学付属図書館ラーニング・コモンズ　http://www.lib.kanazawa-u.ac.jp/kulic
大阪大学大学教育実践センタースチューデント・コモンズ http://www.cep.osaka-u.ac.jp/about_center/stucomintor
大阪大学「ラーニング・コモンズとスチューデント・コモンズ」http://www.osaka-u.ac.jp/ja/oumode/education_env/communication_space

付記

本章の一部は，文部科学省科学研究補助金・若手研究（B）（課題番号 24700917），ならびに平成 24 年度関西大学学術研究助成基金若手研究者育成費の助成を受けている。また，本章 2 節は，岩崎千晶，田中俊也，竹中喜一，川瀬友太（2013）「関西大学における教育補助者を活用した活動，授業実践の動向分析　―学部生・院生の教育力活用制度の全学展開に向けて―」関西大学高等教育紀要，第 3 号，pp.53-67 の一部を，3 節は，岩崎千晶，池田佳子（2013）「考動力を育む学習環境“コラボレーションコモンズ”のデザイン」『関西大学高等教育研究』第 4 号，pp.9-17 の一部を修正し，大幅に加筆を行ったものである。

第4章　新しい学習を評価するツール—ルーブリック—

総合情報学部　黒上晴夫

1　大学における評価の形

大学で用いられてきた評価方法はもともと多様です。それは，大学における授業科目の多様性をそのまま反映しています。知識を与えたり頭の中で概念を操作する方法やスキルを育成する科目においては，筆記試験が評価の中心です。期末にテスト期間がおかれているのが通常ですが，それ以外に小論文やレポートを課す科目も少なくはありません。身体的スキルの育成が中心となる科目では，そのスキルが適切に使えるかをみたり，その作業の成果をみます。試験のような特定の評価場面を準備しなくとも，日常の行動や議論の様子から評価を下す科目もあります。さらに，卒業に関わる評価においては，論文の審査に加えて，口頭試問が行われる場合もあります。近年では，オンラインによるこまめな評価の蓄積によって，単位が認定されることもあります。どの評価方法を採るかを決める際には，大学の方針，科目の特徴だけでなく，受講生の人数なども影響します。受講生が多ければ，あまり手のかかる評価方法は採用できません。

一方で，これら多様な手法による評点が相互に比較されることなく，担当教員の裁量によって自由につけられるという特徴もあります。ある科目における70点が，別の科目における70点と同等の難易度であるという保証はありません。科目間における同じ点数が，同等の能力を表すべきだという規定も存在しません。これも科目の多様性によります。もっとも，これは大学における評価に限った話ではありませんが。

2　さまざまな授業と望まれる人材

ところが近年，学生がより積極的に講義に参加する仕組みをつくるアクティブ・ラーニングが多くの大学の関心を集め，教員や研究室独自の試みとして，あるいは制度的な試みとして導入が進んでいます。インターンシップや海外研修を取り入れている大学は，枚挙に暇がありません。このような学習の特徴は，大学の教室を離れた実地での学習活動や，多様な人々とふれあう学習機会と，そこにおける自主的・自律的な問題解決に求めることができます。

そもそも，なぜこのような新しい形の学習が取り入れられるようになったのでしょうか。それは大学に育成が求められる人材象の変化に起因しています。2007年に文部科学省の設置する中央教育審議会は，大学を卒業した時点で，学生がどのような知識や能力を持っているべきかについて「学士力」を提言しました（文部科学省 2007）。これはすでに第1章で紹介しましたが，主に ①知識・理解：専攻する特定の学問分野における基本的な知識を体系的に理解，②汎用的技能：知的活動でも職業生活や社会生活でも必要な技能，③態度・志向性：自己管理力，チームワーク・リーダーシップ，倫理観，市民としての社会的責任，生涯学習力，④統合的な学習経験と創造的思考力：自らが立てた新たな課題を解決する能力，という項目が挙げられています。

まさに新しい形の学習が，これらの力に対応した活動によって構成されていることが一目瞭然です。たとえば，異文化について学び理解するために，海外研修は不可欠だと考えられます。チームワークを学ぶためには協働による学習場面が近道でしょう。インターンシップは市民としての社会的責任を培うのに良さそうです。他にも，このような社会人にとって必要とされる社会人基礎力についての提言がみられます。

また，国際的にはOECDの提案するキーコンピテンシーにおいても，「ツールを柔軟に使う能力」「異質集団との交渉力」「自律的行動力」が今日を生きるための資質として提案されています（OECD 2005）[注1]。

さらには，The Assessment and Teaching of 21st-Century Skills（AT21CS）では，「互いに理解を深め合い，あるゴールを達成するにつれて新しいゴールを見出し，新しい課題を自ら設定してそれを解きながら前進してゆく創成的（emergent）で協調的なプロセスを引き起こすスキル」（教育テスト研究センター 2010）として，［1］思考の仕方：①創造性とイノベーション，②批判的思考・問題解決・意思決定，③学習方法・メタ認知，［2］仕事の仕方：④コミュニケーション，⑤共同（チームワーク），［3］仕事の道具：⑥情報リテラシー，⑦ICTリテラシー，[4] 現代社会で生きること，⑧市民性（地域・地球），⑨生活とキャリア，⑩個人・社会的責任（異文化意識・異文化理解力）の10の力を掲げています。

これら全ては，ほぼ同じ能力観を中核に，それぞれの文脈において必要となる活動・行動で要請される力に拡張するような形で構成されているとみられます。そして，その中核となるのが，問題解決につながる高次な思考力であり，他者と協同する柔軟な協調力であり，さまざまな文化的道具を用いて問題解決できる高度な有能性だと考えていいでしょう。そして，複雑な現代社会，現実世界がこのような能力を育成する場としてとらえられ，準備された学習活動や学習コースがない中で，実際に起こる問題に直面して，自分で考えて行動することが求められるような，ある意味過酷な機会が大学生に提供され，過剰とも思える期待が向けられているのです。

3　新しい学習の評価方法

このような新しい学習のしくみにおける重大な課題の一つは，評価方法です。講義の一環としてグループワークを期待したり，授業時間外の社会的な活動を期待したりするときに，そこでの学習をどのように把握するのでしょうか。新しいダイナミックな学習は，学習活動でありながら，本当に学習が起こったのか，学生が何を学んだのかが把握しにくく，またそこで求められる能力が高次なものであるため，筆記試験のような客観的な試験ではそこでついた（と思われる）力を測定することが難しいという問題があるのです。

測定が難しい能力の特徴は，次のように考えられます。

・複雑・複合的能力で，客観的に測れる要素的な知識・技能に分解してもその全体象をとらえることにならない
・現実の場面で発揮される能力で，特別に準備した場面ではその力をみることができない
・予測不能な能力であって，その能力を測定する場面を想定することができない

では，このような能力について，測定することは不可能なのでしょうか。最初にみた評価の方法の中で，例えば小論文は，さまざまな要素を構成する複雑な思考を表現させる手法です。そこで評価するのは，原則的にスペルミスのような要素ではなく，全体を通して思考を表現する論理力であり，その背景にある対象への深い理解やその上に形成される価値観です。また，口頭試問は，評価者と被評価者が問答を繰り返す中で，より高度な質問に移行しつつ，被評価者の即応的な論理構成力をみます。その過程で，予測しなかった方向に問答が進むこともあります。

それでも，やはり２つ目の特徴である，現実場面で発揮される能力については測定しにくいといえるでしょう。観察による評価が求められますが，一方で，新しい形の学習では，大学を離れた場所に学習フィールドが設定されこともあるため，評価者が随行していないことも多いのです。

このような問題を解決するための唯一の方法は，学習者自身による学習活動の記録と，そこで学んだことを示すエビデンスの提示です。エビデンスに対しては，客観的な評価のためにルーブリックが設定されます。ルーブリックとは，どのようなパフォーマンスを示せばどのグレードを与えるかを文言で記したもので，３～５の段階を準備する事例が多くみられます。

4　全米大学連盟の例

全米大学連盟（AAC&U）では，それぞれの大学で用いられているルーブリックを持ち寄り，学士教育の成果を評価するためのルーブリックを

作成しました。VALUE（Valid Assessment of Learning in Undergraduate Education）と題された一群のルーブリックは，大学生として身につけるべき資質や能力について 15 の領域に分けて作られています。これらは，評定のためだけでなく，指導やフィードバックのための指標でもあるとされています。ルーブリックの文言は，特に学部や学問領域を限定しないで活用できるようになっているため，かなり抽象度が高く表記されています。そのまま用いるのではなく，各学部，学科，コース等で具体的に書き換えて使うことが想定されています。ここに示されたレベルを維持しつつ，コースの課題等に当てはめて，より具体的に改訂します。この改訂は，特に⑫学問的知識や⑭数量リテラシーの領域では重要になるでしょう。一方で，どのような学問においても，学習の成果をこの 15 の領域から見る必要性を意識させられるという側面があります。

①市民性　②批判的思考
③情報リテラシー　④総合的学習
⑤生涯学習　⑥問題解決
⑦読解リテラシー　⑧文書作成
⑨創造的思考　⑩倫理的推論
⑪探究的分析　⑫学問的知識
⑬言語コミュニケーション　⑭数量リテラシー
⑮チームワーク

それぞれについて，5 項目程度の観点が設けられ，4 段階で評価基準が書かれています。表 1 は批判的思考についてのものです。批判的思考は，結論に至る前に，問題やアイデアや出来事などについて包括的に検討する姿勢のことであり，評価者は学習者の示す成果のレベルについて，0（1 に満たないもの）から 4 の幅で評定するように想定されています。

表内の評価語は，上述のようにかなり抽象的で，具体的にどのような証拠を示せばその記述に該当するのかはわかりにくいように思えます。例えば，「学生の立場」の「特定の立場を示す」という文言も，状況に即して「差別に対するアファーマティブアクションなどのテーマに従って 調べた事実に基づいて自己の立場を表明するレポートする」というように具体的に書き換えると，どのようなパフォーマンスを求めているのかが分かりやすくなります。

ルーブリックにおけるレベルとレベルの間の差をどうつけるかには，ルーブリックの作成方法との関連で議論があります（黒上・小島 2012）。学習終了後の「学習成果」をレベル分けしながら複数並べて，その特徴を書き表す方法がありますが，この場合ルーブリックが事前に示されることはなく，また大学のような多数の学習者をもつ組織で実施するのは難しいといえるでしょう。

評価項目に対する評価事項を複数設定して（例えば4つ），それらを満たす個数によって評定するという方法もあります。先に見た「学生の立場」のルーブリックも，レベル3は「特定の立場の表明」「他者の見方」の2つの事項についての記述を要件とし，レベル4ではそれに加えて「立場の限界の表明」が必要とされています。この方法に従えば，評価項目に関係する証拠があるかないかという判定になり，評定の一貫性が保たれやすくなります。しかし，本来ルーブリックを設定する意味は，「できたか，できなかったか」というような二値的な評価の集合ではなく，むしろ「どのようにできたか」を質的に評価することを目指すものです。特に，高次な能力の評価においては，「どのように」ということが重要な評価の基準とならざるを得ません。したがって，レベルを質的なちがいとして記述する方法も採用されています。

実際，同じ例の「特定の立場の表明」について，レベル3では問題の「複雑性を織り込んで立場を表明する」ことが求められているだけですが，レベル4になると，立場の表明が「独創的」であることが要件となってきます。このままではどのような場合に独創的なのかは，依然としてわからないのですが，参照すべき資料がある程度決まっているのであれば，それらを俯瞰した上で自分で独自の解決法を見いだしているような場合がそれにあたると考えられます。

表１　全米大学連盟における「批判的思考」のルーブリック

	最高点	中間点		最低到達点
	4	3	2	1
問題の説明	・批判的に扱われるべき問題や課題が明確にされ包括的に記述されているとともに，完全に理解するために必要な全ての情報が提供されている。	・批判的に扱われるべき問題や課題について明確に記述されており，見落としによって理解が損なわれていない。	・批判的に扱われるべき問題や課題についての記述はあるが，用語が定義されていなかったり，曖昧に展開されていたり，領域が明確にされていなかったり，背景が述べられていないままにされている。	・批判的に扱われるべき問題や課題について，明確に記述されていない。
根拠（視点や結論について調べるために情報を選択して活用すること）	・情報源から入手した情報について，十分に解釈および評価がされ，包括的な分析あるいは総合が行われている。 ・専門家の見方について十分に批判されている。	・情報源から入手した情報について，十分に解釈および評価がされ，一貫した分析や総合が行われている。 ・専門家の見方が，疑問視されている。	・情報源から入手した情報について，解釈および評価がされているが，一貫した分析や総合ができていない。 ・専門家の見方が，ほぼそのまま使われ，疑問が示されていない。	・情報源から入手した情報について，解釈や評価がされていない。 ・専門家の見方について，疑問が呈されることなく事実として扱われている。
内容と仮定の影響	・自分と他者の仮定が十分に（組織的かつ適切な方法で）分析され，立場を示す際に，内容の妥当性が注意深く評価されている。	・立場を示す際に，自分と他者の仮定および関連した内容が区別されている。	・いくつかの仮定を示している。 ・立場を示す際に，いくつかの関連する内容を示している。 ・自己の仮定よりも他者の仮定を重視している（あるいはその逆）。	・現時点の仮定（仮定を主張として扱うこともある）についての気付きを示している。 ・立場を示すときに，いくつかの内容を明確に示している。
学生の立場（見通し，テーマ，仮説）	・特定の立場（見通し，テーマ，仮説）が，問題の複雑性を織り込んで，独創的に示されている。 ・立場（見通し，テーマ，仮説）の限界が認識されている。 ・他者の見方が，立場（見方，テーマ，仮説）の中に組み込まれている。	・特定の立場（見通し，テーマ，仮説）が，問題の複雑性を織り込んでいる。 ・他者の見方が，立場（見通し，テーマ，仮説）の中に組み込まれている。	・特定の立場（見通し，テーマ，仮説）が，問題の異なる側面を前提として示されている。	・特定の立場（見通し，テーマ，仮説）が述べられているが，単純でわかりきっている。
結論とそれに関連する成果（影響と結果）	・結論とそれに関連する成果（結果と影響）が論理的で，豊富な知識を基にした自分自身の評価と，根拠や見方について優先順位をつけて議論する能力を反映している。	・広範囲の情報を基にして結論が論理的に示され，反対の見方や関連する成果（結果と影響）が明確に示されている。	・情報を基にして結論が論理的に示され（情報が示したい結論に合うように選ばれ），関連する成果（結果と影響）が明確に示されている。	・結論と取り上げられた情報とに一貫性がなく，関連する成果（結果と影響）が単純化されすぎている。

このように，教員が学生を直接監督下において見ることができない学習について，ルーブリックを予め提示しつつ，その証拠を示す資料を作成させ，学習者との了解の上で指導をしたり評価を行ったりする方法は，2012年8月の中央教育審議会答申にも示されています。

5　ルーブリックの考え方とその活用

ルーブリックは日本では「評価指標」「評価基準」あるいは「評価規準」と訳されていますが，田中（2003）ではそれを，「成功の度合いを示す数値的な尺度（scale）と，それぞれの尺度に見られるパフォーマンスの特徴を示した記述語（descriptor）から成る評価基準表」と定義しています。また，黒上（2003）は初中教育を対象とした雑誌の中で具体例をあげて，「評価項目は一つの学習活動に対して数項目準備され，基準は4段階程度設定される。例えば，地域の用水についての調べ活動において，『地域への関心』『調査での対人コミュニケーション』『資料の収集』というような項目が準備されて，『資料の収集』について①ほとんど資料を集めていない，②資料を集めているが行き当たりばったり，③組織的・系統的に資料を集めている，④さまざまな角度から組織的・系統的に資料を集めている，というような基準を設けるのである。そして，子どもの学習状況の観察等から，どのレベルに相当するかを判断するのである」というように解説しています。

このような基準をなぜ設定しなければならないかは，以下の通りです。高次な能力が組み合わさった複雑なパフォーマンスを評価するには，パフォーマンスを要素に分解するのではなく，パフォーマンスそのものとして評価することが求められます。しかし，その評価は評価者の主観によるところが大きくなるのは自明のことです。一般に，評価においては評価者のちがいによる評定のばらつきを軽減し，評定そのものの信頼性を高めることが求められます。そのために，複雑なパフォーマンスがどのような状態であればどのように評定するのかを，状態あるいは徴候として記述して指標として用いるのです。当然，そのパフォーマンスの背景には，さまざまな能力が複雑にからみあって潜んでいることになります。上でみた，「問題の説明」にしても，最高点をとるには「批判的に扱われるべき問題や課題が明確にされ包括的に記述されているとともに，完全に理解するために必要な全ての情報が提供されている」ということを満たさなければなりません。これを分解すると，①課題を明確にすること，②それを包括的に記述すること，③完全に理解するために必要な全ての情報が提供されていること，の３つの能力が必要だといえます。

6　社会人基礎力をもとにした大学でのルーブリック

以下では，より広範な能力とルーブリックによる評価をつなぐために，社会人基礎力の項目をもとにして検討してみたいと思います。ただし，社会人基礎力は一つ一つの授業の目標としてまとめられているものではなく，社会に出た段階で総合的に持っていて欲しい能力についての概念です。したがって，ここで検討するルーブリックが，そのまま授業における評価項目として使える保証はありません。しかし，めざす能力との類似したものを見つけることができれば，それをもとにルーブリックを改訂するなど，参照できる部分はあると思われます。前述のとおり，社会人基礎力は，①前に踏み出す力（アクション），②考え抜く力（シンキング），③チームで働く力（チームワーク）の３つのカテゴリーで構成されていますが，その下には合計12の下位項目が設定されています（表２参照）。ここでは，授業時間外での多様でアクティブな活動を想定したときに，それぞれがどのような意味をもつのかを簡単に記述し，さらにそれらの力との関連で重要になりそうな下位項目を設定し，それぞれについてルーブリックの最も核になるものを提案することにしたいと思います。

＜主体性＞

主体性は，大学における学習で最も重視されるといっても過言ではありません。「前に踏み出す力」というカテゴリー全体が主体性に関わり，またそ

表２　社会人基礎力の項目

前に踏み出す力（アクション）：一歩前に踏み出し，失敗しても粘り強く取り組む力
主体性：物事に進んで取り組む力 働きかけ力：他人に働きかけ巻き込む力 実行力：目的を設定し確実に行動する力
考え抜く力（シンキング）：疑問を持ち，考え抜く力
課題発見力：現状を分析し，目的や課題を明らかにする力 計画力：課題の解決に向けたプロセスを明らかにし準備する力 創造力：新しい価値を生み出す力
チームで働く力（チームワーク）：多様な人々とともに，目標に向けて協力する力
発信力：自分の意見をわかりやすく伝える力 傾聴力：相手の意見を丁寧に聴く力 柔軟性：意見の違いや立場の違いを理解する力 情況把握力：自分と周囲の人々や物事との関係性を理解する力 規律性：社会のルールや人との約束を守る力 ストレスコントロール力：ストレスの発生源に対応する力

の他のカテゴリーも主体性と関わる部分が多いのですが，社会人基礎力の定義からすれば，ここでの“主体性”は主に課題に向けられていると考えられます。そこで，ルーブリックにおいて重要になることは，課題とどのように主体的に向き合うかについての記述です。例として，情報収集，アイデア提供の２つをあげます。

□情報収集：積極的に情報を集めること

1: 情報が集められていない

2: 不十分ではあるが情報収集はできている

3: 課題解決に必要な情報が集められている

4: 多様なリソースから情報が集められて適切に利用されている

□アイデア提供：積極的に自分のアイデアを出すこと

1: アイデアを出さない

2: 課題解決を見すえたアイデアを出さない

3: 課題解決につながるアイデアを出す

4: 状況に合わせた適切なアイデアを積極的に出す

＜働きかけ力＞

大学外の学習課題においては，他者との関わりの中で活動を運営をすることが多くなります。その活動を通して，現実の問題を解決するようなダイナミックな学習が行われることも期待されます。そこで求められるのが，関係者との人間関係の構築で，中でも自分から相手に働きかけて協力を依頼したり態度変容を起こすことや，共に問題の解決に向かって協同することです。それらをそのまま評価項目としてあげます。

□態度変容：問題の要因となる態度の違いを調整すること
　1: 相手の態度変容を迫ることができない
　2: 相手の態度変容を求めることはできる
　3: 相手の態度変容を求めるための説明ができる
　4: 相手の態度変容を起こさせるための交渉をすることができる

□協力依頼：課題解決に関わる同僚や相手に協力を求めること
　1: 必要なときにも協力依頼をすることができない
　2: 協力依頼をすることができるが，理由や範囲が示されない
　3: 理由や範囲を明示して協力依頼をすることができる
　4: 状況を勘案して協力事項を調整することができる

□協同解決：課題解決に関わる同僚や相手と協同で問題解決にあたること
　1: 協同して課題にあたることができない
　2: 役割に従って，協同的に課題にあたることができる
　3: 課題解決に向かった協同の提案をしながら作業できる
　4: 相手と相互に高め合いながら協同的に作業できる

＜実行力＞：課題解決にむけて具体的に行動すること

実社会の問題において，時間の経過は重大です。必要なタイミングに必要な事項が行われなければ，課題が解決されないばかりか問題が大きくなったり変質したりします。課題解決に向けた行動の計画が明確になれば，必要に応じてそれを実行することが重要です。実行に際しては，さまざまな障害が

発生します。それを乗り越えながら実行をめざすこともルーブリックの項目としてあげられます。

□行動実行：課題解決のために計画した行動プランを実行すること
1: 計画を実行することができない
2: 計画を実行するが適切なタイミングではない
3: 計画をタイミング良く実行できる
4: 計画をタイミング良く実行しながら完了をチェックできる

□計画修正：状況に応じて行動プランを修正すること
1: 必要な計画修正ができない
2: 計画の修正ができるが，障害の状況を正しく反映していない
3: 障害を把握して必要な計画の修正ができる
4: 関連する行動プランの調整を見通した計画の修正ができる

＜課題発見力＞

ここで想定している活動は，実社会の問題を解決するために，短期的あるいは中期的な課題を設定して，その解決に向けて努力・実行することです。実社会の問題の多くは複雑で，価値が対立することもあります。見方によって，何を課題とすべきかが異なる場合もあります。ここで求められるのは，問題全体を分析して，解決すべき課題を設定することです。

□問題分析：問題全体を分析的にとらえること
1: 問題の所在がわからない
2: 問題が部分的にしか把握できていない
3: 問題の全体を把握している
4: 問題の全体を構造的に把握している

□課題設定：解決すべき課題を具体的に明示すること
1: 解決すべき課題がしぼりこめない
2: 解決すべき課題は明示できるが，問題の解決との関連がみえない

3: 問題の解決につながる課題が明示できる

4: 問題の解決への見通しとともに課題を設定できる

＜計画力＞：

課題解決のためには，解決に向けた手順を明確にして，必要な事項や行動を洗い出し，それら同士の関係や順序を解決の方策として明確にすることが必要となります。それが，課題解決の具体的な目標となるのです。そして，課題解決に向けた行動のリストを手順として作成したものが計画です。課題解決に向けた目標設定と，解決手順の計画の２つをあげました。

□目標設定：課題解決の具体的な目標を立案すること

1: 課題解決の目標が示せない

2: 課題解決の見通しはたてるが，具体的な目標が示せない

3: 課題解決のための具体的な目標を示せる

4: 課題解決の目標にむけて，具体的な方策を手順として明示できる

□手順の立案：解決に向けた手順を明示すること

1: 解決までの見通しが明示できない

2: 解決までの見通しは示すが，具体的な事項や行動が明示されない

3: 解決までの具体的な事項や行動のリストが明示できる

4: 解決までの具体的な事項や行動のリストを手順として明示できる

＜創造力＞

従来とは違った角度から問題をとらえ直したり，課題解決の新しいアイデアが効果的な場合があります。それは，必ずしも他所と比べて唯一独自である必要はありません。自分なりの問題の見方や課題解決のためのアイデアを提案することが重要なのです。それができなければ，実社会と連携して活動をする意味はあまりありません。対象としている問題状況に即して自分なりの解釈を示すこと，問題を解決する具体的なアイデアを明示することを項目としてあげます。

□問題解釈：問題についての新たな見方を示すこと

1: 問題についての新しい見方をすることができない

2: 問題について新しい見方を示すことはできるが，それが問題解決につながらない

3: 問題についての自分なりの見方を示すことができる

4: 問題全体のとらえ方を変える見方を示すことができる

□アイデア創出：問題解決に向けた新しいアイデアを創出すること

1: 自分なりのアイデアを示すことはできない

2: 自分なりのアイデアを示すことはできるが，問題解決につながっていない

3: 問題解決を見通した自分なりのアイデアを示すことができる

4: 解決に向けたアプローチを組み変えるアイデアを示すことができる

＜発信力＞

活動における実社会との交渉においてまず必要なのは，自己の考えを相手に伝えることです。そのためには，自己の考えをわかりやすく伝える努力をするとともに，相手がわかるまで説明を加えることも必要となります。この2点をルーブリックの項目としてあげます。

□了解性：わかりやすく伝える工夫をすること

1: 考えをわかりやすく伝えることができない

2: 考えを伝えることができる

3: 考えを整理して説明する事ができる

4: 考えを整理して論理的に説明する事ができる

□確認と説明：相手の理解状態を確認して説明を加えること

1: 相手の質問に応えることができない

2: 相手の質問に応えることができる

3: 相手の質問に応じて，適切な説明を加えることができる

4: 相手の理解状態を確かめながら，適切な説明を加えることができる

＜傾聴力＞

社会との関わりの中では，協同する相手の意見を聞かなければならないことが多くあります。その際に，相手の意図を正しく理解し，不明な点は質疑を重ねて了解に至ることが大切です。相手の意見を良く聞いて理解することと，不明な点を解明することを，傾聴力の下位項目としてあげます。

□意見理解：相手と自分の意見の異同を理解すること

1: 相手の意見を理解することができない
2: 相手の意見を自己の見方からゆがめて解釈してしまう
3: 相手の意見を適切に理解することができる
4: 相手との意見の共通点と異なる点を明白にすることができる

□質問生成：相手の意見を質疑を通して深く理解すること

1: 相手の意見について疑問をもてず質問できない
2: 相手の意見について質問をするが，不明な点を理解することにつながらない
3: 相手の意見について質問をして不明な点を解明できる
4: 質疑を通して相手の意見を形成している背景要因について理解できる

＜柔軟性＞

実社会での問題解決においては，さまざまな意見の違いの調整が必要な場面が多くあります。調整には，それぞれの意見の背景要因や立場の違いを理解した上で解決方策を検討することが求められます。問題を多角的な視点に立って見ることと，相手の立場を理解することの2つをルーブリックの項目としました。

□多角的視点：問題を多角的に見ること

1: 問題が視点によって異なって見えることが理解できない
2: 意見が視点によってちがうことは理解するが，一方向からの見方しかできない

3: 問題を多角的に見ることができる

4: 視点を設定して問題を多角的に見て，問題の原因を見つけることができる

□立場の理解：相手の立場を理解すること

1: 相手の立場を理解することができない

2: 相手の立場が自分の立場と違うことはわかる

3: 相手の立場と自己の立場の異同がわかる

4: 相手の立場と自己の立場の異同の背景要因を理解し，調整箇所を見つけることができる

＜情況把握力＞

定義では，自分と他者あるいは課題解決に関係する物事との関係に焦点があたっています。課題解決に関わる要因やその相互関係を明確にし，解決のプロセスを分析的に把握して，物事や関係者との関係を改善することを含めて，情況把握力の下位項目としました。

□情況分析：課題解決に関わる情況を分析的に見ること

1: 課題に関わる物事の情況を正しく分析できない

2: 課題に関わる物事の情況を十分には分析できない

3: 課題に関わる物事の情況を分析して適切な理解ができる

4: 課題の関わる物事の情況を常に正しく把握して改善できる

□他者との関係：課題解決に関わる他者との関係を分析的に見ること

1: 自分と他者との関係を正しく把握できない

2: 自分と他者との関係を自分の側から分析できる

3: 自分と他者との関係を相対的に分析できる

4: 自分と他者との関係を客観的に分析して改善できる

＜規律性＞

実社会と協同する意義の一つは，大学内だけでは学べない社会のルール（時間や納期，挨拶など）やダイナミズム（複雑な利害関係や権威関係の中で問題解決をしなければならないこと）を背景にしながら問題解決の方法を探る体験をすることです。ここでは，社会のルールへの気付きや対応，人との関係性の構築の２点を評価項目としてあげます。

□社会のルール：社会のルールを守ること

1: 課題に関わる社会のルールを守ることができない
2: 課題に関わる社会のルールの範囲内で行動できる
3: 課題に関わる社会のルールに沿った判断ができる
4: 課題に関わる社会のルールの背景を理解して，それに合わせた判断ができる

□人との約束：課題解決に関わる人との約束を守ること

1: 課題に関わる人との約束を守ることができない
2: 課題に関わる人との約束を守ろうとするが結果が伴わない
3: 課題に関わる人との約束を守ることができる
4: 課題に関わる人との約束を満たす基準を超えた結果を提供できる

＜ストレスコントロール力＞

実社会での問題解決は，すぐに答えが出る事が少なく，また努力したはずなのにかえって状況が悪くなるようなことも多々あります。関係する人たちが想定外の動きをすることも少なくありません。また，設定した計画が思い通り進まなかったり期限に間に合わなくなるような状況のなかで，自分自身の力が及ばないという無力感を感じることもあります。このようなことが，ストレスとなるのです。課題解決のためにも自分の心を守るためにも，ストレスをコントロールすることが重要です。ストレスをコントロールするには，まずストレス状況にあることを自己認識することと，ストレスを転換することの２つが重要です。

□自己認識

1: ストレスの可能性に気づかない

2: ストレスの状態を認識することができる

3: どのような状況のときにどのようなストレスを感じるかを明確にできる

4: ストレスの発生源を具体的に明確化できる

□自己調整

1: 自己調整ができない

2: ストレスを感じて耐えようとする

3: ストレスについて相談するなどの具体的な行動がとれる

4: 目標を変えたり原因をプラスにとらえ直したりする回避行動がとれる

先にも触れましたが，ここにあげたルーブリックは，あくまでもひな型です。学生の状況や学外での学習内容等に応じて，ルーブリックを作成するときに必要なものを参考にすれば良いでしょう。ここにない項目も，もちろんルーブリックの項目にすることが可能です。しかしどのような項目をたてるにしても，重要なことが2つあります。

一つめは，ルーブリックの段階とその基準の設定についてです。このルーブリックは，全米大学連盟のものと同じく，3が合格レベル，4を最高レベルとして，2は合格に対して不足があるレベルとしています。上記の一覧では，この不足についてなるべく言い表すようにしています。しかし，レベルの設定の仕方によっては，異なる書き方があります。ルーブリックの作成時には，どのレベルをどのような基準に対応させるのかを揃えておくことが望まれるでしょう。

二つめは，3と4の間の差が期待する学習の方向性に大きく影響するということです。例えば，「了解性」のレベル3は，「考えを整理して説明する事ができる」で，レベル4が「考えを整理して論理的に説明する事ができる」としてあります。違いは説明が論理的かどうかですが，授業者が求めたい価値によっては，例えば「論理的に」を「視覚的に」としてもかまいません。そうすることで，学生が目標とするものが全くちがってきます。ここの記述によって，目標を明確に示すことができるのです。

7　ルーブリック評価の課題

従来の評価では測りきれない部分を測るために，ルーブリック評価は導入されてきましたが，それはこれまでのものをすっかりそれに入れ換えるという話ではありません。これまでのように，学問に必要な用語やその用法の記憶を確かめたり，概念を説明する事を求めたり，あるいは紙面上で問題を解くような形式の評価はもちろん機能しています。ある意味で，それは最低到達基準の確認ということになるのでしょう。その上で，それらの力の現実場面での活用力や総合力というところに焦点があたるとき，その力を紙と鉛筆でみることはできないため，実際に起こったことに即して評価をする必要があるということです。逆に，この評価に必要なものは，現実場面でどのような働きをしたかを示す証拠の提示です。そして，その証拠を判定するためのものが，ルーブリックだといえます。しかし，課題もあります。

一つは，ルーブリックの硬直化です。ルーブリックに記載された項目や基準は，現場で起こりそうな出来事を想定して書かれています。もちろん，多様な出来事が起こることを織り込んでいるものの，すべて織り込めるような現場はあまりありません。現場は常に想定を越えるのです。にもかかわらず，ずっと同じルーブリックをあてはめて評価することは，逆に現場における活動を窮屈にします。ルーブリック自体も，現場の状況を見ながら変わり，成長していかなければならないでしょう。しかし，そうなると，ルーブリックによって担保しようとした客観性が，くずれることにもなりえます。

現場ですばらしい力を発揮した学生に合わせて新しい項目をつくって評価するのは，その学生にとっては適切なことですが，そのルーブリックを知らずに，また現場の要請も届かない場にいた学生にとっては，「知らされていれば挑戦できた」という意味で不公平になりかねません。それを避けるために，ずっと同じルーブリックを提示し続けると，それに見合った活動しかされなくなり，現場における創意工夫の場面がみすごされたり，本来評価すべき証拠をあげられるのにもかかわらず，看過されたりする可能性があります。

もう一点，大学での評価がGPAの導入などによって，5段階ではなく100点を満点とする原成績評点によるようになってきている中で，ルーブリックは3段階とか4段階の粗い評価であるということがあげられます。そもそも，ルーブリックによる評価では，段階を細かく設定することは不可能です。パフォーマンスの状況を細かく表現し分ける評価語などないからです。しかし，実際にはルーブリックを使った評価を100点満点に置き換えることが必要になってきます。ルーブリックには通常複数の項目があります。各項目が4段階で項目数が5であれば，20段階の評価ということになります。初等中等教育では，学習期間中の評価の回数を増やすことはできなくはありません。しかし，これまでに見たような，大学を離れた活動を評価するとなると，活動全体の結果に対して総括的にルーブリック評価を行わざるをえないでしょう。この節の冒頭に書いたように，従来型の紙と鉛筆による評価とルーブリック評価の組合せ等について，検討する必要があるのかと思います。

注1）3つの資質は更に以下のように細かく定義されている（黒上訳）

(1)　ツールの柔軟な活用力

・言語とシンボルとテキストを柔軟に使う
　さまざまな状況で話す・書く
　さまざまな状況で数学的スキルを使う
・知識と情報を柔軟に使う
　未知のことは何か
　適切な情報はどこにあるか
　情報と情報源の質と信憑性はどうか
　知識と情報をどうまとめるか
・技術を柔軟に使う
　ICTを使って協働する
　その他のテクノロジーを理解して使う

(2)　異質集団との交渉力

・他者と良好な関係をつくる
　共感：他者の役割や状況を推し量る

感情の抑制：自分と他者の感情を理解する
・チームで協働する
アイデアを伝え・聞く
議論のやりとりを理解し課題を追い続ける
目的的・持続的な関係を維持する
交渉する
異なる意見を活かす意思決定をする
・不協和を処理し，解決する
問題と利害を分析，原因を特定，異なる立場を推論する
合意・非合意の部分を特定する
問題をとらえ直す
ニーズと目標の優先順位をつける
(3)　自律的行動力
・大きな展望の下で行動する
パターンの理解
社会の認識（構造，文化，実践，規則，期待，役割等）
行動の結果を見極める
結果を予測して行動を選ぶ
・人生の計画と課題を決めて実行する
課題を決めて目標をたてる
リソースを吟味する
目標の優先順位を決める
複数の目標に向けてリソースのバランスをとる
過去から学ぶ
進捗をモニターして調整する
・権利・利害・限界・ニーズを表明・防衛する
利害について理解する
規則・原則を知る
話し合ってニーズや権利を明らかにする
調整の方向や別の解決法を提案する

参考文献

経済産業省人材参事官室（2006），「社会人基礎力に関する研究会」中間取りまとめ
黒上晴夫（2003）総合的学習での総括的評価とプロセス評価，『総合的学習を創る5月号』，明治図書.
黒上晴夫・小島亜茸里（2012）「ルーブリック作成手順についての考察」，『日本教育メディア学会第19回年次大会発表論文集』

教育テスト研究センター（2010）CRET 研究交流レポート ATC21S DWP 輪読会参加（2010 年 3 月 23 ～ 24 日），http://www.cret.or.jp/j/abroad/reportDWPALL.pdf
文部科学省（2007），学士課程教育の構築に向けて．
OECD（2005），The Definition and Selection of Key Competencies，http://www.oecd.org/dataoecd/47/61/35070367.pdf
田中耕治（2003）『教育評価の未来を拓く』，ミネルヴァ書房．

第 2 部

演習において学生の能動的な学びを育む学習環境のデザイン（実践編）

第5章　ティーチング・アシスタントと e-LINC を活用した教職課程科目「英語科教育法」の実践

外国語学部　竹内　理

科目名：英語科教育法（一）（二）
科目の位置づけ：教職課程科目　２年生，３年生向け
受講生数：約 30 名
キーワード：ふりかえり，気づき，足場かけ，ナナメの関係，協働学習，場の提供

あらまし：「英語科教育法」は，主として外国語学部・文学部の２年生と３年生を対象とした教職課程科目で，４年次の「教育実習」履修の先修条件の１つとなっています。「英語科教育法（一）」においては，英語教育学の基礎知識や英語教育を取りまく環境・条件，さらには指導要領・検定教科書などについて理解を深める過程を体験します。「英語科教育法（二）」においては，授業の組み立て方，評価の仕方，実際の授業で利用される教授技法などを学びます。その後，４～５名程度のグループでマイクロ・ティーチング（模擬授業）を企画・立案・実施し，これに対する教員・学生からのコメントをもとに，自らの授業を「ふりかえり」，修正を加えていく過程を体験します。

今回の実践では，これらの過程すべてにおいて，大学院生のティーチング・アシスタント（Teaching Assistant，以後 TA）が，（英語教育学の）専門家の卵として，「ナナメの関係」を構築しながら関与・協働し，受講生に適切な「足場」を提供していきます。また，その際，協働の拠点として威力を発揮するのが，教員養成 GP を基盤に整備された「英語教育連環センター」（e-LINC）となります。この実践を通して，科目を受講している学生はもちろんのこと，TA も専門家として成長するなど，大きな効果が認められています。

1　授業の目的と概要

1. 1 「英語科教育法」

「英語科教育法」は，主として外国語学部・文学部の2年生と3年生を対象とした教職課程科目です[注1]。「日本国憲法」，「人権教育論」，「教育実習事前指導」と並んで，4年次の「教育実習」履修の先修（必須）条件の1つとなっているため，外国語（英語）科の免許状取得を目指す学生にとっては，避けて通れない科目となります。この科目では，「教育実習」に耐えうる実践的な英語授業力を身につけることが強く求められています。しかし同時に，その授業力を支える系統的な知識を，教育実践と深く関連づけて教えていくことも要求されています。つまり，授業実践力の向上に加え，（英語科教員としての）考え方の基盤を養うことも，「英語科教育法」の目的となるのです。

1. 2 「英語科教育法（一）」

まず「英語科教育法（一）」（春学期開講）においては，英語教育学の基礎知識や英語教育を取りまく諸条件，さらには指導要領・検定教科書などについて理解を深める過程を体験させます。たとえば，小学校で外国語（英語）活動が導入され賛否が喧しく議論されていますが（たとえば，大津2005），これは理論（学問）的に見てどうなのでしょうか。また，中学校では「技能の総合（統合）」が謳われていますが，これを実践するためには，外国語教育学の視点からみて，どう授業を変えるべきなのでしょうか。さらに，平成25年度導入の新指導要領では，高等学校において「英語を英語で教える」ことが求められていますが，母語の使用はそれほど問題になる行為なのでしょうか。はたまた，巷では「聞き流すだけで英語が学べる」とテレビCM等で喧伝していますが，これは理論的にみてあり得ることなのでしょうか（詳しくは竹内2007a）。英語教育のプロフェッショナルならば，これらの諸問題に対して，理論と実証データにもとづき，一家言を持つ必要があります。「英語科教育法（一）」の授業は，このようなプロフェッショナルとしての意見や考え方の基盤を，講義と活動を通じて養うことを目的としているのです。ただし，一部の受講生たちは，理論やデータに立脚した考え方の重要性がまだ十分に認識できていない段階にいるため，派手なパフォーマンスや名人芸などに流されやすく，この科目の目的や内容に意義を見いだせない場合があります。また，教員の側から見れば，「理論のための理論の教え込み」とならないように注意をする必要があり，つねに実践との接点を明確に示すことが重要なポイントとなります。

1. 3 「英語科教育法（二）」

一方，「英語科教育法（二）」（秋学期開講）においては，授業の組み立て方，評価の仕方，実際の授業で利用される教授技法などを学びます。たとえば，単元目標を立て，この達成に向けて各回の授業内容を作っていくバックワード・デザインの考え方や，観点別に目標を設定し，その達成度を検証していく評価手法(竹内2005)，さらには(一説によると40種をこえるという)音読技法の効果的配置[注2]などを，「英語科教育法（一）」で学んだ理論的基盤と結びつけながら習得していきます。その後，学生たちは，4～5名程度のグループで（中学校あるいは高等学校の教室場面を想定しての）30分間のマイクロ・ティーチング（模擬授業）を企画・立案・実施し，これに対する教員・TA・受講生からのコメントをもとに，自らの授業を「ふりかえり」，必要な修正を加えていく過程を体験します。ただし，受講生たちはほとんど授業経験のない素人集団のため，ともすれば「ぐだぐだ」のマイクロ・ティーチング，つまり授業目標と教授内容が一致しない，あるいは教授行動の多くに整合性がなく，正確さにも欠ける授業が展開されることになります[注3]。もちろん，教案の作り方にはじまり，教材の選択基準，授業の展開方法，評価のポイント，効果的な教授技法と，必要なことはすべて学んでいるわけですが，これらを実践に生かすとなるとまったく勝手が違い，そのため多くのグループが「悲惨な」授業を実施することになります。また，コメントとビデオ記録をもとに教案を書き直していく作業では，指摘されている箇所の「ぐだぐだ」具合や「悲惨さ」は、学生たちもよく理解しているのですが，それが何に起因するのか，そしてどうすれば改善できるのかについては見当もつかない，という現象が起こりがちです。これを防ぐためには，適切な助言を必要に応じて与えてやることが重要となります。なお，ここでいう「適切」とは，問題の原因や改善方法について明示的に指摘することを意味しません。むしろ，一緒に「考え」，「悩み」ながら，原因を学生自らに突き止めさせ，解決過程を手助けしていくような，いわば「足場かけ」[注4]的なアドバイスのことを指します。

2　実践の特徴と内容 ― 課題の解決に向けて

今回報告する授業実践は，上述した「英語科教育法」固有の問題点を解決するために考案・実施され，過去数年間にわたり，効果を検証してきたものです[注5]。その大きな特徴としては，(1) 専門知識を持った大学院生を TA として参加させ，受講している学生たちと「ナナメの関係」[注6]を構築させること，(2) その TA によるフィードバックを，学生の理解向上のために活かすこと，そして (3)「場」を設けて協働的な活動を促進することです。期待される効果としては，(A) 学生の英語授業力の向上，(B) 理論と実践のつながりへの気づき，そして (C) TA 自身の専門家としての成長などがあげられます。

2. 1 「ナナメの関係」を作る

学生たちが，教員に質問したりアドバイスを求めたりすることに，想像以上の高いハードルを感じる傾向にあることは，授業アンケートのコメントなどから容易に確認することができます。「超多忙な先生に質問をするのは気が引ける」，「何を質問してよいのか整理するところから始めないと質問できない」，「とてもマイクロ・ティーチングの予行演習に立ち会って欲しいなど頼めない」などなど，学生達の遠慮と躊躇がコメントに見事に顕れています。そこで，(教員と学生のような「タテの関係」ではなく) 専門知識は持ち合わせているけれど，年齢的にも，学内での距離的にも，彼らに近い大学院生にTAとして参加してもらい，質問や要望を吸いあげ，アドバイスを与える仕組み（「ナナメの関係」）を導入するところから，本実践はスタートします。

TAとなった大学院生は，いずれも外国語教育学研究科の所属であり，英語教育学に関する専門知識や実践経験を持ち合わせているため，（ある程度は）その場で質問に答えることもできれば，ふさわしい書籍やリソース（教材・機器類）を推薦することもできます[注7]。また時間的にみても，教員ほどタイトなスケジュールにはなっておらず，学生たちと話し込む，というようなことが可能な状況にあります。もちろん，だからといって質問や要望を待つだけでは何も起こりません。そこで，「英語科教育法（一）」においてTAは，（授業の開始直後に行われる）小テストの解答や課題レポートの記述の分析を行い，そこから学生の理解が不十分なポイントを収集したり，授業終了時に学生たちにコメントを書かせて，その記述分析から質問や要望を吸いあげたりと，プロアクティブな情報収集に当たります。そして，この情報収集をもとに，TA から学生たちにこまめに声をかけてもらい，「ナナメの関係」を構築していくように促していくのです。また，授業中には，毎回の授業で行われるグループでの議論（あるいはタスク）の促進者として，教員同様に机間を巡回してもらい，理論がどう実践と結びつくのかなど，特定の課題に焦点を絞りながらアドバイスをさせ，TA のプレゼンスを示す機会を随所に作るよう心がけます。こうしたプロセスを経て「英語科教育法（一）」で構築された「ナナメの関係」は，「英語科教育法（二）」で本格的に行われるマイクロ・ティーチングの際に大いに威力を発揮することになります。

2.2　TA からのフィードバックを活かす―ふりかえり，気づき，足場

さて，このようにしてTAから吸いあげられ，まとめられた質問や要望は，（メール，Evernote 等を利用して）教員に伝達され，短期的には次回の授業改善に利用されます。つまり，どこが分かっていないのか，どこにつまずいているのかなどのフィードバック情報をもとに，次の授業で，（教員が）全体に対して補足説明を加えたり，理解促進のための活動を導入したりする

わけです。たとえば「中間言語」[注8]について説明した授業では，小テストの解答分析の結果，「中間言語は創造的過程の産物で，体系性のあるものと見なすべき」という肝心のポイントが上手く伝わっていないことが判明しました。そこで，次の回には，理解を正しい方向へ導くための補足説明と活動を導入し，誤った知識の定着を防ぐことに成功したのです。このような情報は，次年度の授業構成にも反映されていくため，その後，この用語の理解で問題が生じるようなことは起こっていません。

フィードバック情報は，「英語科教育法（二）」で行われるマイクロ・ティーチングの際にも大きな役割を果たします。マイクロ・ティーチングの前に，学生たちは平均して3回程度，教員やTAとコンサルテーションの時間をとります。1回目は，彼らが作成してきた教案を共に検討し，実施可能性がどの程度あるのかを考えます。続いて，2回目として，（改善された教案をもとに）実際の授業をシミュレーションして，どのようなことが問題になりえるのか検証します。3回目は本番さながらの（マイクロ・ティーチングの）「通し稽古」のようなものですが，ビデオを利用しながら，教室での教員役の学生の動きや英語の発音に至るまでを確認します。この改善過程のすべてを従来は担当教員1名で行ってきたわけですが，6グループ × 3回（1回平均70分程度）の時間を必要とするため，十分といえる程度までケアがなされてこなかったのが現実でした。TA参加後は，この一部をTAが担当し，教員が担当していない部分に関しても，課題やその改善の度合いをフィードバック情報として上げてくれるため，教員はより少ない時間で，準備過程の変遷をより良く把握することが可能となります。またこの情報をもとに，「産物」だけでなく「過程」をも評価の対象とできるようになったことは，ある意味，画期的な出来事といえるかもしれません。

学生たちにとっても，何が問題なのかをじっくりと時間をかけて共に「考え」，「悩み」，その上でフィードバック情報を与えてくれるTAがいるため，「ふりかえり」や「気づき」の機会が増えるという利点が生じます。加えて，その気づきを問題の改善へとつなげるような「足場かけ」を得られる機会も拡がることになります。

写真 1　e-LINC におけるマイクロ・ティーチングの準備風景

マイクロ・ティーチング終了後，学生たちは教案を立て直す作業に取りかかります。この際にも，TA からのフィードバック情報は非常に有益なものとなります。このフィードバック情報は，他の学生たちからのコメント（書面）をカテゴリー分けして編集し，そこに担当教員や TA の専門的見地からのコメントを加えた，いわばマイクロ・ティーチングの通信簿のようなものです（写真 2）。これにマイクロ・ティーチング中に撮影されたビデオを組み合わせて検討すれば，そのグループの授業の良さや改善点が自ずと浮き彫りになります。

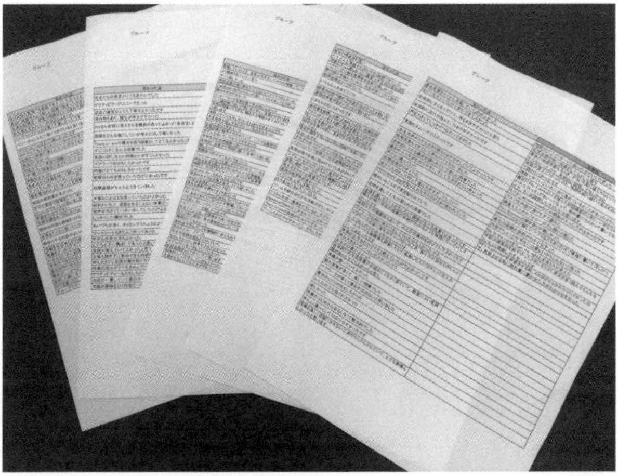

写真 2　フィードバック情報の一例（プライバシー保護のため一部加工）

2. 3 「場」を設ける―協働の促進

TAが参加した「英語科教育法」の試みは，授業内だけに留まることなく，授業外においても展開され，「授業の円環」（Sumi & Takeuchi 2010；竹内 2007b参照）を構成するように意図されています。「授業の円環」とは，竹内（2007b）の用語で，授業内の活動が授業外の活動と有機的につながり，その授業外の活動が次の授業内の活動の基盤を形成するような授業デザインのことをいいます。この際，授業外での活動展開を支える「場」を提供するのが「英語教育連環センター」（e-LINC）となります。

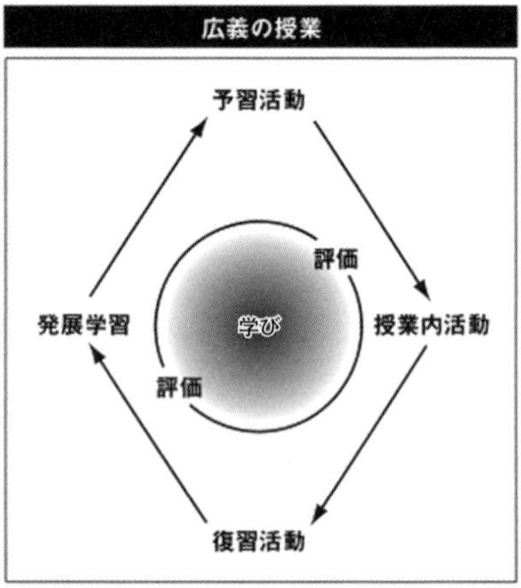

図1 「授業の円環」のイメージ図（竹内，2007b）

e-LINC（English Language Instruction Network Center）は，平成17-18年度（2005-2006年）に外国語教育学研究科が得た競争的資金である「教員養成GP」（学びのネットワーキングと英語教員養成）での実践活動を契機に設置された施設で，現在は外国語教育学研究科管轄の組織として，千里山キャンパスの岩崎記念館4Fに置かれています。このセンターの目的は，1）研究と実践をつなぎ，協働を通じて，現代のニーズにあった英語教員を養成すること，ならびに 2）英語教育の現実的な諸問題を，学内のリソース（教員，大学院生，学部生）と現場の教員が協働することで，適切に解決していく手助けをすることにあります。この目的遂行のため，同センターには教員（兼任）とTA注9が配置されているほか，図書・教材，教育器具などが配備され，多様な活動が行えるようになっています。

このe-LINCという場を使い，学生たちは，まず授業外での教案検討会を実施します。その際，TAが中心となって，さまざまなアドバイスを行います。時には，e-LINCに所蔵されている書籍を参照することもあります。次に，学生たちはマイクロ・ティーチングの準備を行うことになるのですが，ここでもe-LINCで収集・蓄積されている検定教科書や指導書，補助教材が大いに活用されます。もちろんTAは，この段階においても積極的に関与し，理論との関係などを（学生たちに）意識させながら，作業を促進していきます。ただし，ここでは「ヒントは与えるが作業そのものを直接は助けない」という原則は遵守するように，担当教員がTAに対して注意を促す必要があります。これは「教えすぎ」という行為を防ぐ重要な所作となります。最後に締めくくりの授業外活動として，（マイクロ・ティーチングの）「通し稽古」を行うことになりますが，ここではe-LINCという場が教室へ早変わりし，TAの「足場かけ」のもと，改善の機会を与えてくれることになります。その際によく利用される「ビデオ撮影と再生によるチェック」などは，e-LINCがあるからこそできる，いわゆる形成的な「ふりかえり」の仕掛けといえるでしょう。このようにして，しっかりと「足場」がかけられた授業外の協働活動を，「気づき」と「ふりかえり」を伴いながら実施することで，はじめて授業内での円滑なマイクロ・ティーチングが実現されるていのです。こうしてみると，e-LINCはマイクロ・ティーチング成立のために必要不可欠な「場」として存在している，ともいえるでしょう。

3　実践の効果 — 学生とTAの成長

さて，本実践はどのような変化を学生やTAに引き起こしたのでしょうか。ここでは6年間にわたる授業評価のコメントや，学生およびTAからの聞き取りを中心に，効果の一端を検証してみたいと思います。まず，学生たちは，当初の目的通り，理論と実践の関係に気づく機会をより多く得るようになったようです。経験や勘だけではない，英語を教える上での考え方の基盤を，徐々にではありますが，形成していく様子が下の引用から垣間見られます。

○　よく理論と実践というコトバを聞いたのですが，正直，最初のころはあまり意味（筆者注：関係の意味）がわからなかったです。ただ，小テストの結果と関連させて説明してくれたり，ディスカッションの時に例を出してもらったりしたので，ああこういうことなんだと，少しずつわかってきました（2009 年度春学期受講生聞き取り）。

○　（注：アルバイトで教えている塾での話）経験上こうなんだと言われると，いままで教室長に言い返すことができなかったんですが，理論から考えると，結構うまくいく理由とか，いかない理由とかが説明できるんですよね。少し大げさにいうと，授業を見る目が変わりました（2008 年度春学期受講生事後聞き取り）。

「ナナメの関係」の有効性についても，下記の指摘のように，その効果が実感されていることがわかります。

○　TA の○○さん（注：TA 名）にもとてもお世話になりました。なんでも聞けるし，いろいろと教えてくれるので，授業とあわせて大満足です（2010 年度春学期授業評価アンケート）。

○　授業以外にも○○さん（注：TA 名）がいろいろとアドバイスをしてくれたのでありがたかった。教材も教えてもらったし，授業（注：マイクロ・ティーチング）の流れもみてくれた。TA が入っているのもこの授業のよい点だと思う。ビデオチェックもよかった（2011 年度秋学期授業評価アンケート）。

フィードバックに関しては，以下の様なコメントが多数よせられており，その効果は（次年度以降の）教育実習での研究授業にまで及んでいることがわかります。

○ マイクロ・ティーチングのフィードバック（注：上述 2.2 の後半部分参照）が予想外に詳しく返ってきたのがとても参考になりました。また準備をする時に○○さん（注：TA 名）をはじめとして，e-LINC にいた大学院生の方々にアドバイスを頂いたりしたのが，自分たちでは絶対に気づかない点を教えてくれたので，とてもありがたかったです（2012 年度秋学期授業評価アンケート）。

○ （注：TA から）コメントがグループに分けて返されてきたので感動した。先生の授業中のコメントとあわせてレポート（注：最終レポート）が書きやすくなった（2012 年度秋学期授業評価アンケート）。

○ 教育実習で授業の構成を結構ほめられたんですよ。目的と内容と評価が一致しているって。あれって，なんども先生と○○さん（注：TA 名）からいわれてたことですよね。なんだかトクした気分（2010 年度秋学期受講生事後聞き取り）。

「場」としての e-LINC に関しても，以下のように高い評価が与えられているようです。

○ e-LINC があってよかった。わざわざ教室予約してまで準備やらんし，食堂とかうるさいし。あそこやったら，本もあるし，ビデオ（注：撮影用）もあるし（2007 年度秋学期受講生聞き取り）。

○ あそこ（注：e-LINC）いくとやらなあかん，という気になるのが不思議（2008 年度秋学期受講生聞き取り）。

最後にTAからのコメントを掲載しますが，ここには彼女らの専門家としての成長を見て取ることができます。

○ 先読みをして，先生が何を求めているかを考えるようになりましたね。先生の側と学生の側の両方の視点から授業を見ていけるのも，とても面白い経験だったと思います（2007年度TA聞き取り）。

○ 自分の専門が生かせるので，勉強になります。質問されると，調べないといけないので，知識も拡がるし。なによりも，授業（注：マイクロ・ティーチング）が良くなっていくのを見るのが嬉しいです（2008年度TA聞き取り）。

○ 結果もさることながら，過程がいかに大切かを学びました。また，どこで助けて，どこで見守るかという「足場かけ」あるいは「足場くずし」ですか，このタイミングについての経験も積むことができました。今，大学で教えている授業の組み立ては，このTA経験が基盤になっています（2012年度TA聞き取り）。

4　おわりに

上記のような効果をあげている本実践ですが，手放しに喜べない側面もいくつか存在します。たとえば，この実践を現状のまま維持する，あるいはさらに洗練していくためには，高い資質を持ったTAの確保が必須となります。幸いにして，ここ6年間はそのような資質を持つ大学院生に恵まれましたが，いつまでもこのような状況が続くかは不明です。そこで今後は，TAをどのように育て，知識や技能を継承していくかという問題に取り組んでいかねばならないでしょう。また，SAやLAとは異なり，かなりの専門知識を持ち，教育実践を積極的に支える存在となりつつあるTAの待遇を改善していくことも，優秀なTAを確保して，実践を一過性のものにしないために検討していくべき課題といえるでしょう。なお，このような課題は担当者個人の努力で解決できる性格のものではないため，全学的に対応策を練り，取り組んで行かねばならないことを，ここで強調しておきたいと思います。

注1）大学院生の履修も毎学期複数名（3～5名）あるため「主として」と記載しています。

注2）竹内（2011）では，これらの音読の技法をどう使い分けるかを，「認知負荷」の観点から論じています。

注3）「ぐだぐだ」や後述する「悲惨な」は，受講生の実際のコメントから取った言葉です。

注4）「足場かけ」については，竹内（2011）や Walqui & van Lier（2010）などを参照してください。

注5）今回報告する実践は，過去6年間にわたり複数名のTAと築きあげてきたものを統合した形態となっています。この実践に参加下さったTAのみなさん，特に外国語教育学研究科博士課程院生の植木美千子さん（日本学術振興会特別研究員）には，本実践をまとめるにあたり多くの協力とヒントを頂きました。ここに記して深く感謝します。

注6）叔父と甥のような親族関係による「斜めの関係」（笠原 1977）と区別するため，TAと学生のような関係を「ナナメの関係」とよぶ傾向があります。この関係では，単位付与というような力関係も排除されているため，比較的良好な関係が築きやすいといわれています。

注7）TAとして参加した大学院生たちは，その後，大学や中学・高等学校の教員となっていることから考えると，専門性の高さ，目的意識や自分の将来像の明確さなどが，TAとしての貢献度合いと関係しているという可能性も指摘できます。

注8）中間言語とは Selinker（1972）の用語で，「第二言語の習得は，母語と同様に，言語規則を発見していく創造的活動であるが，そこに学習者要因や環境要因が影響して，L1とは異なった習得段階と体系性を形成していく」と考えます。

注9）今回報告した実践では，授業のTAと e-LINC のTAが同一人物（別勤務時間）であったため，相乗効果が現れたものと考えられます。

参考文献

笠原 嘉（1977）『青年期－精神病理学から』，中公新書.

大津由紀雄（編著）（2005）『小学校での英語教育は必要ない！』，慶應義塾大学出版会.

Selinker, L.（1972）Interlanguage. *International Review of Applied Linguistics, 10*, pp.209-231.

Sumi, S., & Takeuchi, O.（2010）The cyclic model of learning: An ecological perspective on the use of technology in foreign language education. *Language Education & Technology, 47*, pp.51-74.

竹内 理（2005）「測定・評価から評定・通知まで」小寺茂明，吉田晴世（編著）『英語教育の基礎知識－教科教育法の理論と実践』，（第８章）大修館書店.

竹内 理（2007a）『達人の英語学習法—データが語る効果的な外国語習得法とは』，草思社.

竹内 理（2007b）「自ら学ぶ姿勢を身につけるには—自主学習の必要性とその方法を探る」，*Teaching English Now, 8*, pp.2-5. 三省堂.

竹内 理（2011）「（連載）英語教師のための基礎講座：英語学習の Doing, Feeling, Thinking（1）」，*Teaching English Now, 20*, pp.12-13. 三省堂.

Walqui, A., & van Lier, L. (2010) *Scaffolding the academic success of adolescent English language learners.* San Francisco: WestEd.

第 6 章　ラーニング・アシスタントを活用した初年次教育「スタディスキルゼミ(プレゼンテーション)」のデザイン

教育推進部　岩﨑千晶

科目名：スタディスキルゼミ　(プレゼンテーション)
科目の位置づけ：共通教養科目，演習，1 年生向け授業
受講生数：約 24 名
キーワード：ラーニング・アシスタント，協同学習，e ポートフォリオ，ルーブリック評価

あらまし：「スタディスキルゼミ」は，全学共通科目に開講されている初年次向けの演習授業で，大学で学ぶために必要とされている基礎的な知識やスキルの育成を目指しています。本章ではとりわけプレゼンテーションに重きを置いた「スタディスキルゼミ（プレゼンテーション)」を取り上げます。この授業では，当該科目を履修済みの受講生をラーニング・アシスタントとして配置したり，CEAS を e ポートフォリオとして活用したり，ルーブリック評価を用いるなどして，学習をより深めるための仕組みを取り入れています。

1　授業概要と目的

「スタディスキルゼミ」は，大学で学ぶために必要とされる基礎的な知識やスキルを育成するために，全学共通科目に開講されている初年次生向けの演習科目です。初年次教育が導入された背景には，少子化や入試の多様化により，学力や学習意欲の格差が問題となってきたことや，社会人基礎力や学士力など PISA 型学力に代表される新しい能力を育成することが求められる

ようになったことなどが影響しています。とりわけ新しい能力の育成は大学生にとって非常に重要です。大学生には，明確な定義がされている用語を暗記したり，教員から一方向的に伝えられる知識を蓄える力ではなく，社会で起こっている現象から何が問題かを見極め，それを解決するための方法を他者と共に考える力が求められるようになってきたのです。このような力を育成するためには，これまでの学び方とは異なる学び方があることを学生が認識し，学ぶための方法を学んでいく必要があります。まさに，学び方を学ぶ「スタディスキルゼミ」が必要になってきたのです。

「スタディスキルゼミ」は，大学で学習する際に求められる基礎的なスキル（聞く，調べる，読解する，書く，発表する，議論するなど）を育成し，他者との対話を通じて，学習するための方法を身につけることを目的としています。各学部には，「基礎演習」や「入門ゼミ」などの初年次生向けの科目がありますが，共通教養科目である「スタディスキルゼミ」は，学部での学習や個人の学習経験に基づいて，より学習したいテーマを深めていったり，苦手なテーマを克服したりするための科目となっています。本章では，中核レベルにあたるプレゼンテーションに重きを置いた「スタディスキルゼミ（プレゼンテーション）」の取り組みを紹介します。

他者と共に学び，問題を解決し，学ぶための方法を考え，能動的に学んでいく力を育成することを目的とした「スタディスキルゼミ（プレゼンテーション）」では，講義型の授業ではなく，少人数でのグループワークを導入した協同学習による演習型の授業を主軸としています。しかし，第3章2節で示した通り，学生はグループワークで自分の意見を発言すること，他者の意見を聞いてグループの考えを整理すること，グループで異なる意見が出た際に合意形成に結びつけることなど，グループワークに求められる技術や態度を十分に涵養できていません。そのため，初年次生に対しては，協同学習を円滑に進めるための支援や工夫をする必要がありました。そこで，本授業では，グループワークのプロセスを支える学習支援を行うために，①ラーニング・アシスタント（Learning Assistant 以下 LA）の配置を行いました。また，グループでの学習活動をふりかえり，思考や理解を深めるために②ルーブリック評価を取り入れたeポートフォリオを導入しました。

2　授業の特色

2. 1　ラーニング・アシスタントの導入

学生が能動的に授業に参加する授業には，学習支援が重要な役割を果たします。筑波大学など多くの大学では，グループワークの議論を円滑にすすめ，プレゼンテーションを例示するなどして，大学院生をTA（Teaching Assistant）として学習支援のために授業に配置する教育実践が行われています。しかし，大学院生だと少し年齢が離れているために，初年次生にとっては教員に近い存在にとらえられることもあります。初年次教育だからこそ，年齢の近い学生に学習者支援の役割を担ってもらい，授業に関する学習支援に加えて，大学の先輩と大学生活全般について話し合える環境があるとよいのではないかと考えました。そこで，当該科目を履修済みの学部生をLAとして配置しました。この取り組みは，2010年に文部科学省によって採択された教育GP（質の高い大学教育推進プログラム）「三者協働型アクティブ・ラーニングの展開―大学院生と共に成長する“How to Learn”への誘い―」によるものです。教育GPは終了しましたが，LAを導入した授業実践は現在も続いており，成果を上げています。

LAには，主に4つの役割を担ってもらいます。「①グループワークのファシリテータ」，「②プレゼンテーションやグループワークのモデル提示」，「③プレゼンテーションのコメントや司会」，「④学生の学習態度，学習意欲，理解度の把握」です（表1参照）。LAがこのような役割を担うことで，教員一人では十分に対応しきれなかったグループワークのきめ細かい指導が行えるようになりました。また，LAは授業における学生の意欲や理解度を教員に伝えてくれますから，教員が授業を反省的にふりかえり，授業を改善していくことができる機会にもつながっていきました。これら4つの役割は授業のテーマや教員によって多少異なります。本章では，「スタディスキルゼミ（プレゼンテーション）」におけるLAの役割を具体的に紹介します。

表1　ラーニング・アシスタントの主な役割と活動内容

LA の主な役割	活動内容
①グループワークのファシリテータ	全員がグループで安心して発言し，聞き合える場の構築，学生の理解を深めるための質問（説明構築）の促進
②プレゼンテーションやグループワークのモデル提示	プレゼンテーションの例を提示，質疑応答の例を提示，グループワークでの振る舞いを提示
③プレゼンテーションのコメントや司会	学生とは異なる視点からのコメント，学生が発表しやすいような場づくり，学生に聞く態度を整える場づくり
④学生の学習態度，学習意欲，理解度の把握・共有	個々の学生の参加意欲・理解度や，グループの進捗状況を LA 同志や教員と共有

2. 2　授業をふりかえる仕組みとしてのルーブリック評価と e ポートフォリオの活用

学生が能動的に活動する授業では意見交換はされるが，最終的に授業で何を学んだかがわからないといったような問題が発生することもあります。つまり，外的には活動が活発に行われているが，内的には知が構成されていないという状況です。そこで内的な学びを促進させるために，学びをふりかえるというプロセスを重視しました。学びのふりかえりを促すには，3つのステップが重要だと指摘されています。2章7節でも述べましたが，①学習のプロセスをふりかえること，②他者と自らの活動のプロセスを比較すること，③自らの活動と活動の標準基準と比較することです（Collins 2009）。本授業では，この3つのステップを重視し，ルーブリック評価を導入し，関西大学が導入している Course Management　System である CEAS トピック機能を e ポートフォリオとして活用しています。学生は自分の氏名をタイトルにしたトピックを立て，自分のトピックに授業のふりかえりやルーブリック評価による到達度基準を自己評価します。

「①学習のプロセスをふりかえること」に関しては，自らの学習を反省的にふりかえり，改善点を見出せるように，毎授業後「活動内容，反省点，改善点」を CEAS に投稿することを宿題にします。学生には見本を提示して，どの程度の分量で，何を記載すればよいのかが分かるようにします。

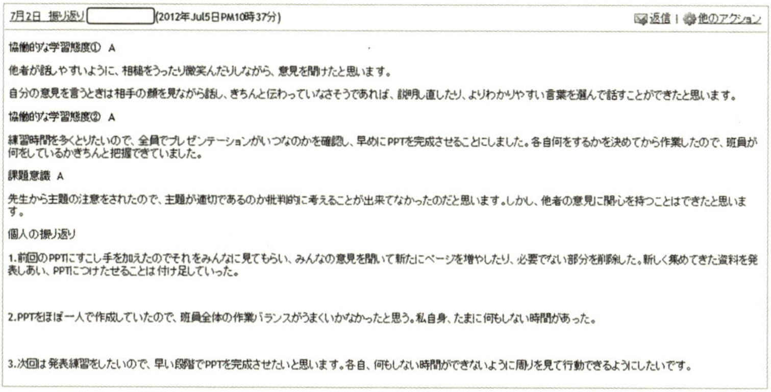
7月2日 振り返り (2012年Jul5日PM10時37分)　返信 | 他のアクション

協働的な学習態度① A

他者が話しやすいように、相槌をうったり微笑んだりしながら、意見を聞けたと思います。

自分の意見を言うときは相手の顔を見ながら話し、きちんと伝わっていなさそうであれば、説明し直したり、よりわかりやすい言葉を選んで話すことができたと思います。

協働的な学習態度② A

練習時間を多くとりたいので、全員でプレゼンテーションがいつなのかを確認し、早めにPPTを完成させることにしました。各自何をするかを決めてから作業したので、班員が何をしているかきちんと把握できていました。

課題意識 A

先生から主題の注意をされたので、主題が適切であるのか批判的に考えることが出来てなかったのだと思います。しかし、他者の意見に関心を持つことはできたと思います。

個人の振り返り

1.前回のPPTにすこし手を加えたのでそれをみんなに見てもらい、みんなの意見を聞いて新たにページを増やしたり、必要でない部分を削除した。新しく集めてきた資料を発表しあい、PPTにつけたせることは付け足していった。

2.PPTをほぼ一人で作成していたので、班員全体の作業バランスがうまくいかなかったと思う。私自身、たまに何もしない時間があった。

3.次回は発表練習をしたいので、早い段階でPPTを完成させたいと思います。各自、何もしない時間ができないように周りを見て行動できるようにしたいです。

図1　CEASのトピック機能を活用したeポートフォリオ

「②他者と自らの活動のプロセスを比較すること」に関しては，CEASでほかの学生のふりかえりを閲覧するように促しています。自分の活動と比較して，他者はどこまで進んでいるのかを閲覧できる場を作ることで，他者と比較して自らの活動や考えを批判的にふりかえることができるようにしています。

「③自らの活動と活動の標準基準との比較」に関しては，到達度基準を設け，学習プロセスで重視すべき事柄を学生が明確に理解したうえで学習を進められるようにします。授業の目的としている他者と共に学ぶ態度を育成する「協同的な学習態度」，発表の主題を設定する「課題意識」，発表の内容を構成する「思考方法」，分かりやすい伝え方や聞き方を学ぶ「発表表現」にS，A，Bと到達度基準を設けてルーブリック評価を導入しています（表2参照）。学生は，第1回プレゼンテーションが終わった中間時期，第2回プレゼンテーションの終わった最終時期に到達度基準を参考に自己評価します。CEASを見ることで，15回の授業を通しての自らの学習したことやそれによる変容を自分自身で把握した上で，深く学べたところはどこなのか，改善していくべきところは何かを考える機会にしています。また，評価の観点を学生に明示化することで，学生が何を評価されるのかを理解した上で，授業に参加できるようにします。ただし，到達度基準に対する自己評価に関しては，学生の採点した点数をそのまま成績に反映していません。学生がい

表２　プレゼンテーションに関するルーブリック

項目	S	A	B
協同的な学習態度	他者の発言に対して傾聴し，他者が発言しやすいように，ほほえんだり，うなづいたりすることができる。 自分の意見を分かりやすく他者に伝えることができる。発言をしていない人に，発言を促すことができる。 グループで出た考えを整理したり，質問を投げかけたりして，グループをまとめるように働きかけることができる。	他者の発言を傾聴しつつ，他者が発言しやすいように，ほほえんだり，うなづいたりすることができる。 自分の意見を分かりやすく他者に伝えるようにし，発言をしていない人に，意見を聞くようにしている。	他者の発言を傾聴し，自分の意見を伝えることができる。
協同的な学習態度（マネジメント）	期日を意識して，いつまでに誰が何をするべきかを説明できる。 班員と協力し班の活動が円滑に進むように行動できる。	期日を意識して，自分がするべきことを考え，行動できる。班員が何をしているのかを把握している。	期日を意識して，いつまでに自分が何をするべきかを考え，行動できる。
課題意識	他者の関心と自らの関心を基に主題を検討し，その主題が適切であるのか批判的に考え，班で１つの主題を導き出すことができる。なおかつ取り上げる主題にオリジナリティがある。	ある事柄に対する課題意識を持ち，なおかつ他者の課題意識にも関心を寄せ，対話を通じて，班で１つの主題を導き出すことができる。	ある事柄に対する課題意識を持ち，班員に自分の考える課題意識を伝えることができる。
思考方法	主題に対応した主張を導き出すことができ，他者に主張を納得させるために，論理的な構成を作ることができる。また，他者を納得・説得させるため根拠や具体例として自分たちで実施した調査の成果を提示できている。	主題に対応した主張を導き出すことができ，他者に主張を納得・説得させるために，論理的な構成を作ることができる。	主題に対応した主張を導き出すことができる。
発表表現（態度）	聞き手を見て，相手に伝わりやすいように，声の大きさ，抑揚，スピードに配慮したスピーチができる。適宜，インタラクションも取り入れている。 班員が発表しているときの態度や質疑応答の対応もよく，班の連携がとれている。	聞き手を見て，聞きとりやすい声で相手に伝わりやすいスピードでスピーチができる。 班員が発表しているときの態度もよく，班の連携がとれている。	聞き手を見て，聞きとりやすい声でスピーチができる。
発表表現（資料）	主張を納得させるための論理的なスライドになっている。 班での統一感があり，イラストや写真を適宜活用し図示するなど，他者が分かりやすいようなスライドである。	主張を納得させるための論理的なスライドになっている。 フォントやイラストを統一させるなどして，班での統一感もある。	主張を納得させるための論理的なスライドになっている。

かに自らの活動をふりかえることができているのかを評価するようにしています。

3　授業構成と授業方法

本授業では論証型のプレゼンテーションを行います。高校生の時に紹介型，説明型のプレゼンテーションを経験した学生はいますが，論証型のプレゼンテーションを行った学生はほとんどいません。しかし，大学で求められる力は，論証型のプレゼンテーションを行い，理由と根拠を持って自分の主張を相手に伝えられる力です。初年次の段階で，このような力の土台を作っておくと，２年次以降への授業への接続がスムーズになると考えます。

論証型スタイルには，Toulmin モデル（Toulmin 1958）や議論の十字モデル（牧野 2008）などがありますが，本授業では初年次生にとってわかりやすいシンプルな PREP を採用しました。PREP は，P（Point of View：主張），R（Reason：理由），E（Example：根拠・事例），P（Point of View Restated：再主張）の頭文字をとっています（中澤 2007）。

授業では，PREP のスタイルを取り入れた「①２分間スピーチ」，「②第１回グループプレゼンテーション：大学生活を円滑に過ごすために便利な場所や機会」，「③第２回グループプレゼンテーション：課題を設定し探求する」を行っています。プレゼンテーションの後は，PREP の形式に基づいたふりかえりレポートを出します（表３参照）。

3. 1　2分間スピーチ

２分間スピーチは，学生が毎回の授業冒頭に２名ずつ行います。２分間スピーチの目的は，発表することよりもむしろ，聞く態度や問う態度の形成に重きを置いています。なぜなら，プレゼンテーションは，発表するだけではなく，相手の発表を聞き，質問を投げかけるなどして相手に自らの意見をフィードバックできる力が必要だからです。学生が２分間スピーチをする機会は１度しかありませんが，スピーチを聞き，内容について問い，コメントを投げかける機会は23名分あります。23名分のスピーチから，聞く姿勢，問う姿勢を養い，グループプレゼンテーションに備えます。

表3　授業計画

授業回	授業内容	
第1回	大学生の学び，新しい学力，各学部のアドミッションポリシー・カリキュラムポリシー・ディプロマポリシーに関する講義，自己紹介	
第2回	2分間スピーチテーマ設定のワークショップ	
第3回	LAによる2分間スピーチ，第1回グループワークのテーマ設定	
第4回	2分間スピーチ	第1回グループプレゼン準備（調査活動），文献の調査方法と引用等に関する講義
第5回		第1回グループプレゼン準備（内容構成），スライドの作成に関する講義
第6回		第1回グループプレゼン準備（スライド作成），発表態度，質疑応答の仕方に関する講義
第7回		第1回グループプレゼン準備（グループレビュー，発表練習）
第8回		第1回プレゼンテーション発表会（第1回ふりかえりレポート提出）
第9回		第2回グループプレゼン準備（主題決定），ふりかえりレポート執筆に関する講義（フィードバック），主題設定に関する講義
第10回		第2回グループプレゼン準備（調査活動），調査方法の講義
第11回		第2回グループプレゼン準備（内容構成）
第12回		第2回グループプレゼン準備（内容構成）
第13回		第2回グループプレゼン準備（スライド作成）
第14回		第2回グループプレゼン準備（グループレビュー，発表練習）
第15回	第2回プレゼンテーション発表会　（第2回ふりかえりレポート提出）	

3. 1. 1　テーマの設定

2分間スピーチのテーマは，学生が設定します。教員は「大学生活を有益に過ごすために必要な力」についてスピーチをする旨を伝え，学士力や社会人基礎力，PISA型学力や21世紀型学力等について講義をします。その後各学部で設定されているCP（カリキュラムポリシー）やDP（ディプロマポリシー）を学生に調べてもらいます。そして，「大学生活を有益に過ごすために必要だと思う力とその理由」についてグループで考え，最終的にクラスで５つ程度の力に絞ります。これがスピーチのテーマとなります。これまでには，コミュニケーション力，自己管理力，グローバル力，他者と協力する力などが挙げられました。

ではこの手順について紹介します。各グループには，付箋と模造紙を配付し，まずは個人で付箋に意見を出してもらいます。次に，自分が書いた意見と理由についてひとりずつ説明し，模造紙に貼っていきます。全員が意見を述べ終えたら，同じような事柄が書かれた付箋をそろえカテゴリーをつくり，カテゴリー同士の関係性を考えます。

LA はカテゴリー同士の関係性の整理が十分ではないと判断した場合，グループに介入します。例えば「コミュニケーションについて書いたカテゴリーと，グローバル力のカテゴリーはどういう関係にあるのかな？」などと問いかけながら，学生の思考を収束させたり，拡散させたりする支援をします。グループの発表後は，教員から学生の意見のまとめ方に関連させて，ブレインストーミング，ベン図，マインドマップなどのシンキング・ツールについて話をします。

この取り組みは，実は学生にとってグループワークの練習にもなっています。ワークには，グループでの発言方法，意見を出し合う方法として付箋を活用すること，意見を整理するためにマインドマップを使うこと，話し合った内容を発表するなど，グループワークに必要な要素が含まれています。

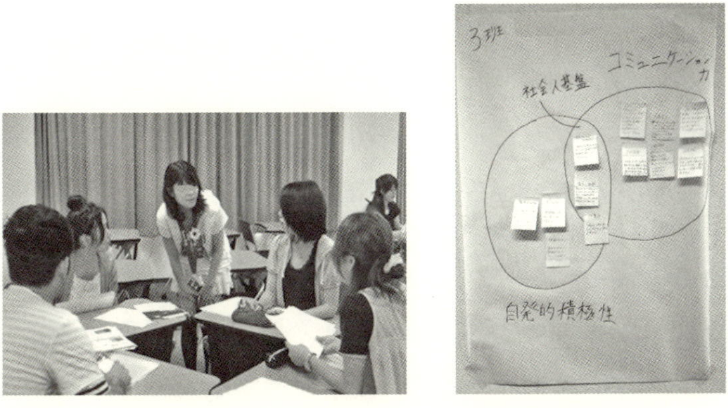

写真１　付箋を使ってグループワークをしている様子（真中の人物が LA）

またワークに参加する学生の様子を見て，第1回目のグループプレゼンテーションのチーム分けの際に参考にしています。

3. 1. 2　2分間スピーチの実施

2分間スピーチを始める前に，教員からスピーチの構成について話をします。まずはPREPの説明をした後に具体的な例を示します。たとえば，「私は大学生活を有益に過ごすうえで，自己管理力が大切だと思っています（P）。なぜなら・・・・・だと考えるからです（R）。例えば私は・・・・（E）。以上のことから自己管理力が大事と考えます（P）。」といった具合です。そしてLAが実際にスピーチをします。プレゼンテーションといったパフォーマンス関しては，テキストから学ぶよりも，学生がパフォーマンスをみることで「プレゼンテーションがどのようなものか」をイメージしやすいからです。LAが最初にプレゼンテーションをすることで学生がコメントシートを書いたり，コメントや質問をする練習を設ける，という目的も含めています。

コメントでは「発表態度」と「発表内容の構成」を評価する2種類のシートを使い，発表者ごとに交互に記入します。「発表内容の構成」シートは，学生のスピーチがPREPに対応しているのかを記入できるようになっており，話の流れが論理的であるのかを見極めます。構成を把握するには，メモをしっかりとる必要があります。しかし，そうなると学生はメモを書くために下を向いてしまいます。そこで，半分の学生は「発表態度」をコメントし，顔を上げるようにしてスピーチを聞きます。発表態度と構成について各々考えることで，学生は次第に聞く態度や，PREPの考え方がわかるようになります。最初は発表態度についてしかコメントできなかった学生も「R（理由）の部分が十分ではなかったので，補足するとさらによくなる」などのコメントができるようになってきます。またLAは，学生の発表したプレゼンテーションやスピーチに対して厳しいコメントが多ければ，褒める，構成についてのコメントが多ければ態度についてコメントするなどバランスをとって発言します。また，発表者自身に発表を反省的にふりかえってもらうために，「E（具体例・根拠）に当たる部分を詳しく話してもらえますか」などの質問もなげかけます。

3. 2　第１回，第２回グループプレゼンテーション

3. 2. 1　グループワークの準備

本授業では，グループ（4人1組）で論証型のプレゼンテーションを２回行います。グループワークを円滑に進められるように，グループ内では「司会，書記，発言・励まし係，タイムキーパー」の役割を決めています。またグループワークを始める際は，「今日の朝御飯」「最近楽しかったこと」など簡単なテーマを毎回用意してグループで話しあえる雰囲気をつくってから，本題に取り組みます。

「グループワークのファシリテータ」の役割を担うLAは，発言が少ない学生に意見を尋ね，グループワークで発言する人が重なりすぎないようにグループの全員が議論に参加し，安心して意見を言い合い，聞き合える環境を作ります。LAがどの程度グループに介入するのかに関しては，学生の理解度，参加意欲・態度と，進行具合を観察しながら決めていきます。例えば，ワークの最初は，グループを見守りますが，話し合う雰囲気ができていない場合，活動が遅れている場合，意見交換が行われていない場合はグループに介入します。

3. 2. 2　主題の設定と構成

プレゼンテーションを２回行う理由は，初年次生が論証型のプレゼンテーションをなるべく円滑に行えるようにするためです。そのために，基礎，発展と発表テーマに違いを持たせています。第１回プレゼンテーションでは「大学生活を有益に過ごすために便利な場所・機会・ツールについて述べ，それを利用することでどういった力が養われるのか」を発表します。このプレゼンでは，初年次生がさまざまな施設を訪れ，そこでどういったことができるのかを知ってもらい，大学の施設や機会を有効に活用してもらいたいと考えています。

しかし，これだけでは大学の学びにはつながりません。初年次生が２年次

への接続を円滑に行うためには，学問的な知を取り扱う必要があります。各学部の学生の興味関心に考慮して，学際的なテーマを第2回目のプレゼンテーションで扱います。たとえば，ゴミ問題・エコライフ，原子力・エネルギー，災害・防災，食の安全，ボランティア活動，人権・差別，日本社会における格差，教育，よりよい住まい・まちづくり，メディアリテラシー，広告・表現などです。この中から，学生グループは興味のあるテーマを選び，主題を設定し，PREPに基づいて発表します。PREPのEにあたる根拠は，インタビュー調査，アンケート調査，公的機関などから出されている数値情報，書籍や論文の引用をもとにして述べるようにしています。これまで「広告と売り場レイアウトの関連性」「パパイヤを事例に遺伝子組み換え食品を食べるかについて考える」「東日本大震災においてメディアが果たした役割」などのプレゼンテーションが行われました。

主題の設定では，「問題点を探す，話題を選ぶ，主題を選ぶ（木下1994，56頁）」の手順ですすめていきます。「問題点を探す」では，テーマに関連する問題点をブレインストーミングで提示させます。その後，「話題を選ぶ」では，「1. 話題に対して積極的な興味を感じるか，魅力的か，2. 話題について自分たちなりに意見を出せそうか，3. ある程度の予備知識があるか，4. 主張の根拠や具体例を出すための調査をできそうか，5. その話題についてのプレゼンは時間内に収まりそうか（木下1994，67頁を参考に一部修正，3の修正，4を追加）」を検討し，主題を決めていきます。

また，第2回目のプレゼンを行う頃にはLAの介入もあり，安心して意見を話しあえる環境が教室内にできるようになっています。だからこそ，遠慮なく他者と異なる意見を発言する学生も出てきて，グループで1つの意見を導き出すことが逆に難しくなる場合もあります。このような場合，LAは，班での合意形成を導くために，欠落している情報を補足したり，相手の主張の背景にある事柄を伝えたり尋ねたりすることで，班員が互いに主張を理解したり，共感したりできるようしています。

次に，内容構成に関してですが，論証型のプレゼンは学生にとってはじめてのことなので，「根拠として提示した事例が主張を納得させるための材料になっているのか」など，自分たちのグループの活動が正しいのかどうかに自信が持てずにいる学生がいます。LA は学生の進め方が正しい場合は共感し，学生が自信を持って学習を進めていけるようにします。学生の進め方が十分ではない場合は，「R（理由）にあたる部分はどこになるのか？」「P（主張）で伝えたいことは何か」など，学生に問いかけることで，学生自身の気づきを促すようにふるまっています。また学生だけでは議論を整理できずにいる場合は，LA が学生の意見を整理して，彼らの主張を確認します。学生は LA から自分たちの意見を代弁されることで，客観的に自分たちの意見をふりかえることができるようになります。LA がグループワークでファシリテータとしてふるまう様子を見て，学生もほかの学生に意見を聞く方法や，意見を整理する方法がわかったり出来るようになればよいと考えています。実際，LA が参加している授業の学生は，LA の班での振る舞いを見て「人の意見を問うタイミングが分かった」などと話すようになってきています。

3. 2. 3　発表とふりかえりレポート

発表の際は，コメントシートを準備し，学生がコメントしやすいようにします。この時も LA は 2 分間スピーチと同様に司会とコメントを担当します。たとえば，「A さんの主張はよくわかったのですが，その根拠として提示したアンケート結果では，妥当性を十分に述べられていないと思いました。根拠にあたる部分を明確に提示するためにはどのようなデータが必要だったのでしょうか。」などと学生に問いかけます。

発表が終わると，レポートを課します。レポートの課題は「グループで論証型のプレゼンテーションを行う際に配慮すべき事柄について，自分たちの経験を根拠や事例として示し，PREP の形式に基づいて論ぜよ」です。レポートを提出する条件として，ライティングセンターで指導を受けることにしています。ライティングセンターを活用するようになり，学生が自ら間違いに気づき，提出前に文章を見直し，修正できるようになっていきます。

そして最後に，学生は到達度基準を自己評価します。ルーブリックの表に基づいて，当てはまる数値を選び理由を書きます。たとえばある学生は，

「協働的な学習態度マネジメント“A”とした。理由：発表の練習時間を多くとりたいので，全員でプレゼンテーションがいつなのかを確認し，早めにスライドを完成させることにしました。各自何をするかを決めてから作業したので，班員が何をしているかきちんと把握できていました。」と記載していました。こうすることで，最終的に自分が何を学んだのかを確認させ，自ら改善点に気付くための機会としています。

4　実践する際の留意点，課題

ルーブリック評価に関しては，評価項目として挙げている事柄を学生が理解できているのかを確認すること，また毎回のふりかえりを行うことの意義を学生に伝え，日々の授業実践の中に埋め込んでいくことが重要です。利用し始めると，ルーブリック評価やポートフォリオの意義が学生にも伝わり，ふりかえりをすることが習慣づいてきます。

LAの活用に関しては，LAとの念入りな打ち合わせが重要になります。本授業の場合は，昼休みに時間をとり，授業のふりかえりや次回の授業の打ち合わせをしています。この時間を活用して学生の情報や授業の進め方や方針を共有し，教員とLAが1つのチームとして各グループにおける学生の様子を把握し，授業中や授業後にそれらを共有するようにします。とりわけ，グループでのプレゼンテーションに入ると，各グループの進捗状況や学生の参加状況を把握することで，きめ細かい学習支援ができます。

また，LA自身が抱えている課題を共有して，教員もLAをサポートしながら共に授業を作り上げていくことができるように，LAにふりかえりレポートを毎回課しています。LAは授業でLAがどういう活動をしたのか，そこで何を考えたのか，課題に思ったことは何なのかについて記し，LA同士が教員との意思疎通をはかっています。

学習支援としてのLAの配置や学びを深めるためのルーブリック評価，eポートフォリオの利用は，スタディスキルゼミだけではなく，他の授業でも応用できると思います。しかし，現状ではLAの活用は広がりつつありますが，ルーブリック評価等に関しては他科目への接続を十分に行えているとは言えません。今後は，カリキュラム上でつながりをもたせ，e ポートフォリオを活用し，学習のプロセスを学生がふりかえっていくことが望ましいと考えます。

参考文献

Collins, A., (2009)「認知的徒弟制」R.K. ソーヤー編『学習科学ハンドブック』，培風館.

関西大学教育推進部教育開発支援センター（2010）「平成 21 年度三者協働型アクティブ・ラーニングの展開」報告書.

関西大学教育推進部教育開発支援センター（2012）「初年次教育におけるアクティブ・ラーニング型授業デザインブック」.

木下是雄（1994）『レポートの組み立て方』，筑摩書房.

牧野ゆかり（2008）『議論のデザイン―メッセージとメディアをつなぐカリキュラム―』，ひつじ書房.

中澤務，森貴史，本村康哲（2007）『知のナヴィゲーター―情報と知識の海―現代を航海するための』，くろしお出版.

Toulmin, S.E. (1958) *The Uses of Argument.* Cambridge University Press.

付記

この取り組みの一部は，文部科学省科学研究補助金・若手研究（B）（課題番号 24700917），ならびに平成 24 年度関西大学学術研究助成基金若手研究者育成費の助成を受けている。

第７章　学ぶ力を主体的に身につける「知のナヴィゲーター」の授業デザインとライティングラボの活用

文学部　中澤　務

科目名：知のナヴィゲーター
科目の位置づけ：文学部専門科目（初年次導入科目），演習，１年生向け授業
受講生数：１クラス最大25名
キーワード：フレッシュマンセミナー，スタディスキル，ライティング，文学士教育，卒業論文

あらまし：「知のナヴィゲーター」は，文学部で開講している初年次生対象の演習型科目です。大学で学ぶために必要な基礎的学習技術（スタディスキル）の育成を主目的としています。文学部では，卒業論文執筆を学びの終着点とするシステマティックな教育カリキュラムを組み立てており，そのために，ライティング力の育成を重視し，その環境整備に努めています。「知のナヴィゲーター」は，このような文学部の文学士教育の出発点として，重要な意味を持っており，関西大学のライティング支援室であるライティングラボと密接に連携しながら，授業運営をしています。

１「知のナヴィゲーター」とライティング力育成支援

「知のナヴィゲーター」は，文学部の初年次生を対象とした演習型科目であり，春学期に開講されています。大学で学ぶために必要な基礎的学習技術（スタディスキル）の育成を主目的とする，いわゆるフレッシュマンセミナーとして位置づけることができるでしょう。

この演習は，卒業論文の作成を通して学びを完成させていく文学部の教育カリキュラムにおいて重要な役割を持っています。そこで本章では，まず，文学部における教育カリキュラムと，ライティング力育成のための環境について概説した後，この演習の授業実践の報告をおこなうことにします。

1．1　文学部の教育カリキュラムと「知のナヴィゲーター」の位置づけ

文学部では，2004年度より大規模なカリキュラム改革を実施し，それまでの8学科を1学科（総合人文学科）にまとめ，その下に多様な専門分野（専修）を置く，1学科多専修制に移行しました。2013年度現在，19の専修が存在しています。

学生は2年次から各専修に分属することになります（ただし，例外的に，1年次から一部の学生が所属する専修もあります）。そのため，1年次は自分の関心を発見し，自分の学ぶ専修を選択するとともに，2年次以降に学ぶ本格的な専門の分野への準備をする期間と位置づけられています。文学部の初年次教育は，人文学の多様な領域への関心を引き起こし，自らが学びたい領域の発見を促すとともに，どのような領域を中心に学ぶにせよ必ず必要となる汎用的な学習技術を身につけさせることが目的となります。この目的を果たすために，文学部では，初年次導入教育科目として，それぞれの専修での研究・教育内容を紹介する入門講義「学びの扉」，それぞれの専修での学びを体験する入門演習「知へのパスポート」，そして汎用的学習技術を教える「知のナヴィゲーター」を設置しています。

1．2　文学士教育と卒業論文

文学部における教育の特徴は，卒業論文の重視にあります。文学部では卒業論文を必修としており，卒業論文の執筆を学びの終着点と位置づけています。4年間の学びは，この卒業論文執筆を見据えて，段階的に進行します。すなわち，1年次の間に多様な関心を一つにまとめ，自分の学ぶべき分野を選択し，2年次において専門分野の基礎的知識と研究方法を身につけ，3年次には自分の関心を発見し自ら探求し，最終的に4年次における卒業論文執

筆を通して，みずからの学びを一つにまとめ，完成させるのです。

このため，文学部の教育では，優れた卒業論文の執筆を見据えた，ライティング力の育成が非常に重要な課題となります。優れた卒業論文を執筆するためには，単なる知識の拡張だけでなく，自らの関心の発見と主体的な探求を通して，自分の見解をまとめ，それを言葉で表現していく力が必要とされるからです。その意味で，文学士教育において求められるライティング力とは，優れた論文を書くために必要とされる総合的な力だということができます。「知のナヴィゲーター」は，学生がこのような総合的な力を学びの中で段階的に養っていくための出発点に位置づけられる科目なのです。

1．3　文学部におけるライティング力育成支援

文学部では，このようなライティング力の育成を図るための支援環境を整え，それを４年間の教育カリキュラムと密接に連動させて活用することが重要だと考え，2010年度より環境整備を進めました（2010年度文部科学省大学教育・学生支援推進事業大学教育推進プログラム「文学士を実質化する〈学びの環境リンク〉—卒論ラボ・スケール・カードの有機的な連携による“気づき”を促す仕組み作り」）。

この取り組みは，文学部の特性を活かし，専修ゼミ・演習を中心にした卒業論文作成過程を通して，学生自身が自ら総合力や課題探求力などの学ぶ力を培っていくための，学びの環境作りを目指すものです。

具体的には，(1) 文章力を養うアカデミック・ライティング支援環境，(2) 気づきを促すWeb環境，(3) 達成度を測る環境を整備し，それらの情報を〈学びの環境リンク〉としてWeb上に統合します。これによって，秀でた文章力と学ぶ力を活用して社会の進展に貢献しうる人材を育成することが取り組みの目標となります。

1．4　ライティングラボ

以上のような取り組みの一環として，2011年４月から文学部におけるライティング支援を担う施設である「卒論ラボ」の運営が開始されました。こ

の施設は，上述の文部科学省プログラムの終了に伴い，「ライティングラボ」と名称を変更し，支援対象を全学の学生に拡大して，ライティング支援活動を継続しています。

ライティングラボでは，レポート・論文の作成などのアカデミック・ライティング支援を中心に，大学生活で必要となる多様な文章作成の支援をおこなっています。具体的な指導のやりかたとしては，まず，学生の書いてきた文章を自分で声を出して読み上げてもらい，それに基づいて，TA（大学院生）が学生に質問をし，対話をしながら，具体的な問題点を見出し，アドバイスをするというかたちでおこなわれます。TA が添削をしたり，答えを与えるのではなく，学生に自分で問題点を考えてもらい，「気づき」を促していくことが重要だと考えるからです。

文学部では，「知のナヴィゲーター」や各専修における「専修ゼミ」を中心に，ライティングラボと積極的に連携し，学生のライティング力育成をはかっています。

写真1　ライティングラボの指導風景

2　授業の概要と目的

「知のナヴィゲーター」は，文学部のフレッシュマンセミナーとして，2004年度より開始されました。春学期に開講される半期の演習科目であり，

2013年度現在，28クラスが開講されています。選択必修科目ですが，文学部では全学生に受講するよう指導しています。なお，担当者については，各専修の専任教員が分担しています。

本演習の目的は，基礎的な学習技術の習得にあります。そのため，本演習で習得すべき学習技術を次のように整理して，シラバスに明示しています。

(A)　資料のポイントをつかむ：文献・資料を的確に読む能力。
(B)　レジュメ・サマリーを作る：文献・資料の内容をまとめた文章を作成する能力。
(C)　レポート・論文を書く：テーマに応じて，自分自身の見解を論理的にまとめた文章を作成する能力。
(D)　プレゼンテーション：調査した内容や自己の見解を口頭で発表する能力。
(E)　ディスカッション：発表内容を的確に聞き取り，質疑，議論する能力。
(F)　モチベーションを高める：人文学の研究への動機づけやテーマ発見。

各クラスの担任者は，どの学習技術をどのように教育するのかをシラバスに記載し，学生は自分の必要に応じて，クラスを選択します。どの学習技術に重点を置くかは，担当者の考え方により多様であり，それがクラスごとの特色を生み出しているといえるでしょう。

さらに，教育内容の質的統一を図るため，専用のテキストを作成し，活用しています（中澤 務・森 貴史・本村康哲編『知のナヴィゲーター』，くろしお出版）。このテキストは，上述の(A)〜(F)の内容に合わせて，具体的なスキルの解説をおこなっており，これを授業において活用することを推奨しています。

以上のように，「知のナヴィゲーター」は，４年間の教育カリキュラムの理念を視野に入れて，文学部の１年次生に必要な学習技術を教育するという明確な目的を持っていますが，具体的な教育内容や授業の展開に関しては，担当者の工夫を最大限に尊重しています。したがって，その内容や特色は担当者によって違いがあり，この科目共通の内容や特色としてまとめることは容易ではありません。そこで，本報告では，筆者の担当するクラスを一つの事例として，その内容と特色を解説します。

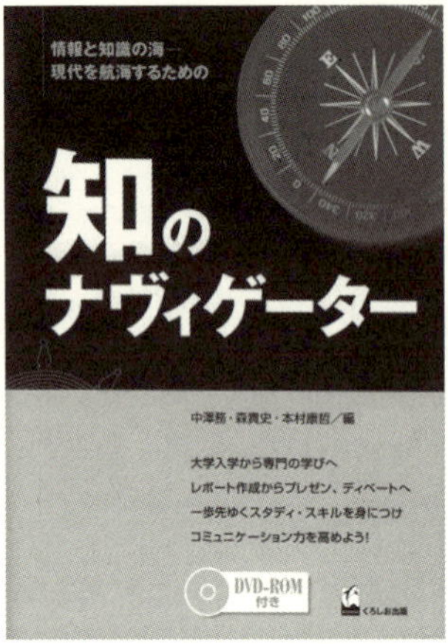

『知のナヴィゲーター』目次

図1　テキスト『知のナヴィゲーター』とその内容

3　授業の特色

3. 1　グループワークを中心とした授業運営

筆者のクラスは，グループワークを中心に授業をおこなっており，大部分の作業がグループワークによって構成されています。担当教員による講義や，学生単独の作業は極力避け，4名程度のグループによる共同作業を中心に授業を進めています。そのため，授業では，テキストの内容はあらかじめ課題として予習させ，その知識を前提して授業を進めています。

グループワークによって学生がコミュニケーションを取りながら共同して作業を進めていくことで，学びに対する能動的な姿勢を身につけることが可能となります。とりわけ，入学直後の授業で共同作業を経験させることは，その後の学びに対する態度によい影響を与えると考えられます。

もちろん，何の仕掛けもなしに，学生に自由に作業をさせるだけでは，効率的，効果的な学習は不可能です。そのため，筆者のクラスでは，ワーク

写真２　グループワーク（KJ 法によるアイデア整理とプレゼンテーション）

シートを積極的に利用して作業の効率化を図るとともに，ライティング力の向上などの，グループやピアによる作業だけでは十分な効果が望めないような内容に関しては，ライティングラボと連携し，教育効果を高める努力をしています。

3．2　ワークシートの活用

テキスト『知のナヴィゲーター』には，それぞれの章や節の末尾に「EXERCISE」という課題が付けられており，作業のためのワークシートのデータを収録したDVD-ROMを，付属しています。筆者のクラスでは，課題とワークシートをグループ作業のために使いやすく改良して利用しています。

図２　ワークシートの例（ディベート）

3. 3　ライティングラボとの連携

もう一つの特色が，ライティングラボとの連携による授業運営です。「知のナヴィゲーター」では，事前の担当者連絡会において，ライティングラボの利用方法について説明し，担当者に活用を促すとともに，第1回授業（全体ガイダンス）において，1年次生全員に「ライティングラボ利用案内」を配布し，その利用方法を説明しています。そして，多くのクラスにおいて，ライティングラボ利用ガイダンスを実施するとともに，各クラスで実施されるライティング指導において，ライティングラボの利用を実施しています。（筆者のクラスでの連携については，次節をご覧ください。）

4　授業の構成と教育方法

「知のナヴィゲーター」では，初回の全体ガイダンスで，全1年次生に対してこの科目の狙いを説明し，その重要性を認識してもらうとともに，担当者がそれぞれのクラスの特色を紹介し，クラス選択の材料にしてもらっています。学生は，ガイダンス終了後，自分の希望するクラスを選び，登録します。（希望者が25名を上回った場合には抽選となりますが，第5希望まで選択できるようになっています。）

第2回からクラスごとの授業となりますが，筆者のクラスでは，表1のようなスケジュールで授業を展開しています。

以下，(1) ～ (5) で各テーマの内容と教育方法を紹介し，(6) で，筆者のクラスにおけるライティングラボとの連携の内容を紹介します。

4. 1　プレゼンテーション（第2，3回）

筆者のクラスでは，まず，他人を紹介するプレゼンテーションの練習をおこなっています。実施方法としては，2名ずつのペアを組み，互いに相手に対するインタビューをして，相手の情報を取得し，それにもとづいてアウトラインを組み立て，一人1分30秒から2分のプレゼンテーションをおこないます。

表１　授業計画

回	テーマ	内容
1	全体ガイダンス	全１年次生を大教室に集め，各クラスの授業内容と特色を紹介。その後，ウェブ履修システムに，複数の希望クラスを登録。希望者多数の場合は，抽選となる。
2	プレゼンテーション①	２人１組になり，互いに相手を紹介するプレゼンテーションをおこなう。
3	プレゼンテーション②	
4	情報検索と図書館 ライティングラボ	情報処理教室でインターネットの情報検索の仕方と，図書館の蔵書検索の仕方を学ぶ。また，ライティングラボの使い方を解説し，実際にライティングラボを見学する。
5	資料の読解	図書館で借りた本をグループ内で紹介する。
6	ディスカッション①	ブレーンストーミングとKJ法でアイデアをまとめ，グループ毎にプレゼンテーションをする。
7	ディスカッション②	
8	議論を作る	PREP形式の短いプレゼンの練習と，議論を組み立てる練習をする。
9	レポート作成①	資料を読解し，ミニレポートを作成。グループ内で内容を検討する。
10	レポート作成②	
11	ディベート①	ディベートの基礎知識の解説とミニディベートの練習をする。
12	ディベート②	ディベートの主張をグループ毎に作成する。
13	ディベート③	
14	ディベート④	ディベートの試合をする。
15	ディベート⑤	

これは，大学での学習が高校までの受身の学習とは違うものであることを実感してもらうとともに，クラスメートのことを具体的に知ってもらい，共同の作業をやりやすくするという目的を持っています。

4．2　資料の検索と読解（第４，５回）

続いて，学習の基本となる資料検索について基礎的練習をした後，資料を読解する練習をします。資料の読解は，受講生に自分の関心のある本を図書館で探して借り出す経験をさせ，その本の内容を手早く読み取って，グループ内で順番に紹介する練習をおこないます。また，その後，新聞記事を使い，要約の練習もおこないます。

なお，このときにライティングラボの使い方について解説し，その後の利用のための準備をおこなっておきます。

4. 3　アイデア構築（第6，7回）

次に，アイデアをまとめ，意見を形成する練習をおこないます。まず，グループ毎にアイデアを出しやすいテーマを設定します（たとえば「大学を面白くするにはどうすればよいか」など）。グループ毎にブレーンストーミングをおこない，付箋紙にアイデアを蓄積していきます。その後，KJ法を使い，模造紙にアイデアを整理していきます。そして，グループプレゼンテーションをおこない，ディスカッションの成果を報告します（写真2参照）。

4. 4　レポート作成（第8～10回）

ここでレポート作成の基本を学びます。まず，レポートを作成するためには構造を持った議論を作ることが重要であることを理解してもらうために，議論を構築する練習をおこないます。まず，PREP形式で簡単な議論を即興で組み立て，グループ内でプレゼンテーションする練習をします（PREPとは，P（Point of View），R（Reason），E（Example），P（Point of View Restated）の四つの要素によって構成される短い議論をいいます）。その後，5段落からなるより複雑な議論（論証文）を構成し，それを文章化してもらいます。5段階の論証文とは，第1段落「意見を提示」，第2～第4段落「意見をサポートする3つの理由を提示」，第5段落「意見を再確認」という5つの段落からなる文章であり，自分の意見を，それをサポートする複数の理由とともに提示するという，論理的な論証の基本となるものです。

以上の練習の後，2回かけてレポート作成の練習をします。レポート作成の基本を確認した後，設定されたテーマについて書かれた複数の新聞記事（オピニオン記事）を配布し，内容を読解した後，記事の内容を比較・分析して，自分の意見を組み立てる作業をおこないます。その後，自宅で2,000字のミニレポートを作成してもらい，第10回の授業で，グループ内でのピア・レビューをおこない，内容を改善してもらいます。

なお，授業はその後，ディベートの練習に入りますが，受講生にはミニレポートの改善を課題として課し，ライティングラボで指導を受けさせます。そして，授業期間終了までに完成したレポートを提出させます。

4. 5　ディベート（第 11 ～ 15 回）

筆者のクラスでは，後半の５回を使いディベートをおこなっており，これが本クラスの特徴となっています。授業の最後にディベートを実施するのは，ディベートには，調べる，批判的に読解する，意見を組み立てる，プレゼンテーションする，相手の意見を批判する，ディスカッションするといった，スタディスキルの主要な要素がすべて含まれ，有機的に一体化しているからです。そのため，授業の最後にディベートを実施することによって，それまで学んだスタディスキルをもう一度復習するとともに，それを一つのものに纏め上げていくことが可能となるのです。

4. 6　ライティングラボとの連携

以上のように，筆者のクラスでは，主要なスタディスキルを段階的に学び，最後にディベートを通して総まとめをおこなうかたちで授業が構成されています。その際，問題となるのは，15 回（初回を除外すれば実質 14 回）という限定された期間のなかで，いかに効率的かつ着実に，スタディスキルを身につけさせることができるかということです。特に，ライティング力の育成は手間と時間のかかるものであり，短時間で十分な育成が望めるものではありません。これについては，その後の専修ゼミ等を通しての継続的なライティング力の育成が不可欠となりますが，本授業の中でも，できる限りライティング力を向上させておく必要があります。そこで，本クラスでは，一連の授業プログラムの中に，ライティングラボとの連携を組み込み，授業において不足する部分を補う努力をしています。

具体的な連携方法は，次の通りです。まず，第４回の授業において，ライティングラボの機能・特色や，利用のメリットについて解説し，ライティングラボの見学をおこないます。その後，第8～10回でレポート作成の練習をしますが，レポート作成後，1ヶ月あまりの間に，ライティングラボの指導を受けさせ，内容を改善させます。そして，改善されたレポートを，報告書（「レポート改善シート」）とともに提出してもらうのです。報告書には，ライティングラボでどのような指導を受けたか，またそれによってレポートの問題点がどのように改善されたかをまとめさせ，指導を受けることのメリットを自覚してもらいます。以上の作業をおこなうことで，授業内での不足を補うことができます。

学生がライティングラボで受ける指導の内容は様々ですが，タイトルや氏名の書きかたや頁付けなどの体裁の整えかたや，句読点の打ちかた，主語・述語の明確化，話し言葉を使わない等の基本的な文章表現の指導などが中心です。学生の多くは，自分の文章が抱える問題に気づいておらず，指導を受けることによって，自分の文章が抱える具体的な問題点に初めて気がつきます。「自分の作成したレポートを自分で読んで，気づいたことを指摘するという手順を取っていたので，自分から積極的に疑問点に気づけた」という学生の感想から分かるように，まず声を出して自分の文章を読み，指導者が質問を投げかけていくという指導方法が，学生の気づきを促すのに効果を発揮していると思われます。

5　取組実践における留意点と課題

文学部の教育では，卒業論文の執筆を目標として，ライティング力を中心とした多様なスタディスキルを，段階的に育成していくことが重要です。初年次導入教育は，その出発点として重要な意味を持っています。とりわけ「知のナヴィゲーター」は，スタディスキル育成の要として，新入生に大学での学びの力と主体的に学んでいく態度を身につけさせるという役割を持っており，学生の学習技能とモチベーションの向上に向けて，さらに工夫をしていく必要があります。

とりわけ，ライティング力育成という点からすれば，ライティングラボとの連携のあり方が非常に重要なものとなります。ライティングラボは，学士教育を充実させていくために不可欠なものであり，授業カリキュラムと密接に連携して運用することで，教育効果を高めていくことが期待できます。しかし，現在のところ，その連携は限定的であり，十分な効果を上げられているとはいえません。今後は，ライティングラボと連携する科目を拡大し，より総合的で有機的な連携を模索していく必要があるといえるでしょう。

第8章　政治学教育をつうじた市民教育の実践

法学部　石橋章市朗

科目名：発展演習（政治学）
科目の位置づけ：専門科目，2年生向け演習科目
受講生数：25名
キーワード：政治学教育，市民教育，政治的リテラシー，政策デザイン，中高生セミナー

あらまし：この演習で受講者は，政治学の知見や専門用語を積極的に用いて紛争処理のメカニズムとしての政治の営みを解明し，身近な社会問題の改善策を検討することによって，政治的リテラシーを身に付けます。受講生は，政治のもつ調停や和解といった役割に着目し，政策デザインの手法を活用しながら，身近な社会問題について調査研究をおこない，問題の解決策を提案します。

本授業は，中高生を対象としたセミナーを大学生が企画するというストーリーの下で展開します。そして実際に受講生がセミナーを開催し，自らが調査した身近な社会問題を教材とし，中高生に問題分析や問題解決を体験してもらうことで，政治をつうじて自分たちの生活を改善する可能性があることを伝えます。

普段は「習う」立場にある受講生たちを「教える」立場におくことによって，主体的な学習を促すところに，この授業の特色があります。

1　授業の概要と目的

1.1 カリキュラムの特徴

法学部では「法律学科」，「政治学科」からなる二学科制を採用してきまし

たが，2008年度に両学科を統合して一学科制とし，学科名を「法学政治学科」としました。これに伴い，それまであった５コース制を廃止し，新入生全員が基幹科目（18単位）と導入演習（２単位）をかならず履修するカリキュラムに改めました。図１はカリキュラムの全体像を示したものです。

基幹科目では「憲法１・２」，「民法１・２」，「刑法各論」，「基礎法学１・２」，「現代政治論１・２」をつうじて法学，政治学の基礎を学び，導入演習では共通テキストである『civis academicus』を使って，一般的なアカデミック・スキルに加えて，六法の使い方，判例検索といった法学部特有のスキルを身に付けます。さらに少人数形式の専門性の高い授業を希望する者に対しては，基礎演習（秋学期，２単位）を開講しています。

２年次以降は，ほぼ自由に授業を履修できますが，学部主催のガイダンス，履修相談，履修モデルを手がかりに，自分自身にとって必要な授業を体系的に履修するように指導しています。

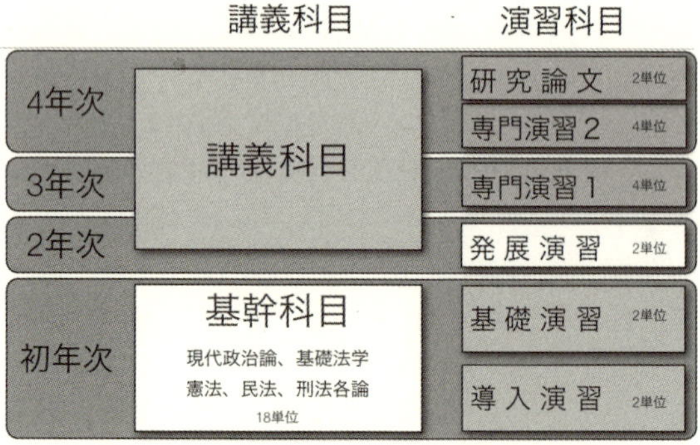

図１　法学部のカリキュラムのイメージ

1．2　政治学の初年次教育

基幹科目では，１年次生を３クラスに分け，共通シラバスに基づいて授業が行われます。基幹科目の「現代政治論１（日常の政治学）」では，政治の概念，有権者，マスメディア，政治家，政党を，「現代政治論２（ガヴァナンスの政治学）」では，利益団体，官僚制，政策過程，首相のリーダーシップ，地方政治，国際政治について講義し，日本の政治システムの特徴を学びます。また高校の日本史や世界史と関連する「日本政治史1・2」，「西洋政治史1・2」，「政治思想史1・2」も1年次から選択できるようにしています。

初年次から専門教育が可能なのは，新入生といえども，家族，学校，マスメディアといった政治的社会化の担い手をつうじて，一定程度の政治的な知識やイメージ，政治的な判断能力を身に付けていると考えられるからです（ドーソンほか 1989）。しかしながら，公的な言説のレベルにおいても，政治が，しばしばネガティブな意味合いで語られるのが今の世の中です。学生らが持っている政治の知識やイメージには，フォーマルなものだけでなく，偏見や誤解に満ちた俗説に近いものも含まれていることでしょう。このことが政治不信や政治離れを引き起こす要因になっている，という指摘もあります（ヘイ 2012）。

もしそれが事実だとすれば，政治学教育の初年次教育は，単に実証研究の成果を学生たちに伝えるだけでなく，一般に流布する政治のイメージや知識を批判的に検討し，政治的教化をさけつつも，政治のリアリティを体系的・複眼的に認識させるものでなければなりません。現代政治論が基幹科目となり，政治学の履修者が倍増したとはいえ，全員が政治に対して興味や関心を持って入学してくるわけではありません。それゆえ共通基盤となる政治の「常識」を俎上に載せることは，政治や政治学への興味を喚起するうえで有効な方法だと思われます。その上で，政治のイメージをより豊かにするための補強を行う必要があります。

1．3　市民教育と政治学教育

政治は多義的なことばであり，利害や価値の対立，理想の追求，合意や同意といった意味で用いられたりしますが，クリック（2003）は，その本性を「多くのひとびとのあいだで正当なものとして受け入れられる方法によって紛争を調停し和解させること」だと述べています。

政治に対するネガティブな認識が広がるなか，政治の本性に立ち戻ることによって，そのイメージを回復せしめようとするいくつかの提案があります。たとえば，元アメリカ政治学会会長で，ノーベル経済学賞を受賞したOstrom（1998）は，政治的シニシズムが蔓延するなかで，集合行為の知見をもとに，社会的なジレンマを解決するためのスキルや知識，そして信頼が果たす役割を若者に伝えるように提案しています。また小野（2009）は，政治不信や政治離れに対する政治学的な処方箋として，政治のイメージを「公共性の観点から紛争を処理するための技法」へと転換することを提案しています。そして今や，日本の教育の現場でもシチズンシップ教育の導入が進められており[注1]，公民の教科書においても，ディスカッションや政策の提案といった実践的なスキルが身に付けられるような工夫がなされてます[注2]。

岡村（1974）は，直面するさまざまな問題のなかで，子どもたちが政治機構や政治過程と生活との関係を主体的に理解しようとすることによって，能動的な政治的態度が形成されるかもしれないと指摘しています。自らの生活の質が紛争処理としての政治と結びついていることを認識することによって，政治に対するポジティブな態度がうみだすされる可能性があるというのです。これに対して政治学はいかなる貢献が可能なのでしょうか。依田（2009）は，政治学が社会問題を直接的，間接的に扱う学問であり，歴史や制度，問題の根底にある理念や思想，政治的アクターの行動や思想を扱うことによって，政府や政治に対する批判力を高め，「個々の国民がより良い生活を実現するために現実を実証的に分析する資質を磨く手伝い」をすると述べています。

市民は政府の監視者である必要があり，「政府が何をどう決定しているのか，何が起こっているのかを，人々は多少なりとも知るべき」だとされます（クリック 2011）。政治学教育はこの課題に対して，政治を「社会に対する諸価値の権威的配分」ととらえ，そのメカニズムを研究し，教育することによって大きく貢献してきたといえるでしょう。しかし，足立（2009）によれば，市民には，自分自身が政策決定者であればどう問題に対処するかという思考も求められるとされます。市民がつねに市民活動に従事する必要はないにせよ（篠原 2004），市民の質が公共政策や政府政策の質を左右するのであれば，こうした観点から市民の能力を高める努力が欠かせないとされます。

それにもかかわらず，政治学における市民教育への関心はあまり高いとはいえず，また近年，政治学の専門化と研究成果の蓄積が進んでいることから，政治学の授業もその対応に追われがちですが，それでも政治学には，問題への対処という観点から，市民教育に対して貢献できる余地をまだ多く残しているように思われます（依田 2009）[注3]。

1. 4　発展演習（政治学）

「発展演習」は，現行のカリキュラムにおいて新たに設けられた 2 年次配当の演習科目で, 1 年次の学習内容のレベルアップを図ることを目的とします。開講される授業数があまり多くはないので，履修者は成績順に選ばれます。

本演習では，すでに紹介した政治のイメージを回復するためのアイデアを活用することで市民教育と政治学教育を架橋するために，問題解決型の授業を行います。特に生活と政治の近接性を重視する観点から，身近な社会問題を分析し，紛争に対処するための具体的な提案をします。

これにより，受講者は，政治をつうじて自分たちの生活を改善する可能性があること，また紛争処理のメカニズムとしての政治の営みを解明し，改善策を検討することによって政治学の現実的有意性を理解します。

2　授業の特色

2. 1　身近な社会問題を扱う

「政治が現在そして将来の自分たちの生活に密接にかかわっている」（伊藤 2009）とは，単に政治が身近であるというだけでなく，政治をつうじて自分たちの生活を改善できることを示唆しています（岡村 1974）。生活と政治が近接しているという感覚が大切であるならば，本演習で取りあげる社会問題は，受講生に関わりのあるケースが望ましいということになります。身近な社会問題を取り上げるのは，政治について考え，政治に参加することで生活に関わる問題に対処できるという感覚を受講生にもたせることができると考えられるからです[注4]。その際身近な問題を素材とすることには，問題状況やその原因を推測しやすいだけでなく，実地調査や利害関係者へのインタビューを行いやすいという授業運営上のメリットもあります。

それと同時に，当事者意識を高めるような事例を選択することは，自分の利益と他者の利益を調整し，双方が合意しうる妥協点を探ることの難しさを受講生に実感させることになるかもしれません。より深刻なケースであれば，熟慮し，その時々で最善と思われる判断を下したと思っても，容易に現状を変えることはできず，厳しい現実を引き受けるしかない場合もあることを知ることになるかもしれません。それにもかかわらず，政治を過度に称賛することなく，極端な意見を排し，現実を直視しながら社会問題について検討することには，市民教育上の意義があると思われます。

2. 2　政治的リテラシーを高める

市民の政治的な判断能力を高めたり，効果的な政治参加を促すには政治的リテラシーの涵養が欠かせません。クリック（2011）は 政治的リテラシーを構成する要素として，政治的な知識，政治的な態度，政治的な技能を挙げています。しかし，政治的リテラシーがある程度身に付いているとすれば，「政策デザイン」というより高度な，政策にかかわるリテラシーを身に付けることも可能であり，法律や政治を学ぶ大学生であれば，なおさらそれが望ましいように思われます[注5]。

「政策デザイン」とは，より望ましい未来を実現するための行動の指針を構想する営みのことであり，① 問題の分析，② 政策目的の明確化，③ その目的を実現するための具体的処方箋の選択・提示といったフェーズをもつとされます（足立 2009)。問題分析のフェーズでは，問題を認知し，それを観察者・分析者の視点で構成し，政府行動をふくめて問題をうみだす要因を推論することによって，現状をどのような方向へ変化させるのかを検討します。つづく政策の目的の明確化および具体的な処方箋の選択・提示にフェーズでは，豊かな構想力，想像力，説得力をもって公共政策・政府政策をつうじていかなる将来を実現するかを思い描き，その実現までの道筋をデザインします。

政策が政治過程をつうじて出力される以上，政策デザイナーは政治的な制約条件についても敏感でなければなりません。本演習は，政治学の理論やモデルを活用しながら社会問題と政治との関係を分析することで，初年次の政治学教育の内容を復習するだけでなく，政治的な知識や判断能力を身に付ける機会とするのです。

表１　授業計画

回	テーマ	内容
第１回	オリエンテーション	授業計画の説明，グループ分け，成績評価方法。
第２回	公民の教科書をふりかえる	政治の定義や記述内容を政治学のテキストと比較する。
第３回		
第４回	政治意識の分析	若者の政治参加，政治意識，政治的社会化についての現状分析。
第５回		
第６回	討　論	「公民のテキストは政治への関心を高めるか」について，討論し，レポートを作成する。
第７回	プログラムの体験 セミナーの企画	過去にセミナーで使用した教材をつかってプログラムを体験し，セミナーの企画をすすめる。
第８回		
第９回	社会問題の分析	政策デザインの手法を用いて，問題状況を分析，原因の探索，代替案の検討などを行う。
第10回		
第11回		
第12回		
第13回		
第14回	教材作成	調査結果を教材として加工する。
第15回	セミナーの打合せ	セミナー参加者へ課題の発送，スケジュールの確認。
夏期休暇中	中高生向けセミナーの開催。	

2. 3　中高生に政治を伝える　～セミナーの企画運営～

本演習は，受講生たちが中学生，高校生向けのセミナーを企画し，運営することを特色としています。このセミナーは問題解決型のイベントであり，受講生が調査した社会問題の概要を参加者に報告し，それを手がかりにセミナーの参加者が問題を分析したり，どのような解決の方向性が望ましいのかを議論し，解決策を提案することを体験します。本演習のシラバスには，「高校生に政治をどのように伝えるか」という課題が書かれており，このセミナーがその課題を実行する場となります。受講生たちは，問題解決型のセミナーのなかで，自分たちよりも若い人たちに，政治を分かりやすく伝えるための工夫を施します。

演習のなかに中高生向けのセミナーを組み込むことには，いくつかのメリットがあります。まず，演習全体の目標が具体的に設定されることによって，授業全体にストーリー性が生まれ，受講生は目的意識をもって授業に臨むことができます。またセミナーの開催日時が確定していることから，受講生は時間的な制約のなかで緊張感をもって調査研究を行います。しかも中高生の理解力や反応を想定しながら教材を作成し，政治の意味内容を工夫して伝達しようとすることで，政治の本性についてより深く考えようとするだけでなく，コミュニケーション能力やプレゼンテーション能力を高めることにもつながります。このように，受講生よりも若い人々，つまり中学生や高校生と接触する機会を設けることは，学生たちの主体的な学習を促すだけでなく，学習の成果をより若い人たちに伝えるという経験をとおして，大人としての責任や自覚を高める効果も期待できます[注6]。

3　授業構成と教育方法

3. 1　授業の進め方

3. 1. 1　オリエンテーション（1回目）

本演習の受講者数は25名で，初回の授業の際に5つのグループを作り，課題の事前準備，調査研究，セミナーの企画について説明します。

表1は2010年度の授業計画を示したものです。はじめに公民の教科書や高校生の政治意識の調査結果をつかって政治的社会化の状況について学び，次に社会問題の分析と政策提案をおこない，最後に中高生セミナーに向けて教材を作成します。成績の評価対象にしたのは出席状況，課題，ピア評価，セミナーの企画案です。

授業の後半では，社会問題の分析を行います。これには時間がかかるため，興味がある社会問題について，グループごとに予備的な調査を進めるように初回の授業で指示します。

3. 1. 2　公民の教科書をふりかえる（2～3回目）

最初の課題は中学高校の教科書を分析することです。各自で「現代政治論」のテキストや授業内容と比較し，授業中に分析結果をグループ内で報告します。報告内容はロジックツリーやKJ法をつかって整理され，授業のなかでグループごとにプレゼンテーションを行います。

本演習では，セミナーの参加者に政治を伝えることを課題とします。教科書を分析することは，いまの中学生や高校生だけでなく，自分たちが何をどのように学んできたのかを振り返ることにつながります。「公民の教科書で述べられる政治の定義は抽象的であり，中高生にはイメージしにくいのではないか」，「政治制度や政治的アクターの役割についての記述が多く，どのように利害調整がおこなわれるのかがイメージしにくい」といった問題が整理され，これに対処するための方法が検討されます。なお教育基本法における政治教育の中立性についてもここで学びます。

3. 1. 3　高校生の政治意識（4～5回目）

次に「現代政治論」で学んだ政治的関心，投票義務感，政治的有効性感覚といった政治学の概念を用いて，筆者が以前実施した高校生の政治意識についてのサーベイ結果を解釈し，中学生・高校生が政治をどのように認識しているのかを検討します[注7]。とくに家族との政治的コミュニケーションが，政治的な関心や政治的有効性感覚に影響を及ぼす可能性があることをデータ

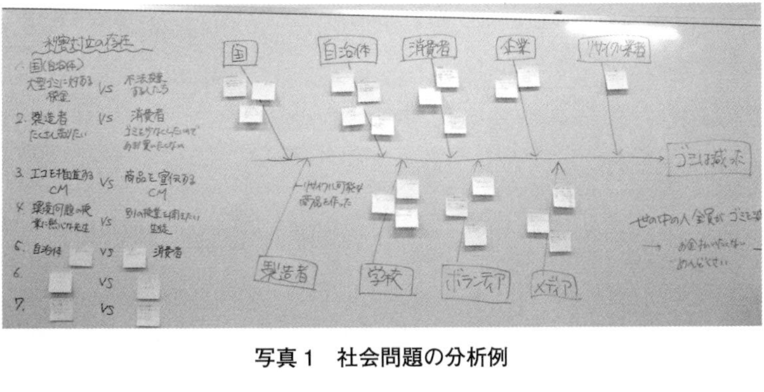

写真1　社会問題の分析例

から読み取り，そのメカニズムを推測することで，効果的な市民教育の方法について考察します。

3. 1. 4　討論（6回目）

6回目の授業では授業の前半の内容をふりかえります。「政治の伝え方」を構想してもらうために，「公民のテキストは政治への関心を高めるか」という問いを設定し，教科書の強みと弱みを確認しながら，その可能性と限界について討論します。そして政治についてのネガティブな認識や態度が広がるなかで，政治のイメージを拡げながら，より効果的に伝える方法を検討し，その結果をレポートにまとめます。

3. 1. 5　プログラムの体験，セミナーの企画（7～8回目）

政策デザインの手法を用いて放置自転車問題の現状を実際に分析します。利害関係者が追求する利益や利害が対立するポイントを確認し，利害調整を行うための制度や自治体の政策を批判的に検討することを通じて，いかなる対策が必要かを提案します。

放置自転車に関する15枚の写真（駐輪場，自転車の駐輪禁止区域を記した看板，鉄道会社のポスター，自治体の放置自転車の担当部署の看板など）をホワイトボード上に並べ，相関図をつくることで問題状況を記述します。写真1は問題現状に影響をあたえる諸要因を抽出して図式化したもので，現状を変えるための方針を検討するために用います。

授業で使用した放置自転車問題を分析するための資料や教材は，筆者が以前関わった中学生セミナーで使用したものです。受講生はこうした体験をつうじて，政策デザインについての理解を深めながら，セミナーの企画を構想します[注8]。

表２　グループ研究の概要

テーマ	研究内容
神戸ルミナリエの存続問題	阪神淡路大震災の犠牲者の「鎮魂・慰霊」か，「観光・経済活性化策」か，神戸ルミナリエをめぐる対立とその解決策について検討する。
路上喫煙規制	地方自治体における路上喫煙規制の導入過程の分析およびその問題点について解明する。
飲食店での分煙規制の是非	国民の健康を増進するために，政府が飲食店などでの分煙規制をさらに進めた場合の問題点を検討する。
住宅地における公園利用の適正化	公園利用をめぐる問題点を解明し，公園管理者，学校，地域住民，保護者が協力して，公園を安全かつ効率的に利用していくための方法を検討する。
ゴミの不法投棄	不法投棄が発生するメカニズムを考え，既存の規制がなぜ十分ではないのか，今後どのような対策が必要かを検討する。

3. 1. 6　社会問題の分析（9～13回目）

受講生たちは身近な社会問題を１つ選択して，政策デザインの手法をつかって，問題分析および政策案について検討します。表２は各グループが扱った事例と研究内容を示したものです。どのテーマもフリーライダーの発生を防ぐために人々の協力をどのように調達するのか（またはそれに失敗しているのか），自治体や政府がそれに対してどう関わるかを検討することを目的としています。

受講生は，授業以外の時間をつかって，新聞記事，行政資料，議会の会議録などのデータを収集し，授業中に各自が持ち寄ったデータを分析します。教員は問題解決のための議論に加わり，データの収集方法やその解釈について助言をします。文献調査だけでは問題状況が一般化されやすくなることから，実地調査や利害関係者から聞き取りなどを行うことによって，その特殊性をよく理解したうえで，それに応じた個別具体的な対策を提案するように指導します。

3. 1. 7　教材作成およびセミナーの実施（14回，15回，夏休み）

2010年8月に本学千里山キャンパスで実施した「政治って何？−問題解決のための法学政治学−」（代表：大津留智恵子 法学部教授）には，中学生が15名（男子3名，女子12名），高校生が12名（男子5名，女子7名）参加しました[注9]。表3は中高生セミナーの日程表を示したものです。全体の時間配分は教員が設定しますが，作業内容はグループごとに受講生が設定します。

午前中は，受講生が参加者に対して，図表，写真，動画，地図などをつかいながら社会問題の現状について報告します（写真2）。参加者は受講生から与えられる情報を手がかりに，どのような政治的アクターがいるのか，何をめぐって利害が対立しているのかを探ります。意見の対立点を明確にするために，参加者同士でロールプレイングやディベートを行い，受講生がこれ

表3　中高生セミナーの日程表

作　業	内　　容
10：00　オープニング	・開始の挨拶。 ・スケジュールの説明。 ・自己紹介。
10：30　グループ研究①	・事前課題を発表する。 ・学生が社会問題についての調査報告をする。 ・アクター間の利害を確認し，対立点を明確化するためにロールプレイングやディベートを行う。
12：00　昼食・学内見学	
13：00　グループ研究②	・現在の制度的枠組や市民，企業，自治体，政府の取組を紹介し，問題の原因を探る。 ・ディスカッションなどをしながら，問題への対処を検討する。 ・自分たちの提案を誰に伝えれば効果的であるかを考える。
14：30　プレゼンテーションの準備	・これまでの研究をまとめる。 ・分かりやすいプレゼンテーションを心がける。
15：00　プレゼンテーション	・他のグループの発表をよく聞く。 ・質問などを行う。
15：20　まとめの講義	・政治の意味，政治参加についてミニ講義をする。

※　グループによって内容は異なる

をサポートします。

午後は，現行の制度的な枠組や各アクターの問題への対応を確認し，現状を改善するための方針やその提案の方法を話し合い，その結果の報告をします。午前中は対立を強調する内容ですが，午後はそれをどのように緩和するのかを検討します。最後に受講生が政治の概念，政治に参加することの意味についてミニ講義を行い，一日の活動内容を意味づけします[注10]。

3. 2　受講生が作成した教材

3. 2. 1　神戸ルミナリエの存続問題

あるグループは神戸ルミナリエの存続問題をとりあげ，阪神淡路大震災の被害状況，震災復興の経緯を概観し，神戸ルミナリエが震災の鎮魂・追悼目的に開催されてきた経緯や運営方法（行政機関，民間企業，ボランティアの役割分担，経費，警備方法など）を調査しました。鎮魂・追悼を目的としてはじまったこのイベントには，その後神戸の冬の風物詩として，観光や経済活性化といった別の期待が寄せられるようになります。ところが，経済効果は確認されているものの，運営自体は赤字であり，また会場周辺からのクレーム（商売につながらない，交通規制や騒音，ポイ捨て）も少なくなく，その存廃をめぐって，行政機関や市議会で議論されてはいますが，十分な対策がとられないまま，現在にいたっていることを明らかにします。

政治学の立場からこの問題にアプローチすると，まずいろいろなアクターたちが，利害関係者として神戸ルミナリエの開催に関わっており，何をめぐって対立しているのかを解明することができます。そして運営のためのガバナンス構造を分析して協力を生みだすための提言をしたり，来場者からの寄付が十分でないとすれば，これを集合行為問題のひとつとしてとらえ，募金の増額につながるような仕組みを提案します。ガバナンスの構造やアクターの行動力を考慮しながら，効果的な対策を検討することで，政治について学ぶのです。

3. 2. 2　住宅地における公園利用の適正化

また別のあるグループは，本学の周辺に住んでいて，サッカーを練習する場所がなくて困っている児童のために練習場を確保するにはどうすればよいかという問いを設定し，代替案を検討するための教材を制作しました。まず大学周辺の近隣の地図や学生たちが準備した公園や空き地の写真をみながら，安全で自由に遊べる空間があるのかを検討します。その結果，空き地のほとんどが私有地であったり，自治体の公園利用規則からサッカーの練習がむずかしいことが明らかになります。

そこで，公園，学校，体育館，その他公共施設を利用して，本当にサッカーの練習ができないかを検討するために，参加者には，子ども，保護者，地域住民，校長，行政職員といった役割が与えられます。そして受講者や参加者の保護者も加わって，みずからの立場や考え方を理解するために，ディスカッションにのぞみ，行政機関が設定する規制が妥当であるのか，もし規則を緩和するにはいかなる代替措置があるかを検討します。その結果，このケースではいかなる方法を選択しても予算，安全の確保，利便性の確保の面で問題が残ることがわかり，各アクターが追加的な負担をしなければサッカー場の確保ができないことを理解します。

この教材は，人々が一致して問題解決のために行動するには，人々の立場によって追求する利益や考え方が異なっていることを前提に，問題状況をよく理解したうえで，自らの主張を行い，説得をしていく必要があることを伝えるのです。

写真 2　中高生セミナーの様子

4　実践する際の留意点，課題

グループ研究は，協働するための態度や技能を身に付ける機会であり，それ自体に教育効果があるといえます。しかし，グループ研究それ自体が政治過程という性質を帯びる以上，複数のメンバーで協力しながら研究をしたからといって，優れた研究成果がうまれるという保証はありません。むしろ民主的に作業をすればするほど，かえって研究成果の水準の低下を招くことも考えられます。安易な妥協によって効果が薄く，当たり障りの少ない代替案が提案されないとも限りません。

中高生を招待してセミナーを開催するわけですから，教員がグループ研究にある程度関与し，一定の水準のプログラムを確保したいという気持ちもありますが，受講生の自主性を尊重し，試行錯誤や創意工夫といった研究プロセスを大切にしたいとの思いもあり，それが教材やセミナーの質のばらつきにつながる場合もあるかもしれません。

学生たちによる主体的なグループ研究を促し，かつ学習効果の高い教材を作成するには，複数のグループが同一の事例（社会問題）を分析するほうがよいかもしれません。なぜなら各グループが一つの事例についての基礎的な情報を共有し，問題分析や政策デザインのレベルで競うことにはいくつかのメリットがあるからです。まず効率的に事例を理解でき，問題の定義や解決策の構想，教材作成に時間を費やせます。同一の事例であるため研究成果をグループ間で比較し，批判的な検討が可能になるほか，グループ間の競争をつうじて全体的な研究成果の向上が期待できます。教員は，グループ別に対応する回数が減り，ゲストスピーカーの招聘，受講生が収集したデータの再分析など，全体の研究を円滑に進めるために余力を費やすことができます。反対に，今回紹介したような各グループが異なる事例に取り組むやり方では，学生たちが自分たちの研究に気を取られてしまい，他のグループとの交流が滞りがちになるというデメリットがあります。

法学部には公共領域でのキャリア形成を目指す学生が少なくありません。そのため今後は自治体との連携をつうじて，こうした種類のプログラムを充実させることが望まれます。市民，政治家，政策担当者が，学生たちの研究成果を評価できるようになれば，学生たちは政策デザインとそのプロセスを反省し，新しい知識や技能を身に付けたり，政治や社会問題への関心を高めたりするかもしれません。また社会問題に対処することの難しさや限界を知ることも重要です。オーセンティック（真正）な評価を取り入れることも，学生の学びにとっては必要になるといえるでしょう。

注 1）神奈川県総合教育センター（2012）によれば，県教育委員会がシチズンシップ教育を積極的に推進しており，消費税の増税といった，身近であるとともに，利害の対立が明確なケースも授業内で扱われているようである。

注 2）『公民　―日本の社会と世界―』（清水書院 2012）では，政治とは「多数の人々が共同で生活する社会で，それぞれの利害を調整し，秩序を形成・維持する営み」であると定義している。

注 3）政治学者たちが伝統的に共有し自覚もしていた未来志向性や改革志向性が潜在化しており，（研究者の動機や情熱のレベルは別として）研究のレベルにおいて民主主義政治の根幹にかかわる実践的な課題について冷ややかである，との指摘もある（足立 2003）。また蓮見（2000）も，政治学の学問上の役割や社会的ニーズがあるにもかかわらず，政治教育に対する政治学者による貢献が十分ではないと述べている。

注 4）井田（2004）によれば，大学生の政治的関心は，景気対策，年金，税制，環境問題といった生活に密着する問題よりも，行政改革，政治倫理，外交問題といった非生活密着型の問題にむかう傾向があるとされる。

注 5）ドロア（2012）は，社会問題についての人々の啓蒙を，ガバナンスエリートの統治能力の向上の前提としており，大学生に対しては社会問題についての多元的なワークショップを必修化することを提案している。

注 6）佐野（2009）は，大人としての成熟を市民教育の重要な要素として指摘している。

注 7）分析結果については石橋（2010）を参照。

注 8）詳しくは，Ishibashi（2009）を参照。

注 9）セミナーの参加者は，大学コンソーシアム大阪と大阪府・大阪市・堺市教育委員会などが毎年実施している中学生セミナーをつうじて募集した。また高校生については本学併設校から募集した。

注 10）政治学習には「概念に基礎をおくアプローチ」と「論点に基礎をおくアプローチ」があり，この 2 つのアプローチを組み合わせることが有効だとされる（ロス 2006）。具体的には，直接的に経験可能で興味をもちやすい論点から出発し，そこで行われる討論と政治概念を結びつけ，討論の価値や手続を教え，経験的に政治概念の一般化を促すという段階を経て，政治体制についての構造的な情報やアクターの役割について提示するという方法が推奨される。

参考文献

足立幸男（2003）「構想力としての政策デザイン―政策学的思考の核心は何か」，足立幸男（編著）『政策学的思考とは何か―公共政策学原論の試み』，勁草書房.

足立幸男（2009）『公共政策学とは何か』，ミネルヴァ書房.

石橋章市朗（2010）「高校生の政治的有効性感覚の研究」，関西大学経済・政治研究所『ソーシャル・キャピタルと市民参加』，（研究双書第 150 号），pp.69-94.

井田正道（2009）「大学生の政治観に関する分析」，『Informatics』，第 2 巻第 2 号，pp.17-28.

伊藤光利編（2009）『ポリティカル・サイエンス事始め』，有斐閣.

小野耕二（2009）「政治学の実践化への試み：政治参加の拡大に向けて」，『学術の動向』，14(10): 36-49.

岡村忠夫（1974）「政治文化と官僚 政治意識の基底としての総理大臣像―現代日本における子どもと政治」，渓内謙ほか［編］『現代行政と官僚制』，東京大学出版会.

神奈川県立総合教育センター（2012）『<高等学校>かながわのシチズンシップ教育ガイドブック』.

クリック，バーナード〔添谷有志，金田耕一訳〕（2003）『現代政治学入門』，講談社.

クリック，バーナード（2011）『シティズンシップ教育論―政治哲学と市民―』，法政大学出版局.

佐野亘（2009）「民主主義を支える市民教育のあり方―よき市民になるための条件とは―」，足立幸男（編著），『持続可能な未来のための民主主義』，ミネルヴァ書房.

篠原一（2004）『市民の政治学―討議デモクラシーとは何か―』，岩波書店.

ドーソン，R. E, K. プルウィット，K. ドーソン〔加藤秀治郎ほか訳〕（1989）『政治的社会―市民形成と政治教育―』，芦書房.

ドロア，イェヘッケル〔足立幸男，佐野亘監訳〕（2012）『統治能力―ガバナンスの再設計』，ミネルヴァ書房.

蓮見二郎（2000）「政治教育における知識体系化の一試論」，『公民教育研究』，8, pp.49-63.

蓮見二郎（2008）「英国のシティズンシップ教育：経緯・現状・課題」，『政治研究』，55, pp.3-92.

ヘイ，コリン（2012）〔吉田徹訳〕『政治はなぜ嫌われるのか―民主主義の取り戻し方』，岩波書店.

依田博（2009）「政治学教育の意義と実践―大学の CSR とキー・コンピテンシー」，『現代社会研究科論集』，3, pp.29-52.

ロス，アリステア（2006）「子どもたちの政治学習―概念に基礎をおくアプローチ対論点に基礎をおくアプローチ」，クリスティーヌ・ロラン-レヴィ，アリステア・ロス編著〔中里亜夫，竹島博之監訳〕，『欧州統合とシティズンシップ教育―新しい政治学習の試み』，明石書店．
Ishibashi, Shoichiro（2009）Promoting Political Participation Through Experience-based Political Education. 多文化共生時代における市民的関与の理論的・実践的研究研究班『多文化共生時代の市民の政治を考える』（科研報告書），pp.126-155.
Ostrom, Elinor（1998）A Behavioral Approach to the Rational Choice Theory of Collective Action: Presidential Address, American Political Science Association, 1997. in *American Political Science Review*, 92(1), pp.1-22.

付記

本章および本章で紹介した取り組みは，科学研究費補助金・基盤研究（B）平成 21 ～ 24 年度「周縁からの政治参加と政治教育」（課題番号 21330037, 代表：大津留智恵子）の研究成果の一部である。

第9章　合同ゼミによる大学間交流学習のデザイン

社会学部　森田雅也

科目名：3年次「演習」
科目の位置づけ：社会学部専門科目，演習
受講生：18名～20名（受講対象者と担当教員数により毎年度異なる）
キーワード：合同ゼミ，グループワーク，大学間交流学習

あらまし：森田ゼミでは，ゼミ活動の一環として神戸大学，横浜国立大学のゼミと合同ゼミを行っています。その目的は，グループワークの経験と関西大学以外の学生や教員との交流を通じてより広い世界の中で自分を相対化することです。大学間交流学習を通じて，関西大学の中だけでは得られない経験や学習効果が確認されており，ゼミ生にとっては貴重な機会となっています。

1 「演習」の概要と目的

社会学部（社会学専攻，心理学専攻，メディア専攻，社会システムデザイン専攻）では3年次の「演習」，4年次の「卒業研究」注1（以下，本文中ではゼミと表記）が必修科目となっています。ゼミの運営方法は，指導教員の専門領域やテーマにより異なりますが，2年間同じ教員が担当し，卒業論文（正式名称は「卒業レポート」。以下，卒論と略記）は必修となっています。

人的資源管理を専攻する教員が担当する森田ゼミは，ゼミのテーマとして「これからの企業社会でいかに働くか ― マネジメントの仕方・され方 」を掲げています。これからの企業はどうあるのか，そこで働く人たちに求めら

れるものは何か，さらには，自分はどのように働き，生きていくのかといった問題に，経営学（特に人的資源管理）の視点からアプローチして，自分なりの答えを見つけることをゼミでの到達目標としています。また，話すことと書くことを通じて自分の考えを正しく言葉で表現できるようになることも目標としており，そのためにプレゼンテーション，討論，レポート作成を重視しています。パワーポイントを用いた半期に一度の報告，報告を受けての討論への積極的参加，報告後４週間以内のレポート作成（4,000字以上）を各人の最低限の義務としています。

森田ゼミでの２年間のゼミ活動は以下のようなものです。３年生前期は，共通の輪読書２冊について各人が報告し，基礎的な知識の獲得，プレゼンテーションやレジュメ作りの基礎を身につけていきます。３年生夏休みの課題は，卒論のテーマ及び参考文献リストについてのレポート作成です。３年生の11月頃に，本章のテーマである神戸大，横浜国大との合同ゼミを行います。３年生後期及び４年生の期間は，各自の卒論途中経過について報告し，報告後４週間以内のレポート提出を経ながら，卒論作成に取り組みます。毎年１月末頃に，３年生，４年生，新ゼミ生合同による卒論発表ゼミ合宿を行っています。

ここで，３年生の夏休みの課題ならびに３年生後期から各自の卒論報告を行うことについて，少し説明を加えておきます。この時期から，卒論テーマを決めて参考文献リストを作成し，卒論に取りかかるのは早いと思われるかもしれません。しかし，それには次のような理由があります。まず，卒論作成の第一歩となるテーマ設定と参考文献リストの作成を時間に余裕のある時期にすませるためです。この作業は時間のかかる仕事ですが，この時期を逃すと就職活動のために集中的に時間をかけて取り組むことが難しくなってしまいます。第２に，就職活動において，「ゼミで何をしたか」を自分の言葉で語れるようにするためです。「ゼミで何をしたか」を就職活動中に問われることがありますが，自分のテーマを決めて卒論に取り組んでいないと，自分の言葉で十分に答えることができません。第３に，自分自身の問題意識（社会の動きを見る視点）から世の中の動向を察知するための“アンテナ”を確立するためです。社会に出るまで１年半ほどとなった時期に，自分の

“アンテナ” で社会の動きを察知することは，今後の生き方や働き方に大きく影響すると考えられます。自分の課題として卒論に取り組むことは，“アンテナ” を創り，その感度を上げることに役立つからです。

以上のような課題をこなしながら，「これからの企業社会でいかに働くか」について自分なりの答えが見いだせるようゼミは進められています。

2　合同ゼミとは

では，合同ゼミとはどういうものか確認しておきましょう。合同ゼミとは，神戸大学経営学部上林憲雄ゼミナールと横浜国立大学経営学部 二神枝保ゼミナールとともに行う研究発表会のことを指します。合同ゼミは，人的資源管理を専門分野とする同年代の3名の教員が，ゼミでの教育効果を高める方法について議論する中で生まれてきた，大学間交流学習の1つのあり方です。1999年に横浜国立大学と2校で開始し，神戸大学の参加や運営方法の改善を経ながら，2012年までに毎年1回，合計14回行ってきました[注2]。

写真1　合同ゼミの様子（2012年度）

写真2　合同ゼミの様子（2012年度）

具体的には，資料1にあるように，3つの大きなテーマを設定し，そのテーマの下，各ゼミがそれぞれの研究報告を行い，「各ゼミの報告，議論」というセッションを3つ繰り返す形で進められます。3つの大きなテーマは，毎年度，学生の意見を参考にしながら教員が協議して決めていますが，人的資源管理の中で少なくとも5年程度は議論され続け，大きな潮流となるようなものを選ぶようにしています。2013年度は，過去2年と同じく，ディーセント・ワーク，ダイバーシティ・マネジメント，キャリア開発を3つの大きなテーマとして設定しています。

合同ゼミを行う目的は，グループワークの経験と関西大学以外の学生や教員との交流を通じてより広い世界の中で自分を相対化することです。まず，グループワークの経験です。先に見たプレゼンテーションやレポート作成など，ゼミでの取り組みは個人作業が中心で，グループワークで何かを作り上げるという作業は基本的にありません。しかし，社会で働くという行為は，組織のメンバーとともに組織の目的を達成するための行動であり，そこでは，自分一人で自己完結的な仕事を行うことはかなり希です。つまり，卒業後社会に出て働けば，人とともに何かを作り上げていく作業 ― グループワーク ― が中心となるわけです。したがって，ゼミの中でもグループワークを経験する機会を設けておく必要があります。

次に，関西大学以外の学生や教員との交流を通じて，より広い世界で自分を相対化することです。ほとんどの学生は学外にも友人がいたり，他大学の学生と一緒にアルバイトをしたり，関西大学以外の学生と自分を比べる機会をかなりもってはいるでしょう。しかし，学業に関することで他大学の学生と真剣に議論し，自分を相対的に位置づけて見つめ直してみる機会は，ほとんど無いと思われます。合同ゼミは，まさにこの機会を提供してくれます。同時に，専門領域を同じくする他の教員の考え方を学ぶことからも，これはなされます。普段の講義では，専門領域の異なる教員のものの見方，考え方を学ぶことはできますが，ゼミの教員と同じ専門領域の教員の話を聞くことは，少なくとも人的資源管理に関する限りできません[注3]。社会科学では，1つの現象に対して異なるものの見方や解釈のあり方が存在しうることを知るのは重要です。専門領域を同じくする他大学の2名の教員からのコメントやアドバイスを聞くことは，学生にとっては極めて重要な経験となります。このように他大学の学生や教員との議論を通じて，関西大学外部の広い世界の中で自分を相対化して見つめ直すことは，今後社会に出て活躍するための準備として，大変貴重な役割を果たすと考えられます。

3　合同ゼミへの準備とその実践

では，合同ゼミに向けてどのように準備をしていくのかと，合同ゼミはどのように進行されるのかを見ていくことにします。

3. 1　合同ゼミへの準備

まず，合同ゼミに向けてどのように準備をして取り組んでいくのか，です。合同ゼミを行うことは，ゼミの応募書類に明記され，ガイダンスにおいても口頭でその旨を伝えることにより，ゼミに応募する時点で周知されています。応募時点で周知するのは，合同ゼミはゼミにおける重要なイベントなので，取り組み意欲の低い人には加わってもらわないようにするためです。したがって，ゼミに入ることが決定した時点で，ゼミ生には，合同ゼミに参加することの期待あるいは覚悟は十分に醸成されています。

このように精神的な下地が形成されたゼミ生に合同ゼミの話題を切り出すのは，4月のゼミ開講時です。上述した3つの大きなテーマの決定に際して，ゼミ生の意見を聞くことから始まります。ゼミ生の意見も踏まえて3つの大きなテーマが決定され，知らされるのが5月頃になります。同時に，過去の合同ゼミのプログラムを配付することで，先輩たちがどのようなテーマで報告を行ってきたのかを知り，自分たちはどんなテーマで挑むのかを意識させるようにしています。

6月末頃に，2週間ほど後に3つのテーマについて希望順位を伝えるよう指示を出します。したがって，7月中旬に3つのテーマ毎のグループが決定されます。ゼミ生は例年18名程度ですので，第1希望で6人ずつのグループに分かれることが理想ですが，そのようになることは希です。とはいうものの，人数が大きくばらけることもほとんどなく，「5人,6人,7人」,「5人，5人，8人」といった程度になるだけです。この時の調整は,「第1希望を優先したいか」あるいは「グループ毎の人数のバラツキを無くしたいか」を尋ねて，ゼミ生の意見を尊重して行っています。ほとんど,「第1希望を優先したい」という声が多く，グループ毎の人数にバラツキがあってもそのままでグループを形成するようにしています。

グループが決定した時点で，合同ゼミに臨む心構えの再確認を行い，合同ゼミ当日から逆算した予定を配付します。また，先輩の失敗から学んだり，先輩の経験を活かせるように，資料2にある「ふりかえりのための質問票」の結果（過去2年分）も配付しています。心構えの再確認について，ゼミ生に配付している資料から一部をそのまま抜粋しておきます。

▷ 作業の進め方は，各グループに委ねますが，繰り返し言ってきたように「フリーライダーにならない，つくらない」を意識して進めてください。たとえば，集まる日に参加できない場合には，自分の担当部分の資料を前もってメンバーに送るなど，社会人として必要最低限のルールは守り，メンバーとしての責任を果たすようにしてください。

▷ 報告時間は15～20分を予定しています。6人のメンバーが4ヶ月かけてまとめたものをそれだけの時間で報告するわけですから，当然のことながら，全員が調べたことすべてを報告内容に盛り込むことはできません。また，分担箇所によっては，最終的に報告内容に含まれなくなってしまう場合もでてくるかもしれません。しかし，最終的な報告内容は，そこには出ていない積み重ねがあってはじめてできあがるものです。たとえば，油絵はその下に表面には現れない何層もの下塗りがあって初めて完成品となるのと同じです。「10調べて9を捨てる」という気持ちで取り組むことが必要です。とても難しいこと（特にグループ作業ではなおさら）ですが，このことを絶えず意識しながら取り組んでください。

このように，グループワークを通じて学んでもらいたいこととして，「フリーライダーにならない，つくらない」と「最終的に表に出なくとも，重要な作業はあることを知る」をあげています。この2点はグループワークを進めるにあたってとても重要なことなので，合同ゼミの準備期間中，くどいほど繰り返しゼミ生に伝えています。

合同ゼミから逆算した予定の概要については，表1として2012年度のもの（7月19日のゼミで配付）の一部を載せておきます。

表1　合同ゼミから逆算した予定表（2012年度分，一部）

12月1日（土），2日（日）	合同ゼミ　報告時間15～20分を予定しているが，最終案は神戸大・上林先生，横国大・二神先生とも相談して後日改めて連絡します。
11月29日（木）ゼミ	グループ作業　レジュメ，PPT等最終チェック，（必要部数のコピー）
11月22日（木）ゼミ	報告練習　4年生にも参加してもらい報告内容チェック。そこでのコメント等をもとに，最終版の作成
11月1日（木）までに	☆各グループとも現時点の状況をA4用紙1枚程度のメモで提出 （リーダーが提出）
10月18日（木）	報告テーマの確定（リーダーが森田に連絡）
夏休み前から夏休み中	報告テーマ選定と分担作業の進行（疑問点等には個別にあるいはグループ毎に対応）

合同ゼミに限らず，森田ゼミでは「大人としての自律」を行動原則として掲げてゼミ生の自主性を尊重しているので，グループワークの進行もゼミ生に任せ，教員は必要以上に口を挟みません。ただし，できる限りフォーマル，インフォーマルに進行状況に関する情報を収集するようにして，取り返しのつかない失敗をしそうな場合には，教員から何らかの支援をするようにしています。

準備段階での作業で特筆すべきは，4年生にも参加してもらって行う報告練習です。合同ゼミを始めた当初は行っていませんでしたが，「ふりかえりのための質問票」を通じて得られた，報告練習があった方がいい，先輩に見てもらってアドバイスをもらいたい，という意見をもとに行うようになりました。報告練習は，合同ゼミの2週間から10日ほど前に4年生にも参加してもらって行います。教員も参加していますが，自主性を尊重するからだけでなく，4年生が厳しくコメントやアドバイスをしてくれるので，教員が事細かに指導することはほとんどありません。報告練習では，合同ゼミを経験した4年生のコメントに“たたきのめされる”のが例年のことであり，そこから仕上げ直す時間を確保するためにも2週間ほどの時間を取った時期に報告練習を設定しています。

3. 2　合同ゼミ当日

合同ゼミ当日は，資料1にある予定表の通りに進行していきます。1つのゼミ報告20分と用語等についての質疑応答5分，計25分を3ゼミ分行った後に60分のディスカッションを行い，それを1セッションとしています。午後の時間に2セッション，夕食後に1セッションを行い，終了は22時過ぎです。司会はセッション毎に3名の教員が順番に行い，ディスカッション終了後には，3名の教員全員がコメントします。ディスカッションの最中も，司会の教員は議論の進行を行うに留め，議論の内容については極力口を挟まず，学生たちが自分たちだけで議論していけるようにしています。第3セッション終了後に全体のまとめについて3名の教員がコメントして，終了となります。その後の懇親会も，学生たちが親交を深めたり，他大学の教員と話したりする場として，合同ゼミには欠かせない時間となっています。

4　合同ゼミを終えての学生の声と課題

4. 1　合同ゼミを終えて

合同ゼミを終えたその日の内に，資料2にある「ふりかえりのための質問票」がメールで全員に送られ，ゼミ生は期日内に回答します。質問票を通じて得られた2012年度の学生の意見をわずかですが紹介しておきます。

〔項目4　班での作業の進め方について〕

　それぞれの班のやり方で作業出来ていたと思います。作業を進めるにあたり，方向性や意見がまとまらなかったりとグループワークならではの難しさをとても感じました。また，森田先生がいつもおっしゃっているなぜを問う，10のうち9は捨てるという言葉の意味を本当に実感しました。グループ内で出た意見に対して，すぐに疑問がいくつも挙がりその疑問点に関してとにかく考えました。ひとつの事に対して，疑問がいくつも挙がり，前に進めず足踏みしかできないこともありました。でも，まさにこれが考える，議論をして徹底的に詰める作業なんだなと，身をもって感じることができました。

〔項目7　後輩達も（相手ゼミはどこにしても）合同ゼミをやった方がいいと思いますか。〕

絶対やったほうがいいと思います。同じ年齢なのに学校や学部，教えてくれはる先生がちがえば同じテーマでもこんなにも違う発表になるのかととても刺激を受けました。また他大学の方とお話しする機会もサークルや友達くらいしかなかったので，全然知らない人たちと話すのはすごくいい経験になりました。

〔項目10　同世代の他大学の学生と真剣に議論をする，ということについて感じたことを書いて下さい。〕

学ぶ環境が違うと，こんなにも考え方が違うことに驚いた。それぞれの大学でカラーがあって，その中でも関西大学は社会学部らしさが出ていたと思う。他大学も経営学部らしい目線で意見を出してくれて，自分たちが普段いかに小さい枠の中で話をしていたか気づけた。自分と同世代の初対面の人たちと，こんなに議論ができる力をいつの間にか身に着けていたことに嬉しく思った。普段私たちがゼミで議題にしているようなことを話している人たちが，こんなに居るという当たり前のことを再認識できた。そしてこれから就活をして社会にでていくにあたり，こういう人たちに出会っていくことが楽しみになってきた。

〔項目11　感想等何でも構いませんので，合同ゼミをふりかえって思うところを書いて下さい。〕

今回の合同ゼミで，グループでひとつの結論をだすということは難しいと痛感した。普段は一人の発表なので，自分の思うままにまとめれば済むけども，人それぞれ意見が違う中でも一つの答えを出さなくてはいけないということに苦労した。後輩たちに心がけてほしいことは，必ず全員でやるよう努力することだと思う。私たちの班も全員で集まるということがなかなか難しかった。けれど，全員で話し合うと段々相手のことも理解できるようになり，また思いもよらない意見がでたりする。全員でまとめ上げた答えには絶対の自信が生まれ，それはプレゼンをするうえで重要なことだと思う。私たちの班は特に頑固な意見を持つ6人が集まり，意見もまとまりませんでした。誰かひとりが納得できなくなったときには，その子が納得できるまで話すという行為を繰り返しました。結果全員が納得できた答えをだせたと思います。（中略）おそらく話し合えば合うほど何かでてくると思います。でも時間は限られていて，その限られた時間内でどんな答えを出せるかが合同ゼミのおもしろさだと思います。ぜひ，この有意義な機会を後輩たちにも経験させてあげてください。

このようにふりかえり結果を見てみると，合同ゼミを経験して良かったという意見ばかりで，今のところ，合同ゼミはうまく運営されていると言えます。特に，合同ゼミの目的である，グループワークの経験と関西大学外部のより広い世界で自分を相対化することについて，学生たちが経験を通じていろいろと感じてくれているところに，大学間交流学習の効果を認めることができます。

4. 2　今後の課題

これまで改善を重ねてきた合同ゼミですが，課題も残されていると考えられます。まず，ディスカッション時間の延長です。これまでもディスカッションの時間をできるだけ多く取るように変えてきたものの，紙幅の関係上掲載しませんでしたが，「もっと議論をしたい」という声も多く寄せられています。担当教員間でも，何らかの対応が必要だということで意見は一致しています。しかし，横浜からの移動時間と手間を考えると，開始時間を土曜日の午前中に設定することはかなりの負担を強いることになり適切な方法ではありません。また，かつては開始時間を遅らせ，夜のセッションを無くして翌日の午前中にセッションを行っていましたが，懇親会を終えた後に改めてセッションを行う事への不満が大きく取りやめた経緯があります。「もっと議論をしたい」という学生の声に応えられるよう，何らかの対応をとることは当面の課題です。

次に，ふりかえりのための質問票の活用です。上述した通り，この結果は３年生が合同ゼミを行う前に配付して，先輩の経験を活かすように活用しています。しかし，３大学の教員が集まって，各ゼミで行っているふりかえりの結果を共有して検討することは行われていません。３大学で協働して合同ゼミを行っている以上，３大学の教員が顔を合わせてふりかえりを検討することが必要だと思われます。時間的な制約が大きい中，これを行うことは容易ではなさそうですが，大学間交流学習の教育効果を高めるためには，やはり対応すべき喫緊の課題であると考えられます。

資料 1　2012 年度合同ゼミ予定表

神戸大学 上林ゼミ・横浜国立大学 二神ゼミ・関西大学 森田ゼミ
合同ゼミ 予定表

2012 年 12 月 1・2 日
於 関西大学 飛鳥文化研究所 植田記念館
奈良県高市郡明日香村稲淵

12 月 1 日（土）	12 月 2 日（日）
13:00 ～ 15:15　第 1 セッション 15:15 ～ 15:35　休憩 15:35 ～ 17:50　第 2 セッション 18:00 ～ 20:00　夕食，入浴 20:00 ～ 22:15　第 3 セッション 第 3 セッション終了後　懇親会	8:00 ～　朝食 9:00 現地解散

＊各セッションは，第 1 ～ 3 報告とも 20 分，用語等基本的な質疑応答 5 分の後ディスカッション 60 分，計 135 分を基本とします。
＊第 1 セッション：ディーセント・ワーク，第 2 セッション：ダイバーシティ・マネジメント，第 3 セッション：キャリア開発

12:30	集　合（会場設営）	
	（植田記念館利用説明，部屋割り等）	
13:00 ～ 13:25	（上林ゼミ）「ねぇ，仕事と自分どっちが大事なの⁉」	第1セッション（ディーセント・ワーク）
13:25 ～ 13:50	（森田ゼミ）「話そう，聞こう，まるっと解決！」	
13:50 ～ 14:15	（二神ゼミ）「労働時間に関する政策と企業の取り組み」	
14:15 ～ 15:15	ディスカッション	
15:15 ～ 15:35	休　憩	
15:35 ～ 16:00	（森田ゼミ） 「高齢者が働くことで日本は変わる～シルバイター～」	第2セッション（ダイバーシティ・マネジメント）
16:00 ～ 16:25	（二神ゼミ）「女性の管理職登用率をあげるためには」	
16:25 ～ 16:50	（上林ゼミ）「日本のM字を救え‼」	
16:50 ～ 17:50	ディスカッション	
18:00 ～ 20:00	食事・入浴	
20:00 ～ 20:25	（二神ゼミ）「企業が求める人材になろう」	第3セッション（キャリア開発）
20:25 ～ 20:50	（上林ゼミ）「社員が輝ける SHINE な職場」	
20:50 ～ 21:15	（森田ゼミ） 「同じ轍は二度踏むな！～ホームレスから見えた現実～）」	
21:15 ～ 22:15	ディスカッション	
22:30 ～	懇親会	

以上

注）報告者名の省略など一部を変更している。

資料2　ふりかえりのための質問票

上林ゼミ・二神ゼミ・森田ゼミ 合同ゼミに関する質問票

2012年12月2日

学籍番号〔　　　　　　　　　〕氏　名〔　　　　　　　　　　　　〕

この質問票は，今後の合同ゼミの運営をより良くするために，今回の合同ゼミについてみんなの意見を聞くために作成しました。氏名を明記した上で書いてもらいますが，これがゼミの評点に影響することは絶対にありません。これからのわれわれのゼミ運営，さらには後輩達のゼミ運営をさらに良いものにしていくために，できるだけ多く記述し，忌憚のない意見を聞かせて下さい。

提出は，添付ファイルの形で12月8日（土）までにお願いします。

1　決定（4月頃）から実施までの期間について（最も適当なものに○を。以下同様）
① 長すぎる　② 適当　③ 短すぎる
自由記述

2　3つの大きなテーマについて
① 特に問題ない　② 異なったテーマがよかった（→　具体的には　　　　　　）
自由記述

3　班の編制（決め方も含めて）について
① 特に問題ない　② 異なった形態がよかった
自由記述

4　班での作業の進め方について
① 特に問題ない　② 異なった形にすべきだった
自由記述

5　森田の指導について
① 特に問題ない　② もっと頻繁に　③ もっと自由に
自由記述

6　合同ゼミ当日の時間配分について
① 特に問題ない　② 異なった方がよかった
自由記述

7　後輩達も（相手ゼミはどこにしても）合同ゼミをやった方がいいと思いますか。
① やった方がいい　② 改善されればやった方がいい（→ 改善点を具体的に下欄へ）
③ やる必要はない（→ 何故かを下欄へ）
自由記述

8　今回の合同ゼミにおける自分を10点満点で評価すれば，何点ですか。
（　　　　　）点

9　他大学の報告や行動等を見たり聞いたりして，「ここは学ぶべき」と思ったことや「ここは自分たちの方が良かった」と思ったことは何ですか。（「自分たちの方が良かった」ところを尋ねる趣旨は，他ゼミの劣ったところを指摘するのではなく，自分たちをどれだけ客観視できているか〔自分たちが相対的にどの程度の位置にあるかをわかっているか〕を確認することです。大丈夫だと思いますが誤解のないように。）

10　同世代の他大学の学生と真剣に議論をする，ということについて感じたことを書いて下さい。

11　感想等何でも構いませんので，合同ゼミをふりかえって思うところを書いて下さい。

以上

注1）2013年度カリキュラムから，いずれの科目も半期2単位のⅠおよびⅡに変更されています。

注2）ただし，担当教員の海外研修やサバティカル等のため，2大学のみで行った年もあります。

注3）商学部では，「ヒューマンリソース・マネジメント」「現代の労務管理」が開講されていますが，社会学部の学生は受講することが出来ません。

コラム　地域コミュニティから考える「実践教育」

人間健康学部　岡田忠克

人間健康学部は，関西大学で最も新しい学部で2010年4月に大阪府堺市に開設されましたが，これまでの既存学部と違い，より実践的なプログラムの展開をねらいとして教育を行っています。学部内には「スポーツと健康コース」「福祉と健康コース」の2コースがありますが，どちらのコースにおいても，健康に関する幅広い知識を地域コミュニティにおける実習を通じて学ぶための「実践教育」が柱になっています。

まずは入学式を終えた4月に新入生が関西大学人間健康学部という新しい環境で充実した学生生活を送るために，「オリエンテーションキャンプ」を実施しています。学部の特性上，体育会，スポーツ活動をしている学生が多く，練習時間や試合に時間をとられ参加が難しい場合もありますが，多くの学生が参加しています。寝食を共にし，意見交換しながら学生同士や教員との交流を深めることによって，一般学生と体育会学生の交流，コースの垣根を越えたつながりができるのもこの取り組みの効果です。また，海洋スポーツ（カヌー）体験やウォールクライミングなど仲間と力を合わせて行う活動を通して，人間健康学部で何を学び，これからどのような方向に進んでいくのかを学生とともに教職員全員で共有することも，このキャンプの大切な目的になっています。このキャンプには毎年先輩学部生がサポーターとして新入生のフォローをしてくれており，縦のつながりも入学時から学ぶことができるようにしています。

また，堺キャンパスには，他大学には見られない大きなフィールドアスレチック？のような施設があります。これは「プロジェクトアドベンチャー

(Project Adventure)」といって，もともと北米で開発されたプログラム・施設で，最近では企業や各種団体，大学生の研修の場として活用されているものです。このプロジェクトアドベンチャーは，自らの気づきを促すために「今ここ」での体験から学ぶ，体験学習のための施設です。アドベンチャー施設を利用したグループでの活動を通して，自分や他者を大切にする心，困難に立ち向かう力，共に支えあう協調性，相互の信頼感などを育成していきます。この施設を通して，単に「する」スポーツや「勝つ」スポーツの重要性だけでなく，さまざまな角度からスポーツを考えることができるようになり，実践的な体験を通して「気づき」を深めることで自己成長を促すとともに，スポーツの指導や教育，福祉の現場で役に立つ「場づくり」やリーダーシップのあり方も学んでいます。

写真1　オリエンテーションキャンプ

写真2　プロジェクトアドベンチャー

このほかにも，人間健康学部では堺キャンパスがある堺市と地域連携協定を結び，学生達が学校の外へ，つまり地域コミュニティで活動する仕掛けがあります。その一つが「スポーツサポーター」です。堺市の小中学校へ学生を派遣し，体育学習や部活動におけるサポート，休み時間や放課後などの時間における児童生徒の運動促進を図る取り組みに協力しています。また堺市内で開催される各種スポーツ大会等で活動する「スポーツボランティア」があります。例えば堺市大仙公園（仁徳天皇陵）を周回する堺シティマラソンにおいて，各種ボランティアとして参加し，参加した市民ランナーを応援し，スタッフとして大会を大いに盛り上げています。そのほか，福祉施設へのボランティアやメンタルフレンドなど学生達は講義だけでは学ぶことのできない貴重な体験を地域コミュニティで経験しています。

最後に学部のプロジェクトとして「21 世紀教養プロジェクト」があります。この取り組みは，従来の，「知識」と同じような意味合いで使われてきた「一般教養」とは異なり，21 世紀の新しい社会を担うための教養を身につけることを目的としています。新たな教養には，読書によって培われる知性と，「生きる力」に象徴されるようなコミュニケーション能力や身体知が含まれます。このプロジェクトは 2 つの柱から成り立っており，一つは先ほどの「プロジェクトアドベンチャー」での取り組みであり，もう一つは従来型の教養の中核であった読書です。人間健康学部の学生が読書に慣れ親しみ，自己形成のための読書習慣を育むことを目的として，さまざまなプログラムを実施しています。例えば，教員が「読み方」「探し方」「楽しみ方」など，読書にまつわるさまざまなテーマを取り上げ，読書への興味や関心を深めたり，学生の書評を表彰するブックレビュー・コンテストを開催しています。

このように人間健康学部では，大学講義での座学から一歩抜けだし，地域コミュニティに目を向けて関心を持ち，人と人のつながりを生の体験から考えていく「実践教育」を重視した教育を行っていきたいと考えています。

第3部

多人数講義において学生の能動的な学びを育む学習環境のデザイン（実践編）

第10章　学生と作る・学生が創る授業「大学教育論―大学の主人公は君たちだ！―」のデザイン

教育推進部　三浦真琴

科目名：大学教育論―大学の主人公は君たちだ！―
科目の位置づけ：全学共通科目，講義&演習（PBL型授：Problem Based Learning），全学年向け授業
受講生数：約80名
キーワード：学生参画型授業，ラーニング・アシスタント（LA），PBL（IBL：Inquiry Based Learning）型授業

あらまし：「大学教育論」は，全学共通科目に開講されている全学年を対象とした授業です。主として初年次に身につけたスタディスキルを活用しながら，自らが所属する大学の中に課題や問題を発見し，その解決・克服を目指すグループワークを展開します。授業では当該科目の既習者をラーニング・アシスタントとして配置し，グループワークのファシリテーションやモデル・プレゼンテーションなどをおこないます。また学期の前半には大学の内外で活動・活躍する受講生以外の学生に登壇してもらいます。これは受講生が当事者意識の重要性を知り，自らを「主人公」として鼓舞する機会となるものです。授業ではこのような機会を複数回用意しています。

1　授業概要と目的

「大学教育論」は，学生が所属する大学，そこで展開されている教育について，これを我が舞台，我が事として捉え，そこに課題や問題を発見・発掘し，それを克服・解決するためにはどうしたらよいのか，充実したキャンパ

スライフを送るためには何が必要なのかを考えることを近い目的として，いずれはそれを行動に移すことを遠い目的として，全学年向けに開講されている全学共通科目です。その目的に向けて，学生は自らが何を学ぶことができるのか，あるいはまた学ぶべきなのかについて思索を深めます。つまり，この科目は「大学の教育」について考えながら，実は「大学における学習」をより深く，豊かなものにしていくことをねらいとしています。スタディスキルゼミなどによって大学で学ぶために必要とされる基礎的な知識やスキルを身につけた学生が，それを授業時間の中で実際に活用しながら大学生活の中に課題を発見し，自ら発見・発掘した課題に多面的・多角的なアプローチをかけることにより，課題発見・課題探求の力をより確かなものにすること，そのような知識やスキルが我が物となったことを確認してもらうことを望んでいます。この他にも青年期の発達課題とされるアイデンティティの確認作業には自身がいる場所についての知識や思索も必要ですから，その作業の一助になれかしと願っています。

2　授業の特色

2. 1　テーマを提示しない PBL 型授業

高校を卒業するまでに身につけたものは，「問い」には必ず「答え」があり（最適解が一つあり），「問い」にたどり着くまでの時間や距離が，言い換えると「問い」と「答え」の間が短ければ短いほど善であり，美である，という「勉強」の習慣です。これは「問いと答えのパッケージ」の中で展開される作業で，多くの場合，「暗記」というスタイルに落ち着いてしまいます。大学では分野による違いはあるでしょうが，暗記よりも理解に重きがおかれます。何故，そのような「答え」が導かれるのか，あるいはそれが必要とされるのか，そのプロセスや存在意義が尊重されます。最近，我が国でもひろがりをみせはじめている PBL 型授業も教員が「答え」を提示せず，学生がこれに到達するように導くことを目指したものです。そこに至るプロセスをより有意義なものにするために，教員は良き「問い」を作成しなければなりません（英語圏では“guiding questions / questionnaire”と表現されます）。このような教授メソッドは学生に「勉強」とは異なる「学習」習慣の機会を提供しますが，当該科目では，「答え」のみならず，「問い」さえも学生には提示しないようにしています。常に「問い」が提示されると，学生は自ら「問い」を発見・発掘する機会を奪われ，ついにそのような習慣（ハビトゥス）を獲得することができなくなってしまいます。ある事柄が「問い」として成立するのか否か，その「問い」の向こう側にはどのような世界が広がっているのか，あるいはそれを掘り下げることにどのような意味があるのか，そのような経験こそが知的探検の名にふさわしいと考えるからです。幾度となく繰り返された「問い」に自ら「答え」（できることなら新しい答え）を発見することにも価値はあるでしょうが，今まで自ら「問い」として立てることのなかったものを「問い」として発見・発掘することには，さらに大きな価値があると考えています。つまり「問いを学ぶ」ことを目指しているのです。筆者はこれを「勉強」「学習」に対して「学問」スタイルと呼んでいます。

2. 2　ラーニング・アシスタント（LA）の導入

開講前には受講生の多寡にかかわらずグループワークを中心としたPBL型授業を展開するつもりでいました。初年度には400人近くの受講生が集い，1グループ4名のメンバーからなるグループを約100組編成することになりました。ミラーリングを用いた自己紹介などでアイスブレイクをおこない，グループワークに向けて準備を整えようとしましたが，教員一人では全てのグループに目を配ることができず，その後のグループワークがどのように展開していくのか，不安を禁じ得ませんでした。そこで1名のLAと，履修登録をせずに受講していた学生1名のボランティアを重ねて得て，教員と併せて都合3名が教室の中を走り回っては立ち止まりながらファシリテーションを試みる授業を新たに始めることになりました。

この期には決して十分なファシリテーションはできませんでしたが，LAが関わったグループのその後のワークの進捗を見るにあたり，十分な数のLAがいれば大規模クラスでもPBL型授業を充実させることができるとの感触を得ました。

翌年度にはPBL型授業を実施するのに適切な教室を要望しました。教室の収容人員を受講者数の上限とし，またLAも増員して，授業を実践する環境はかなり改善されました。さらにこの期には毎回の小レポートに加えてルーブリックとポートフォリオを採用し，パーソナルワークならびにグループワークの進捗状況を個々の受講者が確認・共有できるようにしました。しかしながら，その価値や活用方法を周知徹底することができなかったため，グループによる大学教育の改善企画の中には内容が十分に掘り下げられず，画一的あるいは画餅的であるとの誹りを免れないものも僅かながらありました。ポートフォリオがうまく活用されていなかったこと，ならびにグループ内ならびにグループ間の情報交換と共有が不十分であったことがその一因であると考え，以後は紙を媒体とした「共有」を目指すのではなく，LAにもっと積極的に関与してもらうことによって，実質的な「共有」がおこなわれるように配慮しました。

次年度はLAがグループワークに長く，そして深く関われるように，そして受講生が教員からの指示や知識の提供に依存することがないように，科目担当者のインストラクションの回数を極力減らし，ほぼすべての授業回にグループワークを採り入れることにしました。授業内容に対する理解や認識，あるいは課題の設定などを教員と学生が共有することについては，意思疎通のチャンネルをポートフォリオから教員が作成する通信紙へとシフトすることにしました。これは毎回の小レポートを科目担当者がワードプロセッサーで打ち直し，そこにコメントを付したもので，『大学教育論の広場』と名付けています（写真1）。この通信紙によって受講生がどのような意見や考え，感想を持っているかをお互いに知ることができるようになり，やがてクラスの中に一体感のようなものが芽生え始めてきます。これをグループの作業に反映させるべく，LAが上手にファシリテーションをおこないます。LAは複数のグループにおいて同様の作業をするので，グループ間の情報や意見の交換や共有にも一役買っています。

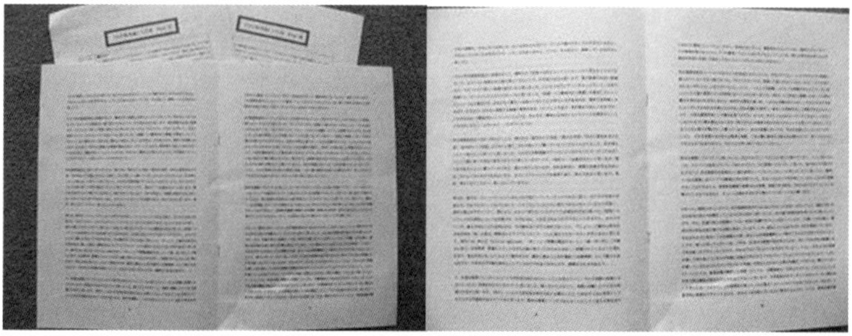

写真 1　大学教育論の広場

こうしてようやく大学教育論のクラスは，徐々にではありますが，グループワークを効果的に展開することができるようになりました。LA がいなければできなかったことです。しかし LA の貢献はこれに留まりません。グループによるプレゼンテーションの司会進行を自ら買って出てくれたのも LA です。LA が司会進行をしたり，フロアで質問や意見を拾ってくれたりするおかげで，受講生はリラックスしてプレゼンテーションに臨むことができます。またプレゼンテーション後の時間をより充実したものにする工夫も LA の発案によるものです。プレゼンテーションを一通り聞き終えた後，オーディエンスグループはディスカッションの時間を持ち，そこで意見や質問あるいは感想をまとめ，授業の終盤にグループ別に報告します。この報告作業を設定したおかげで受講生はより真摯にプレゼンテーションに耳を傾けるようになり，その報告内容を我と我が身に引き付けて考えることができるようになるのです。まさに LA は学生が大学の主人公であるように導く存在だといえます。

2. 3　学生の登壇

開講間もない頃には，1 回目ならびに 2 回目の授業時間を使って，古くはボローニャ大学，新しくは北欧諸国の大学の様子を伝えていました。学生が大学の主人公であることを海外の事例であるとはいえ，歴史と現状の両面から強く訴えれば，その後のグループワークも主人公としての意識を持って展開されると考えていたからです。しかし実際には「○○をなんとかしてほしい」「○○はなぜ，そうなっているのか，教えてほしい」といった声ばかりがあがり，意見というよりは不満，テーマというよりは感想や印象あるいは単純な質問の色彩がきわめて濃く，課題探求の道を歩ませるまでにかなりの時間を費やさなければなりませんでした。しかも先に述べたように，当初は配置されるLAも数が少なく，一授業時間内にすべてのグループをまわって当事者意識を高揚するためのファシリテーションを実施することは物理的に不可能でした。

翌年度からはグループワークを効果的に展開できるように可動式の机と椅子を配置した教室を使用することにし，その教室の収容定員を科目受講者の上限としました。さらにLAを増員し，グループワークを実践するための環境はかなり改善されましたが，受講生に自らが大学の主人公であるという意識が芽生えるのには一年前と同じほどの時間を要しました。つまり受講生は自らが大学の主人公であるという当事者意識が欠落しているばかりか，その意識が欠落しているという認識さえほとんど持っていないということです。

そこで次年度からは，誰もが大学の主人公であるということを実感してもらうために，大学の内外で活動，活躍している学生に登壇してもらい，「活動に参加するようになった理由，活動を通して得られた経験や自身の変化，今後の展望」などについて語ってもらうことにしました。登壇を依頼したのは岡山大学で開催された教育改善学生交流 i*See2011 に参加したLAと科目提案委員会学生委員でしたが，ここに履修未登録ながらも受講していた学生よりその友人の登壇の願い入れがありました。その友人は，当時“World Shift network Japan”で活動をしており，のちに“Think × Act Project”の中心的存在となる学生です。授業終了時に提出する小レポートからは，いずれの学生のプレゼンテーションも受講生にとっては新鮮で，しかも刺激的であったことが綴られていました。以後，このような学生の登壇をこの科目のレギュラー番組にすることにし，この年に登壇した学生あるいは学生が所属する団体には来年も登壇することを依頼し，加えてさらに多くの学生に呼び掛けることにしました。2012年度にはLA，科目提案委員会学生委員の他に，Think × Act Project, Lin:Ku, LeckU, Muster Peace によるプレゼンテーションがおこなわれ，教員が声高に，あるいは静かに主人公たれと言わなくとも受講生は主人公であることの素晴らしさを認識できるようになっています。

2. 4　学生が創る授業

上記のうち，Think × Act Project のチームは活動を紹介するだけではなく，受講生を対象に自ら編み出した新しい授業を提供してくれました。学生が創造したその授業（「自分史を作る」）は，既に筆者が担当する他の授業科目（スタディスキルゼミならびにピアコミュニティ演習）でも実施し，そのクオリティの高さと，受講生の関心の高さが確認されています。誰もが Think × Act Project チームが用意したハンドアウトに真摯に取り組み，丁寧に自分史を描いていきます。描いたのちに，それをグループメンバーに説明し，コメントをもらったあと，再度，自分の中で自らの歩みの整理をします。受講生が自らの歩みを掘り起こし，確認し，これから先を見つめるためのヒントにするというコンテンツとメソッドは，筆者が担当するどのような科目ともリンクが可能です。いや，それどころか，科目内容と自分との関わりを認識するという意味で極めて有意義であると言ってよいでしょう。そのような授業が創られたのは，ここに至るまで学生と共に授業を作るという実践を重ね，徐々にではあるけれど学生中心の授業をデザインできるようになってきたからなのかもしれません。もちろん筆者のデザインに共感してくれた考動的な学生が協力してくれたことが最大の理由です。

3　授業構成と授業方法

本授業の構成と方法は，一部，上述の内容と重複しますが，概ね以下のようになっています。

まずセメスターの序盤に大学の起源と，その後の大きな変化についてレクチャーします。世界で最初の大学が，学びたい者と教えたい者とが集まって自然発生的に誕生した知的ギルドであること，カリキュラムや担当教員などを学生が中心となって決めることができたこと，その後，大学は教員中心の機関となり，やがて研究機能を肥大化させていったこと，しかし最近になって，教育が大学本来の機能であることが見直され，その中心は教員ではなく学生であると再認識されるようになったこと，足早ではありますが，以上のことを伝えます。その上で，このような時代に大学の主人公たる学生は何をなすべきなのか，それを考えていこう，発見していこうと呼び掛けます。

しかしながら，呼び掛けただけでは学生はなかなか「考動」を開始することができません。自分たちが大学の主人公であるという意識も十分には持ってはいないようです。そこで大学の内外で活動・活躍している学生に登壇してもらい，そのような活動をするようになった理由，経緯，今後の展望などについて語ってもらいます。受講生は，自分と同じ様な年齢で，自分と同じ大学生という立場にありながら，課題を発見・発掘し，その解決・克服に向かって前進する者が自分の身近にいる，同じ大学の中にいることを知ります。そのように知ったことを登壇した学生のプレゼンテーションを聞いた後，グループでディスカッションをし，共有します。

このプロセスを経ることによって受講生の意識に少しずつ変化があらわれます。その変化が確かで深いものになることに大いなる期待を寄せつつ，その後，自分たちが主人公として考動するならば，何をテーマ（課題）とするのがよいのかをグループで考えます。このグループワークを通して，メンバーが相互に知的な刺激を与えたり，協力して一つのテーマに取り組んだりすることにより，主体性のみならず，協調性を身につけることもこの授業科目のねらいです。

テーマが決まったあとは，グループごとに調査・分析・考察を重ね，セメスターの終盤に予定されているプレゼンテーションの準備作業に入ります。調査のために授業時間内に図書館やITセンターに足を運ぶことは認めています。また広く調査し，深く分析するには授業時間だけではたりませんので，受講生は自発的に授業時間外でもミーティングを重ねることになります。

プレゼンテーションは原則として１回の授業時間に２チームとしていま

表 1 「大学教育論」のおおまかな授業の構成と方法（2012 年度）

時期	回数	主だった内容	授業方法	授業主体者
序盤	1 ～ 2	大学の起源・大学の教育改善に関するムーブメント	教員によるレクチャー	教員
中盤	3 ～ 6	学生による活動報告	・学生によるプレゼン ・グループディスカッション	受講生・登壇学生・LA *
	7 ～ 10	受講生による調査・分析等	グループワーク	受講生・LA **
終盤	11 ～ 15	プレゼンテーション	・プレゼンテーション ・グループ別ディスカッション ・ディスカッション内容のプレゼン	受講生・LA ***

※回数は目安です。受講者数によってグループ数が増減するので，終盤のプレゼンテーションにかける時間が変わります。受講生以外の学生による登壇の回数も変動します。
*学生によるプレゼンテーションの司会進行とグループワークのファシリテーション
**グループワークのファシリテーション
***プレゼンテーションの司会進行役とディスカッションファシリテーション

す。そのプレゼンテーションの後にグループで内容について意見を交換し，質問と感想をまとめ，それを全てのグループから発表してもらいます。

4　実践する際の留意点，課題

「大学の授業は学生と教員とが共同してつくっていくものです」，これは筆者が初めて大学の教壇に立った時に口にした言葉です。それは自身の学生生活をふりかえり，受けていたのはそうではない授業ばかりだったことを想起し，自身が教壇に立つにあたっては参加して楽しく有意義なものにしたいと自らに課したからです。以来，学生が主体的に授業に参加できるように，様々な工夫を凝らしてきました（三浦，2013b）。科目の特性やクラスサイズにもよりますが，ここ数年は積極的に PBL 型授業を実践するように心がけています。

初年次向けの全学共通科目「スタディスキルゼミ（課題探求）」では，PBL 型授業を実践していますが，そこでは一般的な PBL とは趣向を変え，“guiding questions”を提示しない，すなわち“problem”を所与のものとしない形の授業を展開しています（三浦，2012)。「問い」を発見・発掘し，それが「問い」としての価値や意義を持つものとなるように解釈を重ね，焦点を絞り，深めていくという営みこそが大学生が経験すべき知的な冒険として意味があると考えているからです。学生が「問い」の直後に「答え」を与えられることのない PBL 型授業を体験することには意義があるとは思いますが，それとて「問い」を与えられて初めて成立するものであるならば－「問い」を与えられなければ成立しないものであるならば－「問い」と「答え」がパッケージになっている高校までの授業スタイルとの差はさほど大きくはないと判断しているということです。

一般的な PBL 型授業は，“problem”を与えられたところからスタートします。学生の立場になって考えてみると，それは“problem”に意味があるのではなく，与えられた“problem”について調査研究（inquiry）を始めることに意味がある，つまり，それは実際には IBL（inquiry-based learning）型授業なのだと思います。しかし筆者は学生自身が“problem”を発見・発掘する学習を保証することこそが“PBL 型授業”の名に値すると考えて，スタディスキルゼミ（課題探求）と同じスタイルの授業を「大学教育論」でも実践しています。

とはいえ，そこにはおのずと「大学（教育)」という大きなフレームワークがあります。受講生の中にはこのフレームワークの中から問題を探そうとしながらも，単なる知識を得ればそれで解決するというような類の問題しか発見できない学生もいます。そのような近視眼的・皮相的な問題設定をしないように自然な形で受講生に働きかけること，これがこの授業ではとても大切な留意点となっています。この働きかけには LA に負うところが大きいのですが，LA には決して受講生に答えを，あるいは答えを安易に予測されるコメントをしないようにとお願いしてあります。

LA はこのような授業担当者の願いに応えるばかりか，授業をよりよくするために何が必要なのかを常に，しかも自発的に考えてくれます。それはまさにこの科目の授業内容と密接に関わるものですから，LA がそのような思考をしていることが受講生にとってのモデルにもなります。その LA が考えた改善案については，これを可能な限りその期の授業に採り入れるようにしています。それが受講生のモチベーションを向上させ，受講生から新たな改善案が提出されることにつながる場合もあります。教員はそれら貴重な意見を参考にしながら自らの授業のリデザインに取り組むことができるのです。大学の授業は学生と教師とで創っていくものである，ようやく，その入り口に立てたように思います。

参考文献

三浦真琴（2012）「第 13 章　スタディスキルゼミ（課題探求）」『初年次教育におけるアクティブ・ラーニング型授業デザインブック』，関西大学教育推進部教育開発支援センター

三浦真琴（2012）「Active Learning の理論と実践に関する一考察　LA を活用した授業実践報告(3)」，『関西大学高等教育研究』，第 3 号，pp.81-88.

三浦真琴（2013a）「Active Learning の理論と実践に関する一考察　LA を活用した授業実践報告(4)」，『関西大学高等教育研究』，第 4 号，pp,29-53.

三浦真琴（2013b）「三浦流の学生と楽しむ大学教育」『学生と楽しむ大学教育：日本的 UD の発想』，ナカニシヤ出版

第 11 章　理工系多人数講義における効果的なグループ討論

化学生命工学部　片倉啓雄

科目名：技術者倫理
科目の位置づけ：専門科目，講義，2 年生（平成 26 年度から 3 年生）向け授業
受講生数：約 110 名
科目名：フレッシュマンゼミナール
科目の位置づけ：初年次科目，講義，1 年生向け授業
受講生数：約 110 名
キーワード：グループ討論，協同学習

あらまし：技術者倫理教育の目的は，専門教育を受けた者の責務に気づかせ，価値の多様性を知る機会を与え，問題解決には周囲とのコミュニケーションが不可欠であることに気づかせることです。その手段として，グループ討論は自分の気づかない視点からの意見に触れ，価値の多様性を知り，さらにはコミュニケーション能力を高め，自分の考えをブラッシュアップする経験を積むために非常に有用です。本章では，100 名以上の多人数講義でも，隣の班に 2 名の班員を派遣して情報交換をさせるなどの工夫によって，全受講生が能動的にグループ討論に参加する工夫を紹介します。

1　授業概要と目的

近年，人々はまず第一に安全・安心を求め，それに応える技術者の責任はますます大きくなっています。2007 年 9 月に文部科学省の諮問機関である中央教育審議会は，大学の学部教育で身につけるべき能力として，①日本語と特定の外国語によるコミュニケーションスキル，②情報や知識を複眼的，論理的に分析，表現できる論理的思考能力，に加えて，③自己の良心と社会

の規範やルールに従って行動できる倫理観，の３つをあげています。毎日のように報道される事故・不祥事を省みれば，審議会が③をあげたことにうなずくことができます。技術者の非倫理的な行為は言うに及ばず，プロとしての自覚や思いやりに欠ける行為は，人々の危険・不安に直結しますが，多くの技術者は自分自身が事故・不祥事の当事者になる可能性に気づいていません。「技術者倫理」は，これから技術者として世に出る学生が事故・不祥事の当事者にならないよう，気づきの機会を与える科目であると位置づけられています。

技術者倫理の教育の目的や教育方法については，日本工学教育協会の技術者倫理調査研究委員会などを中心に検討が進められていますが，いまだに共通理解が成立しているとは言い難い状況にあります。しかし，価値の多様性

表１ 「技術者倫理」の授業計画

No	内　容
1	ガイダンス，**事前アンケート**，プロフェッショナルの責務，工学と技術の定義
2	安全性・経済性・利便性の相反，安全に対する価値の多様性を知る重要性
3	専門家の責務とメディアリテラシー（クリッカーを用いた議論），**アンケート結果，グループ討論の意義とルール（批判と非難の違い）**
4	事例研究①「ソーラーブラインド」DVD 鑑賞，グループ討論
5	事例研究①「ソーラーブラインド」各班の発表
6	技術者と経営側，技術者，ユーザー，市民とのコミュニケーション
7	遺伝子組換えの倫理，コンセンサス会議，リスクコミュニケーション
8	事例研究②「チャレンジャー号爆発事故」，倫理要綱，公益通報者保護法 事例研究③「ギルベインゴールド」DVD 鑑賞
9	事例研究③「ギルベインゴールド」グループ討論
10	事例研究③「ギルベインゴールド」各班の発表，総括と過去の意見
11	事例研究④「ゴルフ」（ロールプレイ，グループ討論）
12	事例研究④「ゴルフ」各班の発表，総括と過去の意見，線引き法，黄金律
13	事例研究⑤「割れたスープカップ」（ロールプレイ），会社組織の４原則，上司の説得法
14	ゆでがえる[注1]（逸脱の標準化，技術者の risk and benefit と個人の risk and benefit）
15	研究倫理，就職関連の話，事後アンケート，まとめ

太字はグループ討論の事前準備として重要な部分。

を知る重要性については，技術者倫理教育の中心命題であることに疑いはなく，多くのカリキュラムでは，事例研究（ケーススタディ）を中心に講義が組み立てられています。

筆者の授業（片倉 2009, 2008）では，「かくあるべき」，「～するべからず」といった内容を極力避け，

1）専門教育を受けたものには社会の安全・安心に貢献する責務があること。
2）技術者がつくりだす製品・サービスには，安全性・経済性・利便性が求められること。
3）これらのより良いバランスを追求することが技術者の役割であり，それには安全・安心に対する価値の多様性を理解しなければならないこと。

に気づかせる講義と，グループ討論に重点を置いて，表 1 のように授業を組み立てています。以下，本章の主題であるグループ討論の運営に話題を絞って述べていきます。

2　授業の特色

2. 1　グループ討論の問題点

グループ討論では，学生同士のコミュニケーションによる「気づき」によって，多面的な見方ができるようになり，より深い分析と実践的な解決策の立案が期待できます。しかしその反面，多人数のクラスでは，討論に積極的に参加しない者が増えることが問題になります。

グループ討論は 1 グループ 4 ～ 5 名が適当とされ，司会者，発表者，書記などの役割を与え，最後に討論内容を発表させるのが一般的です。しかし，100 名のクラスで 1 グループの人数を 4 ～ 5 名にすれば，20 ～ 25 グループにもなり，発表時間が長くなるだけでなく，発表内容の重複も問題になってきます。かといって 1 グループの人数を増やすと，今度は役割を与えられていない者が討論に参加しなくなることが問題になります。少人数クラスであ

れば教員が見回って積極的に討論に参加するよう，個々に対応することもできますが，多人数クラスではそうもいきません。このため，ティーチングアシスタント（TA）に頼ることになりますが，TAに的確な指示を与えなければならず，指導効果はTAの経験とキャラクターにもかなり依存することになります。上述の三役の他に，リーダー（司会者とは別に討論の時間配分や方向を指示する），記録係（誰が何回発言したかを記録）などの役割をひねり出しても根本的な解決策にはならないようです。

2. 2　出向制度による問題点の解決

筆者は当初，上に述べたような問題点から，グループ討論は採用していませんでした。しかし，関西大学に着任した直後に参加した教育開発支援センター主催のFDカフェで，「出向制度」のあるグループ討論を体験させて頂き，現在のシステムを思いつきました。「出向制度」はワールドカフェ[注2]の変形版で，4名程度のグループで一定時間討論した後，メンバーの一人を隣の班に出向させ，情報交換をするというものです。これにより，自グループだけでなく，両隣のグループで出た意見を知ることができます。「技術者倫理」のグループ討論では，この出向制度を以下のようにアレンジしています。

表2　出向システムの役割分担とタイムスケジュールの一例

<table>
<tr><th>役　割</th><th>討議1
(9:10～9:25)</th><th>情報交換
(9:25～9:35)</th><th>討議2
(9:35～9:50)</th><th>発表
(9:50～10:30)</th></tr>
<tr><td>司　会</td><td colspan="3">司会（全員に少なくとも1回ずつ発言させる）</td><td>–</td></tr>
<tr><td>出向者1</td><td>自班の討論内容をメモ</td><td>訪問先で自班の討論内容を説明</td><td>–</td><td>–</td></tr>
<tr><td>出向者2</td><td>–</td><td>訪問先の班の討論内容をメモ</td><td>訪問先の討論内容を自班で説明</td><td>–</td></tr>
<tr><td>説明者1</td><td>自班の討論内容をメモ</td><td>来訪者に自班の討論内容を説明</td><td>–</td><td>–</td></tr>
<tr><td>説明者2</td><td>–</td><td>来訪者からの情報をメモ</td><td>自班の出向者に来訪者の情報を説明</td><td>–</td></tr>
<tr><td>発表者1</td><td colspan="3" rowspan="2">発表用資料の準備</td><td rowspan="2">自班の討論内容を発表</td></tr>
<tr><td>発表者2</td></tr>
</table>

1）　1 グループは 7 名とし，表 2 に示すように司会者 1 名，出向者 2 名，説明者 2 名，発表者 2 名で構成します。

2）　討論を始め，グループのメンバーが一通り発言し終わった頃を見計らって，各グループの 2 名の出向者を隣のグループに派遣します。

3）　出向者 1 は訪問先で自グループの討論内容を説明し，出向者 2 は訪問先の討論内容を聞き，自グループに帰ってから説明します。

4）　各グループの残ったメンバーは，反対側の班からの出向者を受け入れ，説明者 1 が自グループの討論内容を説明します。説明者 2 は，自グループの出向者が戻ってきた時に，自グループが受け入れた出向者からの情報を説明します。

5）　発表者は 2 名とし，各班 2 ～ 3 分の発表を分担するように指示し，討論中に発表資料の準備をさせます。

このように役割を割り振れば，最大 7 名に明確な役割を与えることができ，能動的に討論に参加するきっかけを与えることができます。

3　授業構成と授業方法

3. 1　事前の仕掛け

「技術者倫理」授業計画は表 1 に示した通りですが，より能動的・積極的にグループ討論に参加させるために，事前に，以下に示すいくつかの仕掛けをしてあります。

3. 1. 1 「フレッシュマンゼミナール」でのキャリアデザイン教育

「技術者倫理」は 2 年次春学期の科目ですが（平成 26 年度から 3 年次），この形式を活用したグループ討論は，1 年次の春学期に開講する「フレッシュマンゼミナール」から行います。その際には，誰でも積極的に討論に参加できるように，親しみやすいテーマを設定するとともに，キャリアデザイン教育の一環として，次のような話をしています。

1）自分で考えることの大切さ

図１のスライドは，複数の企業の人事関係者から聞き取りで作成した「企業が採用したくない人」のリストで，これをスライドで示しながら，社会で求められる能力について以下のように説明します。

企業が採用したくない人

- 受け身の人（かわす人）
- 指示を待つ人（自分で課題をみつけられない人）
- できない理由から挙げる人
- 「こんな仕事がしたい」という主張がない人
- 自分の意見をもたない人（言えない人）

- コミュニケーションが取れない人
- 自分一人で解決しようとする人
- 助言を求めない人
- 批判されるのをいやがる人

（社会では周囲の協力がないと何もできないことが分かっていない人）

- 自分の能力の範囲でしか行動しない人（＝伸びる意志がない人）
- 失敗経験が少ない人
- 叱るとすぐ落ち込む人
- 失敗経験を活かせない人（語れない人）

図１　企業が採用したくない人

「社会では，能動的に自分で考え行動する能力，そして，周囲とコミュニケーションをとって助言や協力を得る能力が求められます。なぜなら，会社は常に顧客や世の中の動向をふまえて，新しい製品やサービスを開発していかなければ生き残れないからです。つまり，情報を収集してアイデアを出し，それを周囲に発信して批判してもらってブラッシュアップし，求められるものやサービスを効率的に提供する道筋をつけられる人が求められています。」

2）チャレンジすること，そして失敗の経験を積むことの大切さ

図２は，「フレッシュマンゼミナール」の初回の授業で実施したアンケートの結果で，学生の多くは失敗することに抵抗が

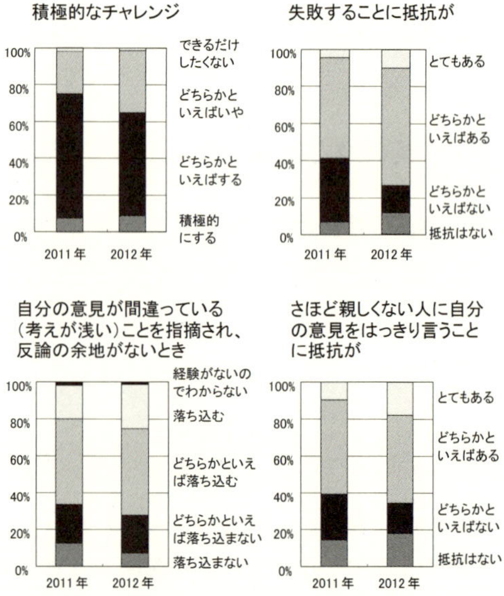

図２　アンケート結果

１年生だった2011年に「フレッシュマンゼミナール」で実施した結果と，２年生になった2012年に「技術者倫理」で実施した結果を示しています。入学後の１年間で消極的になってきていることがわかります。

あり，積極的なチャレンジをためらっていることがわかります。そこで2回目の授業で，この集計結果を示しつつ，以下のように話をします。

「自分で考える力を伸ばすには，様々なことにチャレンジし，経験を積むのが一番です。積極的にチャレンジし，そして，失敗を経験することによって自分で考える力がつきます。『失敗したことがない』は『簡単なことしかしたことがない』と同義で，全く自慢にはなりません。そもそも人間は失敗する動物ですから，失敗した時の対処法，気持ちの整理の仕方など，失敗の経験値を積むこと自体が大切なのです。ごめんなさいで済む学生の間に良い失敗をたくさん経験して下さい。」

3）批判してもらうことの大切さ

図2に示すように，学生は自分の考えを批判されることに慣れておらず，自分の意見を積極的に述べることに抵抗をもっています。そこで，2）と同様に集計結果を示しつつ，次のように話をします。

「最初から人を感心させるような意見を述べられる人はいません。様々な立場，考え方を知り，『意見を述べ，批判してもらい，修正する』を繰り返して完成度を高めることが大切です。間違えることよりも，自分の考えが進歩しないことを恐れなさい。」

3．1．2　初回授業での再度のアンケートの実施

「技術者倫理」では，上述のアンケートを再度，初回の授業で実施します。2回目の授業で，図2のように入学後の1年で消極的になりつつあることを示した上で，再度，自分の意見を批判してもらうこと，失敗の経験値を積むことの重要性を説き，以降に実施するグループ討論で積極的に発言するよう促します。

3．1．3　批判と非難の違い

昨今の学生は，批判することにもされることにも慣れていないので，グループ討論の前の週の授業で次のような話をしておきます。

「『非難』は人の欠点や過失などを取り上げて責めることですが，『批判』

は物事に検討を加えて，判定・評価することです。別の言い方をすれば，ある考えが成立する限界を明らかにすることです（図3）。最初から完璧な意見はなく，必ず批判されるものです。自分の考えをより良いものにするには，批判してもらうことは必須であり，批判してくれたことに感謝しなければなりません。」

あなたは幼稚だ・・・・・・・・・・・・・・・・・・・・・・・・・・・非難
その考えは幼稚だ・・・・・・・・・・・・・・・・・・・・・・・・・非難と取る人も
その考えは○○の場合には成立しない・・・・・・・・・・・・・・・・批判
その考えは○○の場合には成立しないので，こう考えてはどうか・・・より良い批判

図3　批判と非難

3. 2　授業の実施要領

まず，1コマで完結する「フレッシュマンゼミナール」での討論を例にして，授業の組み立てと運営方法を述べます。

3. 2. 1　事前準備

予め，机と椅子が移動でき，パソコンと実体投射機（OHC）が使える教室を確保し，1グループ7名の名簿を作成し，表2に示した役割分担とタイムスケジュールと共に両面印刷しておきます。また，各グループに，罫線入りのA4のミニッツペーパー4枚（出向者2名と説明者2名が1枚ずつメモに使う），A4の白紙4枚とサインペン（発表者用），討論する事例のシナリオ（資料）を配付できるように準備しておきます。

3. 2. 2　当日の説明

1）当日は，授業開始前からスクリーンに各グループの着席位置を映写し，教室の入り口で資料を配付し，自分のグループを確認して着席するように指示します。
2）チャイムが鳴る1～2分前に，スクリーンに写したように机を並べ替える

ように指示し，各グループの名簿最上位者に配付物を取りに来させます。

3) 授業が始まったら，表 2 を映写しながら，その日のスケジュールと 2.2 に示した実施要領を説明し，配付物をどう使うかを説明します。

4) 発表時間は 1 グループ 2 分以内とし，発表資料は，文章ではなく箇条書き（もしくはキーワード）で A4 の白紙 2 枚以内にまとめるように指示します。グループ番号とメンバーの氏名も書くように指示します。この際，資料は実体投射した時に読みやすいように，サインペンを使って大きな太い字で書き，最大でも 7 ～ 8 行までにするように指示します（例文を実際に実体投射して説明する）。これによって，字数が制限され，自然に 2 分以内に発表できるようになります。

5) 各グループの人数を確認し，5 名以下のグループがあれば，7 人のグループから移動させます。6 名のグループには，司会者が説明者 2 を兼ねるように指示します。

6) その後，まず各グループの名簿最上位者が仮の司会者となり，話し合いでもじゃんけんでも良いので役割分担を決め，討論を開始するように指示します。

3. 2. 3　討論のテーマ

初めてのグループ討論では，まず慣れることが大切ですので，誰でも必ず知っている「どこでもドア」をテーマに以下のような複数の議題を与えて議論をさせています。情報交換の際には，1 班→ 6 班→ 11 班→ 1 班と，あえて異なる議題のグループに出向させています。

課題：未来に帰るドラえもんが，どこでもドアをくれるという。次の状況で討論しなさい。

1 ～ 5 班	ドアを一つだけ恒久的に設置できる（一度設置したら動かせないが何度でも使える）。どことどこの間に設置しますか。
6 ～ 10 班	ドアを 500 個くれた。誰にどう配分してどう管理しますか。
11 ～ 15 班	皆がドアを持っていたら何が起き，どんなルールが必要になりますか。

3. 2. 4　討論内容の発表と講評

討論中に作成したレジュメを実体投射して発表させます。演者の交代がスムーズに行なえるように，次のグループの発表者には演題のそばでスタンバイさせます。発表が終われば，会場からの質問と意見を募りますが，その場での教員からのコメントは「面白いね」「これは気づかなかった」などのポジティブなものに限るようにします。思慮が足りない発表内容にはどうしても一言言いたくなりますが，以降のグループの発表者を萎縮させますし，その場での教員からのコメントは，発表する学生にとって，自身への非難のように感じられることが少なくありません。発表に対する批判は，全ての発表が終了した後で，総評として行い，「○○という意見がありましたが，△△の場合にはどうしたらいいでしょうね？例えば□□するなどの対策を考えればもっとよくなりますね。」[注3]などと図3に示した「よりよい批判」を教員自身が実践するようにします。

3. 3 「技術者倫理」での討論のテーマと議論の深め方

「フレッシュマンゼミナール」では，まず，グループ討論によって多様な考え方に触れる楽しさを知ってもらうために，どの学生にとっても身近でわかりやすい「どこでもドア」を題材としました。「技術者倫理」では，これを受けて，技術者が直面する安全性と経済性のトレードオフを扱った以下の2つの事例について，公益通報（内部告発）の是非を含めて議論させています。

3. 3. 1　ソーラーブラインド

窓のブラインドで太陽光発電をするシステムを受注した電気メーカーの技術者が主人公。システムが希に異常発熱してユーザーがやけどをする可能性に気づくが発売が迫っている。

3. 3. 2　ギルベインゴールド

PC部品メーカーの廃水処理部門の技術者が主人公。廃水中のヒ素を公定法ではなく感度の良い方法で測定すると，市が定めた基準を上回っていることに気づく。市は廃水を処理した汚泥を肥料として販売しており，このままでは作物が汚染されるが，上層部は「違法行為はない」として対策を拒否する。主人公は思い悩んだあげくマスコミに内部告発をする。

どこでもドア		ソーラーブラインド		ギルベインゴールド	
説明	10分	説明・粗筋	10分	粗筋	10分
討議1	15分	DVD視聴	25分	DVD視聴	25分
情報交換	10分	説明	5分	説明	10分
討議2	15分	討議1	20分	討議1	30分
発表	40分	情報交換	10分	情報交換	20分
		討議2	20分	討議2	30分
		発表	50分	発表	50分
		解説	40分	解説	40分

図 4　グループ討論の時間配分

「どこでもドア」は一日で完結するように設定していますが，「ソーラーブラインド」と「ギルベインゴールド」は，共にドラマ仕立てのDVDを視聴し，これを元に討論をさせるため，図 4 に示すように 2 ～ 3 週に分け，以下の要領で授業を行います。

事例のシチュエーションを確実に把握できるように，DVDを視聴する前に粗筋を説明します。また，討論の際にはドラマのシナリオを各グループに一部ずつ配付し，事実確認ができるようにしておきます。

ソーラーブラインドでは，安直に「発売を延期する」という結論に至ってしまう班が少なくないので，解説の際には，延期によって誰にどのような不都合が生じるか，関係者はその提案を受け入れるか，などを学生自身が考えるように誘導します。

ギルベインゴールドは，様々な利害関係者が登場し，法律にも不備がある複雑なストーリーなので，討論の時間を長目にとっています。また，より深い議論ができるよう，1 週目にDVDを視聴させた上でミニッツペーパーを渡し，自分が主人公であればどう解決するかを翌週までに書いてくるように指示します。さらに，2 週目の説明の時間に，「ソーラーブラインドでは，発売を延期するという結論に達した班が多かったのですが，上司や取引先から以下のような反論が予想されます。今回の討論では，ある行動を起こした時，相手がどう反応するかも考え，その対策を含めて議論するようにしなさい。」と指示しておきます。

・完成期日は不具合の修正を含めた期日
（不具合があったことは延期の理由にならない）
・生産，広告宣伝の準備は既に進んでいることへの対応は？
（既に投入した資金の回収が遅れることへの責任は？）
・不具合が起きる可能性（確率）はどれぐらいなのか？
（自動車事故が怖いから，と車に乗らないのはナンセンス）
・延期以外の対応策はどのようなものを検討したのか
（不具合があったので延期します，では子供と同じ）

4　まとめと今後の課題

より能動的にグループ討論に参加させるには，まず，コミュニケーション能力が社会で（就職に）必要な能力であること，そして，それには失敗の経験を積み，自分の意見を批判してもらうという経験が必要であることに気づかせなければなりません。その上で，グループのメンバー全員に明確な役割を与えれば，多人数のクラスであっても，グループ討議を成功させることができるはずです。

今後の大きな課題として，成績をどのように評価するかが残っています。現在は，グループ討論部分は出席点のみで評価していますが，新潟大学の丸山（2010）は，学生に相互評価させた結果を成績に反映させる方法を提案しています。公平性に注意が必要ですが，興味深い手法の一つですので，試してみる予定です。また，他にも，事例に対するレポートを書かせ，どれだけ多面的な見方をしたか（どれだけたくさんの利害関係者の立場を考慮したか）で評価する手法についても，今後検討する予定にしています。

注1）煮えたぎった鍋にカエルを入れようとしても逃げてしまいますが，水が入った鍋であればカエルはおとなしく入ってくれます。この鍋を火にかけると，カエルは自分がゆでられていることに気づかず，最後には「ゆでがえる」ができあがる，という話です。人は必ずいくつかの組織に属しますが，ある組織に属すと次第にその組織の考え方や価値観に染まり，それが世の中の標準であるかのように錯覚

し，事故や不祥事につながります。

注 2 ）メンバーを組み換えながら，4 ～ 5 人単位の小グループで話し合う形式です。あたかも参加者全員と討論しているような効果が得られます（http://world-cafe.net/about-wc.html）。

注 3 ）その場で対策が思いつかなければ，「何かいいアイデアはありませんか」と語りかけるとよいです。発表を翌週にする場合は，授業の終わりに発表用の資料を一旦提出させれば，翌週までじっくりコメントを考えることができます。実体投射機が利用できない場合は，提出させた資料をスキャナーで取り込めばプロジェクターで映写することができます。

参考文献

片倉啓雄（2009）「技術者倫理教育の目的は何か：社会の安全・安心との関連を中心に考える」，電気学会研究会資料 . IEE Japan 2009，（44），pp.1-6.

片倉啓雄，堀田源治（2008）『安全倫理』，培風館.

丸山武男（2010）「「科学技術者の倫理」の実践報告」，電気学会教育フロンティア研究会資料 FIE-10, pp.29-34.

第12章　専門分野の異なる三大学連携の教育

システム理工学部　倉田純一

科目名：医工薬連環科学，福祉工学概論
科目の位置づけ：専門選択科目，講義，3年生向け授業
（大阪薬科大学・大阪医科大学では1年生向け講義）
受講生数：医工薬連環科学（関西大学7名，大阪医科大学102名，大阪薬科大学27名）
福祉工学概論（関西大学71名，大阪薬科大学165名）
キーワード：医工薬連環科学分野，十字モデル，ワークシート

あらまし：「医工薬連環科学」は，関西大学・大阪医科大学・大阪薬科大学の3大学で共同実施している戦略的大学連携支援事業において，3大学の教員がオムニバス形式で行う，大阪薬科大学開設科目です。関西大学の学生は「医工薬連環科学科目群」として登録されている科目のひとつとして履修することができ，学科によっては卒業に必要な選択科目として算入することができます。平成24年度から本格的に教科書作成へむけて編集会議が重ねられていますが，平成25年度はサブテキストとして講義資料をまとめる作業を本格始動させています。異分野の学生が受講するために，他大学学生の気質や受講姿勢などに関する情報を得ながら，ワークシートなどを作成して講義内容の向上に努めています。

1　三大学連携教育活動の概要

関西大学・大阪医科大学・大阪薬科大学の3大学が共同して行う三大学連携教育活動は，関西大学が代表校となり，大阪医科大学と大阪薬科大学が連携校として平成21年度文部科学省戦略的大学連携支援事業に採択された，

「『医工薬連環科学』教育システムの構築と社会還元－分子から社会までの人間理解－」において実施されています。実施期間は平成21年度から平成30年度までの10年間で，当初３年度が文部科学省による財政支援期間で，現在は３大学が運営費を供出して運営しています。

本活動は，2008年（平成20年）１月に発表した共同学部構想に端を発しています（関西大学2008)。共同学部設置は，「21世紀「生命の時代」を担う医学・工学・薬学を学際的に学んだ人材，かつハード面のみならずソフト面（教養，心理，倫理など）も兼ね備えた看護師の育成を目的として，大阪に新しい風を起こす」ことを目的としていましたが，看護師育成以外にも医療産業・製薬産業に寄与する人材育成も視野にいれたカリキュラムを策定していました。共同学部設置基準の必要教員数などの問題から共同学部設置は延期されていますが，本取り組みの副題「分子から社会までの人間理解」は共同学部のカリキュラム設計のキーワードで，本取り組みに当時の教育理念が引き継がれていることを示しています。

本教育活動では，直接的に医療に関わる医学・薬学・看護学と，それらの分野を支援しながら間接的に医療に関わる工学との対等な関係での融合を目指し，それぞれの分野の職を互いに理解・尊重することのできる広い視野を有する人材育成を目的としています。本活動は，以下の３つの取り組みに分けられます。

取り組み１：「医工薬連環科学」分野の教育課程の構築

取り組み２：「医工薬連環科学」教育の効果的実施のための教育支援システムの構築と教育環境の整備

取り組み３：「医工薬連環科学」分野の教育活動成果の社会との共有による「地域社会」への還元

取り組み３については，①小学校への出張講義，②自由研究顕彰制度，③JST（科学技術振興機構）サイエンスキャンプの実施，④子ども体験コーナーを併設した高槻家族講座や医工薬シンポジウムの開催，⑤夏休み科学実験など，高槻市を中心として実施しています。詳細については関西大学・大阪医科大学・大阪薬科大学医工薬連環科学教育研究機構のホームページ

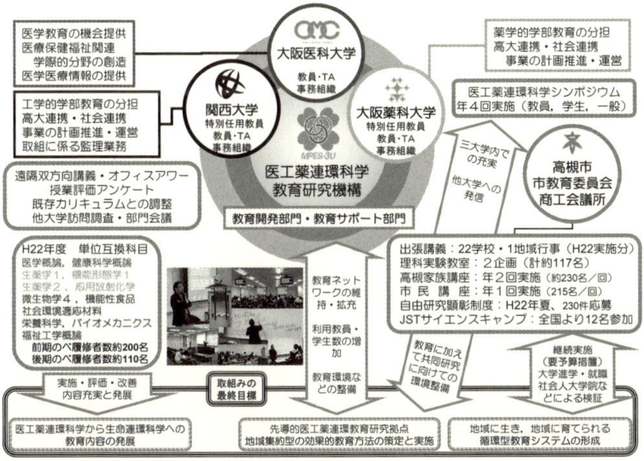

図１　関西大学・大阪医科大学・大阪薬科大学医工薬連環科学教育研究機構の取り組み概要

（http://www.kansai-u.ac.jp/mpes-3U/）に掲載しています。

三大学連携教育としては，取り組み２で構築した遠隔講義システムと特別任用教員の活用により「臨場感のある双方向講義」の実現を目指し，取り組み１において医工薬連環科学分野の教育課程を構築しています。大阪薬科大学や大阪医科大学では，ほとんどの曜限が厚生労働省管轄のコアカリキュラムに充当されており，科目新設をしても履修者数が見込めずに教育プログラムの狙いが希薄になることも懸念されたため，できるだけ既存の科目を利用した単位互換プログラムの構築を進め，新設科目としては本章の対象とした「医工薬連環科学」だけに限定して他の特別実技・実習は時間外に実施しています。

2　単位互換システムの構築

2. 1　講義時間割や学則変更

関西大学，大阪薬科大学では，年次を問わず１講義時間は 90 分ですが，大阪医科大学医学部では１年次のみ 90 分で，２年次以上は 60 分講義となっています。また，2009 年（平成 21 年）当時には，大阪薬科大学の午後の講義開始時刻が，他大学の時間と異なる問題がありました。すなわち，同じように５時限の講義を行っていても，遠隔講義システムを利用して同時間に講義を受配信することができず，受配信可能な曜限が限定されてしまい，開講講義数がわずかとなる問題です。これについて初年度は，各大学で該当時間だけの開始時刻を繰り上げ・繰り下げることで対処していましたが，２年目からは大阪薬科大学が他大学の講義開始時間に合わせるよう講義時間帯を変更したことにより，時間割を統一することが可能となりました。また，大阪医科大学においても，すべての年次で90分講義とするようカリキュラム改革が進められていますので，近い将来にはすべての年次についての講義時間帯が同一となり，単位互換対象科目の増設が見込まれています。

単位互換科目の位置づけとしては，関西大学では３年次以上の選択科目，大阪医科大学では１年次対象の大学コンソーシアム大阪提供科目と同一科目，大阪薬科大では１年次対象の教養選択科目となっており，また，卒業に必要な単位に算入可能か否かも各大学で異なっています。履修者数の増加を望むためには，できるだけ明確な形で科目の位置づけを示すことが必要と判断し，関西大学では事業年度を進めるごとに，他大学開設の自由科目から「医工薬連環科学科目群」として学科が定める単位数を上限として卒業に必要な専門選択科目の単位数として算入できるよう，段階的に学則改定をしました。この学則整備により科目の位置づけが明確となって成績票に医工薬連環科学科目群として明記されることは，学生のキャリア形成に対して有効になると考えています。他の２大学では，厚生労働省管轄のコアカリキュラム

写真１　小学校への出張講義風景

写真２　遠隔講義風景

のために学生が自由に選択して履修することができる科目数が限られていますので，配置曜限の調整や，卒業に必要な単位数に算入できない自由科目のままでも履修指導によって，履修者数の拡大と科目の位置づけの明確化に努めています。

2. 2　臨場感のある双方向講義の充実に向けた特別任用教員の活用

遠隔講義システムを用いた双方向講義の配信は，配信側の呼びかけに受信側が応えることができるという意味では「双方向」でありますが，実際には講師や講義資料（コンテンツ）が映像で届けられるため，受信側大学の受講生は受け身になることは否めません。講師が眼前に居ないために臨場感が損なわれていることは，遠隔講義システムを使用している以上，避けがたい事実です。そこで，できるだけ臨場感を持って受講できるよう，以下の工夫をしています。

・教員の出校により，他大学受講生の眼前で講義する
・他大学へ受講生が出向き，特別実習を行って講義を補完する
・他大学学生と直接交流することにより，遠隔講義システムの利用だけでは発掘できない問題点の抽出を行う
・特別任用教員の立会いにより，学生の受講態度から理解が困難な点や講義の改善点についての提案を行う

特別実習では，主に関西大学の学生が大阪薬科大学へ出向き，同大学の施設を利用して「生薬学１実習」や「機能形態学１実習」をしていますし，また，関西大学がアレンジをして学外研究機関の見学と特別講義を企画し，大阪薬科大学の学生などが参加するなどして交流しています。

これらの活動により，大学間の垣根が低くなり，学生や教員の交流が進んでいます。その結果，学生と他大学教員との間に親近感が沸き，映像を通していても講師を意識することができて臨場感が高まり，教育効果の向上に寄与していると考えます。

このような活動を行うためには，特別任用教員が大きな役割を担っています。特別任用教員はすべての単位互換講義に参加し，未修得分野の解説や質

問に対する応答，生薬標本の提示など「臨場感のある遠隔講義」とするよう努力し，遠隔講義環境と教育効果を向上させています。また，学生の受講態度から，他大学の教員に対しても講義内容の改善につながる提案をしており，FD活動においても重要な役割を担っています。たとえば，前述の特別実習も，実習なしに理解を深めることが困難な理系特有の学修形態でのFD活動のひとつです。座学だけでは現象をイメージしにくいため，相互に実習科目を解説してはどうかという提案が相互になされ，各大学での実習は3コマ×15週程度の時間を必要としますが，自大学の学生へ行う実験内容を圧縮して根幹に係る部分だけを実習させることにしました。特に，関西大学では動物実験が実施できませんので，大阪薬科大学の機能形態学実習は非常に貴重な体験となっています。

2. 3　学習背景が異なる学生の受講姿勢の違いと異分野対象講義の問題点

本節で対象としている2科目を通して感じ取る学生の受講態度の違いをまとめると，次のようになります（表1参照）。

3大学の学生と直接交流しながら講義をしていると，学生の受講態度の違いが明確であることに非常に強い印象を受けています。受講態度の違いは単に学習背景が違うことに依存しているわけではなく，それ以上に，キャリア形成，端的に言えば，卒業や国家資格取得に対する関与の度合いなどに強く依存しています。そのため，関西大学の学生と比較して，講義に意義・興味を持たない学生が多く含まれていることが予想されます。また，時間割上の配置によっては，100名近い学生が受講することになり，モチベーションがあまり高くない大人数の学生に対する教育を，遠隔講義システムという臨場感の少ない受講環境で行わなくてはならず，特別任用教員の支援を得ながら常にFDを意識した講義を行わなければ，教育効果は上がらないと考えられます。これらのことについては，講義ごとに実施している授業評価アンケートの結果からも窺えます（関西大学2012，2011，2010）。

受講態度やモチベーションなど，多くのことがマイナスイメージになりがちな異分野の遠隔講義ですが，この講義のメリットは，「双方向講義である

表1　受講態度の違い

<table>
<tr><th>関西大学</th><th>大阪薬科大学</th><th>大阪医科大学医学部</th><th>大阪医科大学看護学部</th></tr>
<tr><td>関西大学の学生は3年次以上であり，また，選択科目として単位を算入させることも可能であることから，教員などによる履修指導によって興味ある科目を自由に履修している</td><td>大阪薬科大学の学生は，どの学年においても週20コマを越える必修科目が配置されているため，非常に限られた選択科目としての位置づけであり，開設される曜限によって履修者数が大きく増減する</td><td>大阪医科大学医学部の学生は，大学コンソーシアム大阪提供科目と同一の科目配置であるため，教養科目の選択肢の一つとしては他の科目と同じであるが，他大学へ出向くことなく自大学で受信・受講できることから，その利便性のために履修する傾向が強い</td><td>大阪医科大学看護学部の学生は，卒業に必要な単位として算入されない自由科目の位置づけであるが，教員の指導により履修している者が多い</td></tr>
<tr><td>・工学分野の学生は，学習中の専門科目の内容が実世界，特に，医工薬分野でどのように活用されているか知らない者が多い</td><td colspan="3">・医・薬分野の学生は，共に，国家資格を得ることがキャリア形成の基本となるため，国家試験に直結した講義科目に比較して教養選択科目に対しては受講態度が芳しくなく，初年次学生には特にその傾向が強い
・キャリアに直結した専門職教育も質向上だけでなく，広い視野をもつ教養教育の充実について大阪医科大学・大阪薬科大学の教員は苦心しているが，低学年の学生にはその重要性が受け入れられていない
・国家試験を意識した学習をしているため，異分野科目を学ぶことに意義や興味を持てない学生がおり，履修に際しては，講義に対する興味よりも受講の利便性などを優先する傾向が強い</td></tr>
<tr><td colspan="3">薬学・工学分野の学生は医学分野の講義に興味が強いようであるが，医学分野の学生は自分野への興味ほど異分野への興味を持たないように見受ける</td><td></td></tr>
</table>

ので呼びかければ受信側からの応答を得ることができ，それによって同じ講義を他所で受講している学生が居ることを相互に意識し合える」双方向のやり取りを実現することができることです。このためにも，特別任用教員は重要な役割を持っています。この双方向性を利用して3つに分断されている講義箇所をつなげて一体感を感じさせ，異分野他者の存在と対話を通して他分野に興味を持たせることができると考えています。その結果，他分野・他職種へ対する尊厳と理解を深め，それによって自分野・自職種に対する意識を向上させることができると考えています。この自分野意識の高揚の効果を改善するため，以下の講義改善，特に，教科書編集会議での議論が大きく寄与しています。

3 「医工薬連環科学」の構成と講義改善

三大学連携教育プログラムにおいて，既存の講義科目以外で15回の講義時間を有する唯一の新設講義科目です。3大学の教員がオムニバス形式で，分子・細胞・個体・社会の各レベルでの人間機能理解のための分担を次のように定めて，講義内容を策定しました。

- 関西大学：医療・福祉分野で要求される計測・分析手法や工学的製造，バイオエンジニアリングなど背景技術の教育
- 大阪医科大学：基礎的な医学教育の分野を分担し，医療・福祉分野への教育
- 大阪薬科大学：基礎的な薬学教育の分野を分担し，創薬科学や医薬品の安全性に関する教育

講義の全体構成は，ある3世代同居家族の日常生活と関連付け，身近な出来事を導入として物語形式で展開して，学生にとって3分野の関連が理解しやすいように配慮しました。

3. 1 導入シナリオの採用と各分野学問特性との整合性

医学・看護学では治療やケアなど人を直接対象とするため，導入シナリオとして日常生活における疾病の発生をテーマとすることは当然の展開として受け入れられます。また，工学では，他の医工連携プロジェクトでも指摘されているように，医療現場での工学分野の成果活用が学生にイメージできないことがあり，その関連付けのために日常生活を導入シナリオとすることは有効であると判断できます。しかし，薬学においては，服薬指導などは日常生活と密接な関係はあるものの，薬剤師の作業のひとつにしか過ぎません。薬学分野と他分野の関わりを示すには極端に矮小化された切り口となるため，人の経時変化に沿った導入シナリオの採用は，分野の特性と整合性の低いものとなりました。その結果，大阪医科大学提供テーマは「誕生⇒思春期⇒壮年期⇒老年期」の4段階で明確に時間の経過と共に展開され，関西大学

提供テーマは大阪医科大学が提示したトピックスを承継する形で，「検査技術，医療用金属材料，医療用高分子材料，再生医療用材料，食品化学，福祉機械」の6テーマを提供しています。一方，経時変化と整合性を保てない大阪薬科大学提供テーマは，薬のシード発見から医薬品ができるまでのプロセスを，生理活性分子の製薬・薬理学・薬剤学・製剤学の4つの観点としています。

医学・看護学⇒薬学⇒工学の順で講義を開始しましたが，3大学の学生の受講態度やアンケート結果から，提供される各テーマ間のつながりが学生に十分読み取れず，「医工薬連環科学」という学際融合分野をイメージさせることが困難になっていることが示されました。他の取り組みにも参加して医工薬連環科学分野の活動に対して理解のある関西大学の3年次学生でさえ，「講義内容が単にアラカルト形式になっているように感じている」と回答していたため，専門職教育の修得にのみ関心が高い他の2大学の初年次学生にとっては，さらに断片的な印象を与えていると判断しました。そこで，急遽，関西大学の提供するテーマ内容を変更し，「医工薬連環科学」という講義科目の講義のねらいと修得目標についての講義を行い，受講で特に重要な留意点を示すという3．2節で紹介している受講ガイダンスを行いました。キャリア形成に直接つながる医学や薬学といった学問分野や学科の特性は，異分野連携教育において最大の問題点であり，カリキュラム構成についての最大の留意点となっています。平成24年度には，受講ガイダンスに対応する講義を明確化して第1回目に講義するなど，3大学学生の講義に対する留意点の共通化に向け留意した構成に変更しました。

3．2　医工薬連環科学科目の位置づけ

受講ガイダンスにおいて，医工薬連環科学分野での講義科目についての位置づけとして，図2を示しています。

医工薬連環科学分野では従来分野が階層的に配置されていて，それぞれの分野において日常的な導入シナリオに対応するトピックスが含まれるテーマが提供されます。それぞれのテーマの関連を分野横断で垂直方向に繋げるも

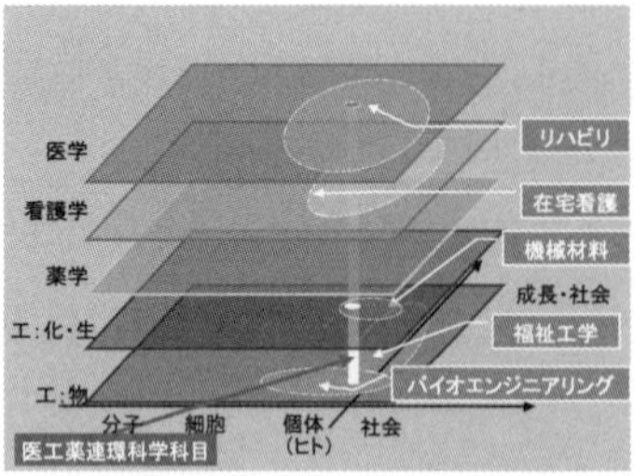

(a) 福祉分野を例にした医工薬連環科学

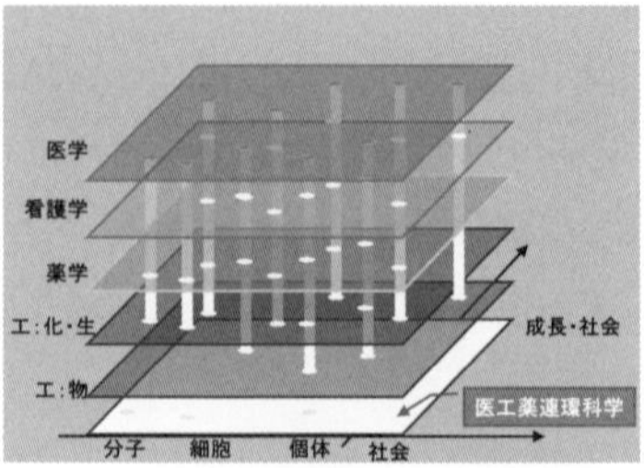

(b) 医工薬連環科学分野の科目群

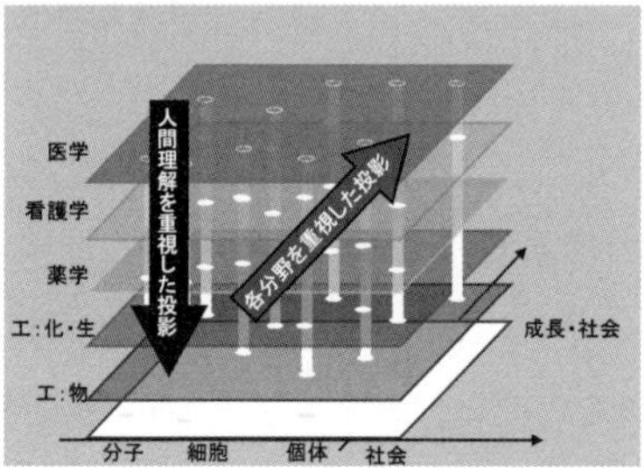

(c) 各分野から医工薬連環科学への投影

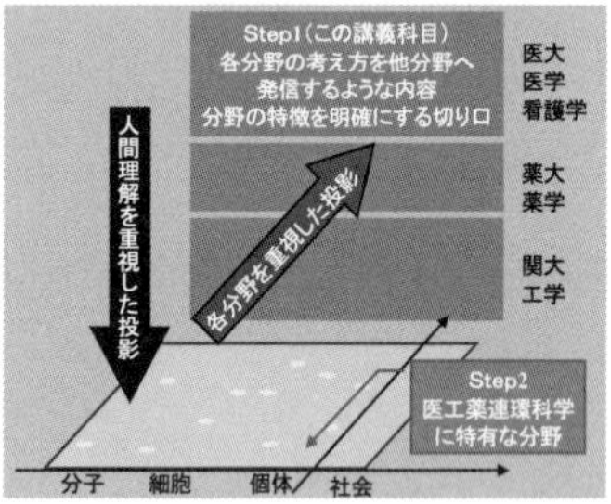

(d) 投影の違いと分野深化の関係

図2 医工薬連環科学分野の従来分野との関連

のが，本来の医工薬連環科学分野の科目の位置づけです。一方で，他分野を意識するためには従来分野の特徴に沿った形で各テーマを講義することが役立つと考えられ，分野ごとに水平方向へとつなげるものも重要です。大阪医科大学の講義構成は前者に近く，大阪薬科大学の講義構成は後者になっていて，関西大学の講義構成は前者と後者を織り交ぜたものになっています。

3. 3 「医工薬連環科学」教科書作成と学習目標の変化

医工薬連環科学の講義内容の向上を図るFD活動のひとつとして，共通教科書の編集を始めています。教科書作成は，各大学間の受講年次による科目配置の相違や，講義内容に期待する専門性の高さなどに関する3大学教員の意識の統一についても有効な作業になっています。編集作業の結果，平成25年度以降の講義について，以下のような変更が期待されています。

・受講対象は初年次として，教養科目としての位置づけを強く意識する

・医療の恩恵を享受する利用者を支える職業意識を高めるため，他分野の職業意識を理解することで，自身の職業アイデンティティーを高める
・医療の利用者に対して，他分野を理解した広い視野から提案することができる人材育成を目指す

専門科目的な色合いは薄め，他分野理解に重心を移した学習目標への変更を実践するために，従来の講義の配布資料を統一した形式で整備してサブテキストとして使用するよう作業を進めています。特徴的な構成は，以下のとおりです（図 3 参照）。

・A4 見開きとして，左ページに講義内容をコーネル形式に準じた形でまとめる
・右ページは自身との対話のために使用するため，講義のまとめ欄と他者への理解を深める欄を設ける
・他者への理解を深める欄では，医師・看護師・薬剤師・工学技術者の立場での「つぶやき」を記述し，それによって自身のアイデンティティーを高める

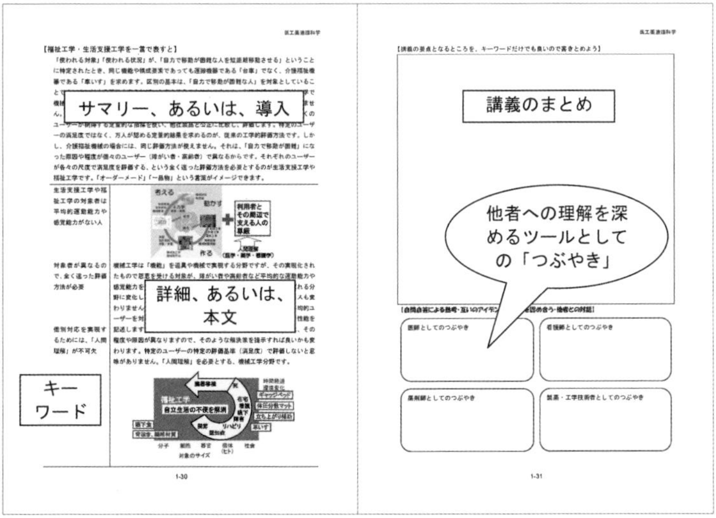

図 3　医工薬連環科学サブテキストのサンプル

4 おわりにかえて

入学時に強くキャリア形成を意識している異分野学生は，本学学生と全く異なる学習意識を持っているため，3大学の学生に共通した意識を持たせることが最も重要で労力を払うべき点であることを痛感しています。また，表現能力やレポート作成に対する意識も異なるため，同一の採点基準を設けることも困難です。そこで，「議論の十字モデル」（牧野2008，関西地区FD連絡協議会2013）を利用したワークシートを作成して講義の留意点や注意すべき点へ誘導するなど，意識の共通化への工夫は不可欠であると考えて実践しています。

参考文献

関西地区FD連絡協議会，京都大学高等教育研究開発推進センター（2013）『思考し表現する学生を育てるライティング指導のヒント』，ミネルヴァ書房.

関西大学（2008）『3大学で全国初の共同学部を設置』，関西大学プレスリリース No.34.

関西大学・大阪医科大学・大阪薬科大学医工薬連環科学教育研究機構（2012）「平成23年度実施報告書」，同（2011）「平成22年度実施報告書」，同（2010）「平成21年度実施報告書」.

牧野由香里（2008）『「議論」のデザイン　メッセージとメディアをつなぐカリキュラム』，ひつじ書房.

付記・謝辞

この取り組みの一部は，平成21～23年度の間，文部科学省戦略的大学連携支援事業の助成を受けました。医工薬連環科学教科書編集会議に参加された，大阪医科大学寺崎文生，佐々木くみ子，大阪薬科大学掛見正郎，高岡昌徳，銭田晃一，関西大学河原秀久，坂元仁，関西大学教育開発センター齋尾恭子の各先生方の熱心なディスカッションに感謝いたします。

第13章　思考を促す会計教育

会計専門職大学院　柴 健次

科目名：会計科目全般
キーワード：専門家，教師と学生との出会い，国際財務報告基準，分からないメソッド，暗記の効用

あらまし：「能動的な学び」を促すには，一見矛盾していますが，教師主導の「思考を促す教育」が必要です。そのためには，真の教師に徹して，学生のいかなる解答も否定してはならず，無限の質問の連鎖の効用を学生の前で実践してみるのです。すなわち，思考は断絶しないことを実践して見せるのです。

1　はじめに

第3部のテーマが「学生の能動的な学びを育む学習環境のデザイン（多人数講義編)」です。本章のタイトルは「思考を促す会計教育」です。このテーマ設定から考えてみましょう。本章のテーマは二つのことを含んでいます。一つは，従来の教育が学生の能動的な学びを予定していなかったことへの反省です。いま一つは，学生に能動的な学びを求めても，その方法すらわからない者も多いので，教師が主体となって「学生が能動的に学ぶとはどういうことか」を教えるということです。後者は明らかに矛盾していますが，従来への教育の反省を従来の方式で変えようというものです。

次に本章のテーマが「思考を促す会計教育」です。第3部のテーマの意図するところと矛盾すると表面上は見えるにしても，学生に「思考を促す」こ

とが求められているのです。学生が思考することによって能動的に学ぶことが普通であるなら，かかる課題は掲げるまでもないことなので，ここでもやはり矛盾を含みながらも，教師主体で学生に学習姿勢の改革を求めようというものなのです。

2　専門家について

教師は教育の専門家だと一応言えます。一応とは，初等・中等教育のように教師が教育する資格を保有するとか，大学教育のように無資格でも教育することを大学から認められているという意味です。後述しますが，だからといって「教師らしい教師である」とか「真の教師である」とかが保証されているわけではないということなのです。

たまたま研究の機会があって，日本の公認会計士は「公認会計士らしい会計士である」のか，「真の公認会計士である」のかといったことを議論し始めました。百合野他（2012）がその結果です。そこで，公認会計士に対して「専門家の条件」とは何かについての意識調査を行いました。その結果，仮説として提示したうち以下の５つの要素が支持されました。

① 先例のない難題に対して新規に解決の道筋をつける能力を有する人である。
② 公益に奉仕するという使命感がある人である。
③ 利益相反の状況で自分の利益を優先しない人である。
④ 高度な専門的知識を有した職能が備わった人である。
⑤ 社会正義を考えて行動する人である。

この意識調査の前に考えた素朴なアイデアがあります。支持された仮説の①を識別基準としてアイデアを練ったのです。加えて，その個人なりに，理念や哲学を有する人がどうかも第二の識別基準として採用しました。その結果，表１に示すように４種類のタイプの専門家に分類できると考えるようになりました。そのアイデアをベースにして，「先例のない難題」を「経営リテラシーの普及」と置き換えて経営関連の教師に意識調査をしました。それが柴・森田・岩﨑（2012）です。その回答結果を見ていると，表1の「行動しない専門家」が多いことが予感させられました。

表1　専門家の4タイプ

	先例のない難題に対して頼るべきものがなくても自ら解決する人	先例のない難題に対して自ら行動しないでただ指示を待つ人
理念・哲学を有する人	理念・哲学を有した 研究者タイプの専門家	理念・哲学を有しても 行動しない専門家
理念・哲学を持たない人	理念・哲学を有しない 実践家タイプの専門家	理念・哲学を有しない 行動しない専門家

同じことが学生についてもいえます。つまり「学生らしい学生」とか「真の学生」を想定してみるのです。表1の「先例のない難題」を「新しい学習課題」に置き換えてください。また「理念・哲学」を「学習方法」に置き換えてください。それが表2です。

表2　学習者の4タイプ

	新課題に対して教師がいなくても理解する人	新課題に対して教師の指示があるまで学習しない人
学習方法を確立している人	方法論を有した 研究者タイプの学習者	方法論を有しても 行動しない学習者
学習方法を確立していない人	方法論を有しない 実践家タイプの学習者	方法論を有しない 行動しない学習者

3　教師と学生の出会い

私が問題としているのは「教師と学生の出会い」でした。そこで，様々なタイプの教師と学生の出会いを表3にしてみました。表自体についてはあえて説明するまでもないでしょう。これまでの議論では論理的に16のタイプの出会い（教育上の相性）があるということを示しています。表3が示唆す

表3　教師と学生の出会い

	理念・哲学を有した研究者タイプの教師	理念･哲学を有しない実践家タイプの教師	理念・哲学を有しても行動しない教師	理念・哲学を有しない行動しない教師
方法論を有した研究者タイプの学生	①	②	③	④
方法論を有しない実践家タイプの学生	⑤	⑥	⑦	⑧
方法論を有しても行動しない学生	⑨	⑩	⑪	⑫
方法論を有しない行動しない学生	⑬	⑭	⑮	⑯

るように学習環境デザインはきめ細かく考える必要があるとの考えが私を支配するようになりました。

表3が意味することは，理想的教育環境は①「理念・哲学を有した研究者タイプの教師」と「方法論を有した研究者タイプの学生」の出会いだろうと思います。しかし，教師と学生に意欲があれば②「理念・哲学を有しない実践家タイプの教師」と「方法論を有した研究者タイプの学生」の出会い，⑤「理念・哲学を有した研究者タイプの教師」と「方法論を有しない実践家タイプの学生」の出会い，⑥「理念・哲学を有しない実践家タイプの教師」と「方法論を有しない実践家タイプの学生」の出会いもほぼ理想的と言えるかもしれません。しかしながら，本書の出版が必要とされるところを推察すれば，実は，①から⑯のすべての出会いが教育現場で混在しており，教師が単一の方法で学生に接する限り，教育効果が挙げられないという問題が前提となっているように思えるのです。

表3の対角線上の①，⑥，⑪，⑯が必ずしも良い教育環境であるとはいえません。しかし，その周辺を含んで右下がりの順に，大学院の教育環境（①，②，⑤，⑥），大学学部の教育環境（⑥，⑦，⑩，⑪），専門学校の教育環境（⑪，⑫，⑮，⑯）の主要部分を表現していると読み替えることはできるのです。反対に，たとえば，①と④と⑬と⑯といった出会いを特徴とする教育

環境は考えにくいということをも示しています。とはいえ，いずれの教育現場にも例外を含むと①から⑯のすべての出会いを含むことも考えておかなくてはなりません。

4　国際財務報告基準をどう教えるか

会計学者も教育の現場で悩んでいます。その一つに国際財務報告基準（ＩＲＥＳ）をどう教えるかという問題があります。

各国にはそれぞれ会計基準があります。法律と似ています。一方，グローバリゼーションの進展で，会計基準の統一が求められてきました。ＩＦＲＳがその到達点のようです。各国は自国基準の生産をやめてＩＦＲＳを全面的に採用するか，自国基準を維持しつつ一部でＩＦＲＳを導入するか，あるいはその他の方法かという選択に迫られています。国際的企業や公認会計士など国際資本市場で仕事をする者にとってはＩＦＲＳの習得は死活問題です。一方，大多数の中小企業はこの国際的動向に関わらない可能性があります。ＩＦＲＳを理解する必要性について温度差があるのです。では，大学はどうでしょうか。

柴（2013）で詳細に記述していますが，我々日本会計研究学会スタディ・グループも教育問題で多くのことを学びました。当初，初級，中級，上級の3段階に分けて教授内容を仕分けして，3巻本の教科書を作れないかということを議論しました。欧米にこのタイプの定番的教科書が多いのに日本ではないからです。しかし，日本基準だけでなく，常時改訂される膨大なＩＦＲＳを限定された講義時間で教えきれないのではないか，初級・中級・上級の区切り方が難しい，そこでＩＦＲＳに対する必要性によって学ぶ内容が変わるのではないかといった疑問です。堂々巡りで議論が収拾しませんでした。

そこで，我々は，会計に関する教育方法論を提示する必要があること，またＩＦＲＳを題材としながらも会計一般の理解を深めるような教授法があるのではないか，ということを議論し始めました。「思考を促す会計教育」に通じますが，ＩＦＲＳは原則主義の会計基準であり，事細かに規則を定めていません。これは多かれ少なかれ細則主義であった多くの国に影響します。これが教育の現場では「原則主義で考える」という課題になります。ある取引の会計処理をどのようにするかの細部にわたる基準がないので，会計処理に困ったときは概念フレームワークと称される基礎概念集に立ち返って考える必要があるのです。こういう教育は日本の大学では得意だったように思いますがどうでしょうか。

そもそも，会計基準という社会的規制にこれといった一つの正解はないので，現在の会計基準を理解するためには，対立する複数の考えのうちいずれが採用されているのか，またその理由は何かを知る必要があります。ですから３千ページにも及ぶ会計基準を通読したからといって，現在採用されている基準の意義を理解できるとは限りません。しかし，会計実務の現場では，現行基準を隅から隅まで理解している必要があるかもしれません。これに対して，大学教育の現場ではそうする必要性がありません。というより，会計基準の社会的意義，ＩＦＲＳという国際基準の意義を理解する必要があります。しかも，会計の専門家をめざす者もいれば，そうでない者もいます。ですからＩＦＲＳの相対化が重要だというのです。以上が，柴（2012）と柴（2013）の要点です。

5　どのように会計教育を行えばいいのか

私は自分が関与した研究のうち，今回のテーマに関連しそうな４つの研究について，その動機や議論の主題や暫定的な結論を述べてきました。これら未完成の研究から学んだことは，本書が解決しようとしている「先例のない難題」に教育専門家として取り組んで解決しなければならないということでした。本章の小括として，私が試み，あるいは試みたいと思う内容をこれまでの議論に基づいて要約してみます。

5．1　教師としての私の姿勢

教師という専門家である私は「先例のない難題に対して新規に解決の道筋

をつける能力を有する人」でありたいと願っています。教育は教師が主体であるという発想を転換して学生が主体であると考えて教育現場に臨みます。そこでは色々なタイプの学生と出会いますので，一つの方法で全員を満足させることはできません。幸い，多くの教師を抱える大学では学生との接し方の異なる多様な教師が存在しているので，私の講義の欠点は他の教師によって補われるであろうと割り切る必要があります。

その上で，会計教育に関しては，会計が社会的な制度であり，技術であることを踏まえて，会計の規制にただ一つの解は求めきれないということを十分に納得させる必要があります。この姿勢は，他の社会科学でも同じだと思います。そのような性質を理解させたうえで，日本の会計基準にしても国際的な基準にしてもこれを相対化したうえで，社会的には複数の異なる考え方のうちからある考え方が採用されていることを理解させる必要があります。その時に，他の考え方を基準にしてもよいのに，どうしてある考え方が採用されているかを考えさせる必要があります。

5. 2　本質に接近する質問法

そこで有効な方法は，議論の対象の本質に到達するまで，繰り返し質問を続けていくという方法です。とかく人前で指名されることに慣れていない日本人は，最初は嫌がりますが，教師からどのような答え方から始めても良いとアドバイスされると，徐々に積極的になります。教師である私は，どのような答えも否定せずに，出てきた答えから可能な限りその理由を問い続けるのです。ですからシナリオはありません。いわば，カウンセリングと似ています。学生に対して「自分で答えを出したという経験」を味わってもらうことが重要なのです。これは教師である筆者からみた説明です。

5. 3　分からないことの効用

しかし，学生には次のことも要求します。わからないことを蓄積しなさい，と。わからないことは学習が進まないことではありません。わからないと思うことはわかりたいと思う出発点です。メモしてもいいし，記憶してもいいですが，あれがわからない（から知りたい），これもわからない（けど知りたい）と自身に言い聞かせるという刺激を与え続けると学習意欲が増してきます。学習意欲が十分にわかないうちに逃避行動を採るとわからないことの蓄積に関心が及ばないからです。これを「わからないメソッド」と名付けました。これは学生への要望ですが，学生から見た説明でもあります。

5. 4　休憩としての暗記学習の効用

しかし，哲学の実践をしているわけではないので，少し休憩が必要です。その際には，あまり考えないでも正解に近づける大量の問題が良いかもしれません。コンピュータとインターネットを利用した，あるいは最近の携帯端末を利用した知的なゲーム感覚の問題集が良いかもしれません。しかも繰り返し問題を解くには，毎回の出題がランダムに出てくる形式が効果的です。さらに学習意欲を高めるには平均点で8割以上をとれるように作問することも一つの工夫です。ややもするとこうした学習は暗記型であると批判されますが，言語に似て一定程度単語が蓄積されないと自由に話せないのと同じで，専門用語の蓄積も必要です。社会が問題にしているのは，暗記学習ではなくて，暗記学習のみに頼ることなのです。

5. 5　会計言語になじませること

以上4項目は会計以外でも通用すると思いますが，いわゆる専門用語も含めて，会計という技術に固有の知識を習得させる必要があります。それは簿記と財務諸表です。このふたつの意義と仕組みがわかると，言語の壁を越えて外国人との会話が成立します。それゆえ，会計情報一般について，これはビジネス言語だと表現されることも多いのです。しかし，数字嫌いという学生の意識を簡単に変えることはできません。世に無数の簿記書がありますが，ページを繰っても繰っても飽きない工夫が必要だと感じています。そのためには，簿記会計の問題と並んで，数的処理の能力を養う問題が重要に思います。これまでの多数の試みをしていますが，SUDOKUのようなアイデアまで昇華されていません。筆者の今後の課題です。

思考を促す会計教育のために以上のようなことを実践してきました。会計言語になじませる工夫を繰り返してきましたが，単発のアイデアの連続であり十分に効果が感じ取れませんでした。今後の課題として，早急に効果ある工夫の発見に努めたいと考えています。以上，会計の中身にあまり入り込まないで，しかし有効な教育方法論を導出するために必要な議論を展開しました。

参考文献

柴健次（2012）『IFRS 教育の基礎研究』，創成社.

柴健次・森田雅也・岩崎千晶（2012）「高大連携における経営教育の位置づけに関する考察」，『関西大学高等教育研究』，第 3 号，pp.31-52.

柴健次（2013）『IFRS 教育の実践教育』，創成社.

百合野正博他（2012）「アカウンティング・プロフェッションに関する総合的研究」（課題別研究部会最終報告）日本監査研究学会第 35 回全国大会（関西大学）.

第 4 部

ICT を活用した学生の能動的な学びを育む学習環境のデザイン（実践編）

第14章　ブレンディッド・ラーニングによる日本語教育のデザイン

留学生別科　古川智樹
国際部　池田佳子

科目名：日本語Ⅰ～Ⅵ
科目の位置づけ：日本語科目，講義，留学生別科生向け授業
受講生数：74名（2013年4月現在）
キーワード：日本語教育，ブレンディッド・ラーニング，eポートフォリオ

あらまし：留学生別科の「日本語科目」は，大学・大学院への進学を目的とする留学生を対象とし，日本語の文法・語彙・漢字の基礎知識や，読む・聞く・書く・話すの4技能を総合的に養成する専門教育科目です。留学生別科は1年間の進学コースプログラムであり，日本語を効率的かつ効果的に学習できる環境を学生に提供するため，従来の対面授業とeラーニングを融合したブレンディッド・ラーニング，さらに学習目標の設定，学習の過程・成果の記録，評価・ふりかえりのサイクルを繰り返すことによって自律的な学習を生起させるeポートフォリオ・システムを導入しており，ICTを積極的に活用した教育を行っています。

1　授業概要と目的

「留学生別科」とは，「大学における教育の一環として学校教育法に位置づけられた正規の教育課程で，大学・大学院または短期大学に留学生，研究員として入学する人のために，準備教育として日本語および日本事情・日本文化その他必要な科目を教育することを目的とした教育機関」（Studying in Japan）と定義されています。多くの日本語学校や他大学の留学生別科には，長期・短期語学研修コース，進学コース，ビジネス日本語コース等様々なコースがありますが，関西大学留学生別科（以下本別科とする）は，大学・大学院への進学を目的とする留学生を受け入れ，大学・大学院に入学するにあたって必要な日本語能力を養成する進学コースを開講しています。

その進学コースの一科目である「日本語科目」は，本別科に在籍する留学生向けに月曜日から金曜日までの1限から3限で開講されている専門教育科目です。大学・大学院への進学を目指す留学生にとってまず必要なのは，日常のコミュニケーションを支障なく行え，新聞や雑誌を読んだり，ニュースを聞いたりできる基礎日本語能力です。「日本語科目」では，日本語の文法・語彙・漢字や，読む・聞く・書く・話すの4技能を総合的に養成することを目的とした科目となっています。

留学生の日本語能力を客観的に示す指標として，「日本語能力試験」があります。日本語能力試験は日本語を母語としない人の日本語能力を測定し認定する試験として，国際交流基金と日本国際教育協会（現日本国際教育支援協会）が1984年に開始した試験で，多くの大学・大学院が日本語能力試験のN2またはN1を取得していることを受験資格として提示しています。N1の認定基準は「高度の文法・漢字（2000字程度）・語彙（10000語程度）を習得し，社会生活をする上で必要な，総合的な日本語能力（日本語を900時間程度学習したレベル）」とされています（付属資料1参照）。

本別科では，1年間のプログラムで日本語能力試験N1に合格することを教育目標の1つに掲げ，「日本語科目」は，日本語の能力レベルに応じて6レベルを設定し，日本語能力試験N1に合格するという目標を達成できるようなカリキュラム設計がなされています。

2　授業の特色

2. 1　ブレンディッド・ラーニング（Blended Learning）の導入

本別科では，1年間で日本語能力を養成するプログラムであるため，その効率性，効果性を考慮し，ブレンディッド・ラーニング（Blended Learning: 以下 BL とする）を導入しました。「ブレンディッド」とは「混合する，混ぜる」という意味であり，BL とは従来の教室等で行う対面学習（オフライン学習）と e ラーニング(オンライン学習）を融合した学習を意味します。

本別科は，1 年間で日本語能力試験 N1 を取得し，大学・大学院へ進学することを目的としてカリキュラムを作成しているため，教員はもとより，学生も不断の努力を必要とします。授業で扱う文法，語彙，漢字の項目は相当数あり，それらを全て授業内でこなすことは容易ではありません。加えて，言語の学習は文法，語彙，漢字の知識の獲得だけではなく，読解，聴解，作文，会話能力の養成も必要となり，それらの要素を不足なく身につけていくためには，効率的かつ効果的な教育が不可欠であると考えます。BL は，効果的な学習の分業が期待でき，聞き逃す，見逃すことなく個人のペースで何度でも繰り返し学習できるため，知識獲得型，記憶型の学習にはオンライン教育が適しており，一方，生産的な「考える作業」や共同作業を行うには集合学習が適しているとされています（原島 2009)。さらに，この効果的な学習の分業は大量の練習問題の添削という教員の負担も軽減し，その負担を軽減した分，教育の質向上，学生の学習状況の把握に，より力を注ぐことができるという副次的な効果ももたらします。以上の理由により，本別科ではBL による教育を採用し，教材開発を進め，BL を実現しています。

また，本別科では BL を可能にするための環境が整っていることも，この学習形態を現実化させることができた大きな要因となっています。吹田市の関西大学南千里国際プラザでは無線 LAN が教育棟の全てのスペースで利用でき，いつでもどこでもインターネットにつながる環境が整っています。そして，本別科のコースを管理，運営するための Course/Learning Management System として関西大学の CEAS 及び朝日ネットの manaba folio を導入しており，学生の学習を支援しています。そのため，学生にはノートパソコンを授業に持ってくることを義務化し，授業内外でシステムに接続し，課題をはじめ，日本語学習がいつでもどこでもできる環境を提供しています。

写真1　留学生別科における日本語科目の授業風景

2. 2　eポートフォリオ・システム（e-Portfolio system）の活用

近年，教育における評価法に関して，客観的能力測定法であるテスト等によって学んだ知識量を測るのではなく，学びの過程そのものを評価の対象とすることが重要視され始め，ポートフォリオ評価が，その評価法の1つとして注目されています。

横溝（1999 p.40）は教育におけるポートフォリオの役割を「教育目的に沿って収集した学習者の学習成果のコレクション」と定義していますが，本別科ではポートフォリオを単なる評価対象としてだけではなく，学生自身が学びの過程において「ふりかえり（reflection）」を行う際のツールとしても，manaba folioを電子的に扱うポートフォリオ（eポートフォリオ）として実用しています。学習目標の設定，学習の過程・成果の記録，その後のふりかえり・評価という「eポートフォリオ学習モデル」（森本2012）を実現し，さらなる学習効果を期待できる仕組みを構築しています。学生は，普段の日本語学習における学習成果や教員からのフィードバックをeポートフォリオの中に蓄積・アーカイブ化し，それらを再度見直すことで自身の学びをふりかえり，さらにそれらを次の学習に生かしていくという工程をスパイラル的に行っていきます。このeポートフォリオの学習モデルは，授業期間中に何度も繰り返されることによって，eポートフォリオを活用した自律的な学習の習慣づけが期待できます。

また，上記の学習面だけでなく，進学を目的とする留学生には，進学相談や生活相談も行っており，行き届いた指導を行うためには学生指導に関わる全ての教員がそれらの情報を共有する必要があります。多くの日本語教育機関で行われている従来の方法では，紙媒体に記録し，必要になれば教員がファイルを取り出して記入及び参照するという方法をとっていましたが，7週間単位でクラスが変わり，半年から 1 年で学生が入れ替わる中で，そのような方法を取っていては記録が膨大になり，教員間での情報共有も難しいと思われます。そこで，本別科では manaba folio の持つ「マネジメント」機能を用いて，個々の学生の個人情報，進路・生活相談記録等を書いた学生カルテを作成（学生は閲覧不可で，教員のみが閲覧権を持ちます）し，情報の共有を行っています。

さらに，本別科の「日本語科目」では，1 つのクラスを複数の教員が担当するというチーム・ティーチングの形をとっており，担当教員が毎日交替するため教員間の授業の引き継ぎのツールとしても manaba folio を使用しています。授業の進め方や学生への対応等の各教員の個別の相談に関しては，日本語科目のクラス全体を管理・調整する教員（コーディネータ）が対面での話し合いで解決していますが，教員間の授業の引き継ぎに関しては，システム内の教員コミュニティ上で，教員が各レベルの授業内容及び使用教材を添付して報告しています。それらは時系列で蓄積されていき，本別科の教育がどのように進んでいるのか，担当以外のレベルのクラスはどのような活動を行っているのか，教員はすべてのレベルの授業報告を確認することがで

表 1　留学生別科における CEAS と manaba folio の利用区分

利用用途	CEAS	manaba folio
練習問題	選択問題 自動採点機能あり 正誤フィードバック	記述問題 自動採点機能なし 添削・解説フィードバック
レポート等の課題のやり取り	×　（1 回のみ）	○（何度でも可能）
学習課題のアーカイブ化	×	○
アクセスログの確認	○	×
学生カルテ	×	○
授業の引き継ぎ	×	○

き，情報の共有化が図られています。

以上のように，本別科では，学習成果の蓄積・ふりかえり・フィードバックを行うeポートフォリオ，個々の学生の記録を書いた学生カルテ，授業報告等を行う教員コミュニティの3つを統合したシステムとしてeポートフォリオ・システムを導入し，運用しています。

また，本別科では，関西大学のCEAS及び朝日ネットのmanaba folioの2つのシステムを用いていますが，それぞれの特性を生かし，表1のように使い分けをしています。

3　授業構成と授業方法

「日本語科目」は総合，読解，文章口頭表現の3部構成になっており，「総合」は文法・語彙・漢字といった日本語の基礎知識を養成する授業，「読解」は読解，聴解の練習を行い，“理解能力”を伸ばす授業，「文章口頭表現」は作文，会話の練習を行い，“発信能力”を伸ばす授業となっています。以下では，BLを積極的に取り入れている「総合」，「文章口頭表現」の授業について紹介したいと思います。

3. 1　日本語（総合）－基礎知識の養成

「日本語（総合）」は，日本語能力試験を想定した文法・語彙・漢字の基礎知識を養成する授業です。授業は，文法，語彙，漢字の順で行われ，それぞれ導入，理解の確認，練習という順で行っています。毎日学習する項目は決まっており，教員がMicrosoft PowerPointを用いて導入を行った後，質問等で教員が学生の発話を引き出し，導入項目を理解できているかの確認を行います。その後，manaba folioに上がっているe-learning記述練習問題を行い，学生が適切に使えるのかに関して，実際に導入項目を使った文を作成させることによって確認します（図1参照）。そして，授業後はCEASにアップロードされている相当数のe-learning練習問題（選択問題，自動採点機能付）を課すことによって知識の定着を図っています（図2参照）。

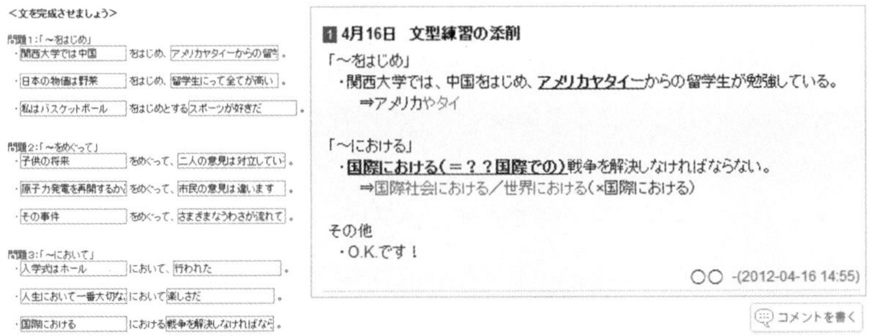

図1　manaba folio の e-learning 記述練習問題とフィードバック画面

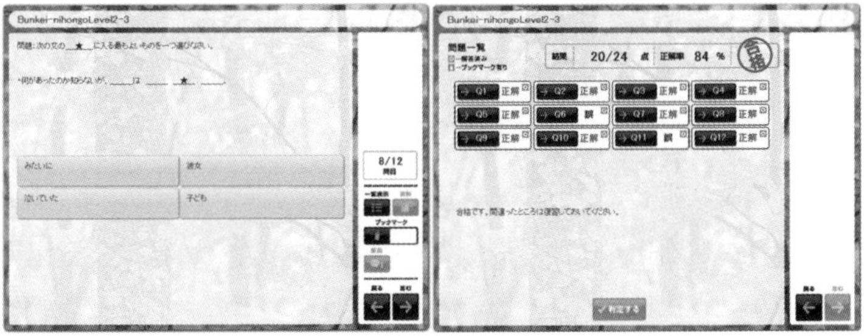

図2　CEAS の e-learning 練習問題（選択問題）とフィードバック画面

以上のように，授業の内外で ICT（Information and Communicaiton Technology）を活用することにより BL を実現していますが，その利点として，「フィードバックの即時性」と「学習の個別化」が挙げられます。

まず「フィードバックの即時性」に関してですが，manaba folio の問題では，学生のアウトプットに対して，教員がその日のうちに各学生にそれぞれの問題ごとにフィードバックをしています。紙媒体であれば，授業内に教員が練習問題を回収し，授業後に添削をし，早くても翌授業日に返すというルーティンが通常ですが，e ポートフォリオ・システムを使うことによって，フィードバックをネットワーク経由ですることが可能となり，授業後添削が終わり次第フィードバックをすることができるため，従来よりも早いフィードバックを可能にしています。また，CEAS の問題では，e ラーニング共通化規格として世界標準となっている SCORM（Sharable Content Object Reference Model）を使用し，e ラーニング作成ソフトで独自作成した SCORM 学習教材を CEAS にアップロードしています。その SCORM 学習教材は，学生が個々の問題に答えると瞬時に学生の回答に対してフィードバックを与える機能を備えており，その即時フィードバックが学習の強化につながっています。フィードバックの即時性の効果については，Borich & Tombari (1997)，Eggen & Kauchak (2004) 等，多くの研究で明らかにされており，コンピュータというツールの特性を生かし，学生の学習をできる限り促進するようにデザインされています。

また，CEAS では，学生の練習問題のログ（学習記録）の確認ができるため，どの問題で学生が多く間違っているのかという学習項目ごとの習得状況や，どの学生の間違いが多いのかという個々の学生の習得状況が確認できるため，授業翌日に習得状況を考慮したピンポイントでのフィードバックやその後の授業改善に生かすことができます。

次に「学習の個別化」に関してですが，本別科の学生は様々な学習背景を持っています。文章理解が得意な学生もいれば漢字圏の学生で漢字が得意な学生もおり，各技能における得意不得意があります。また，１つ１つ理解を確認しながら問題を解くことを好む学生もいれば問題の量をこなすことを好む学生もいて，個々の学習スタイルは異なります。BL はそのように学習背景の異なる学生が同一空間にいる場合でも，効率的かつ効果的に学べる環境を提供することができます。

従来の教育環境であれば，教室内で教員が学生に課題を与え，時間を区切って回答させ，早く課題ができた学生はじっと，あるいは教科書等を見て待っている，また学生によっては理解が不十分なまま次に進むという状況を作り出していました。しかし，BL の環境では，その日の課題だけではなく，その前後の日の課題もシステム上に上がっているため，与えられた時間を有効に使い，後日の予習や前日の復習等，自身が苦手とする学習項目の補強や得意な部分の強化をすることができます。

3. 2　日本語（文章口頭表現）－ 発信（書く・話す）する力の養成

「日本語（文章口頭表現）」は，書く，話すといった日本語を用いての発信能力を養成する授業です。授業は，作文と会話を1日おきに交互に行っています。

「作文」は，毎回テーマを設定し，まずクラス内でテーマに関するディスカッションを行うことによって，様々な視点からの意見を聞き，テーマに関する知識や意見を確認します。そして，作文用紙に作文を書き，教員に提出します。教員は学生の作文を添削し学生に返却します。最後に，学生は添削された作文をもとにMicrosoft Wordに清書し，さらに添削箇所を抜き出して視覚化したものをmanaba folio経由で提出します（図3参照）。そして，学生はmanaba folioに蓄積された自身の成果物をいつでもふりかえることができ，自身の成長を確認できるようにしています。

「会話」は，CEASにアップロードされているビデオ・アニメ教材を用いて学習を行います（図3参照）。授業では，毎回「依頼する／誘う／断る／謝罪する」等のテーマがあり，まずは動画ビデオで会話の流れを確認した後，アニメーションの会話練習問題に移り，それぞれの場面でどのような発話をするのが正しいのか，練習問題を行います。そして，最後に各テーマに関するロール・カードを配り，ロールプレイ練習をすることによって，各テーマの場面で実際にどのように会話を組み立て，どのような表現を用いて会話を進めればいいのかを練習します。

会話の機能に関しては，主に社会言語学，会話分析（Conversation Analysis），第2言語習得の分野において多側面におけるコミュニケーション能力が必要とされることが明らかにされつつあります。例えば，学習者は，特定の場面における会話の構造（Schegloff 2007等）や発話権交替（Sacks他1974等）の秩序に関する研究や，上記に挙げた「依頼する／誘う／断る／謝罪する」といった行為に付随する言語使用，そしてそれらの習得プロセスの段階や日本語と他言語間の相違（猪崎2000, 任2004, 鮫島1998等）等，会話に関する様々な様相を理解することが必要となります。しかしながら，多くの日本語教育の現場では，文法項目・語彙などを学習することを主目的とした会話を作成して練習していることが多いため，時に実際には用いられない表現や不自然な会話が提示され，上記の研究で得られた知見が生かされていない会話教育が行われていることは珍しくありません。本別科の会話教育においては，学生が日本社会におけるコミュニケーションで実践的に活用できる会話の教材開発を行っています。また，会話の授業に日本人ボランティアを配置し，実際に日本人がそれぞれの場面でどのように考え，どのように発話するのか，生の声を聴くことによって，より日本語による会話の理解を促進するようカリキュラムが組まれています。

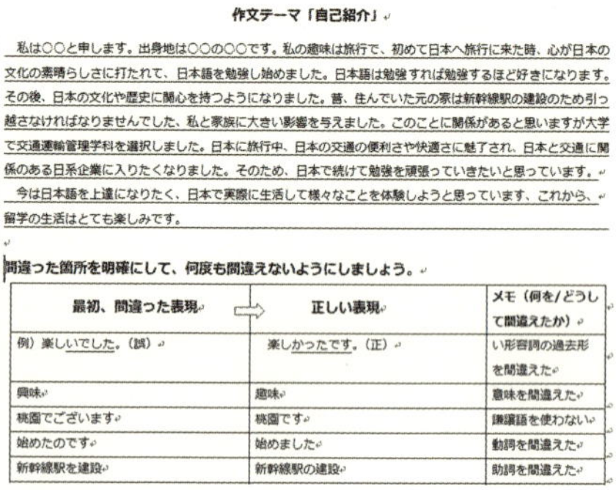

作文テーマ「自己紹介」

私は〇〇と申します。出身地は〇〇の〇〇です。私の趣味は旅行で、初めて日本へ旅行に来た時、心が日本の文化の素晴らしさに打たれて、日本語を勉強し始めました。日本語は勉強すれば勉強するほど好きになります。その後、日本の文化や歴史に関心を持つようになりました。昔、住んでいた元の家は新幹線駅の建設のため引っ越さなければなりませんでした、私と家族に大きい影響を与えました。このことに関係があると思いますが大学で交通運輸管理学科を選択しました。日本に旅行中、日本の交通の便利さや快適さに魅了され、日本と交通に関係のある日系企業に入りたくなりました。そのため、日本で続けて勉強を頑張っていきたいと思っています。

今は日本語を上達になりたく、日本で実際に生活して様々なことを体験しようと思っています、これから、留学の生活はとても楽しみです。

間違った箇所を明確にして、何度も間違えないようにしましょう。

最初、間違った表現 ⇨	正しい表現	メモ（何を/どうして間違えたか）
例）楽しいでした。（誤）	楽しかったです。（正）	い形容詞の過去形を間違えた
興味	趣味	意味を間違えた
桃園でございます	桃園です	謙譲語を使わない
始めたのです	始めました	動詞を間違えた
新幹線駅を建設	新幹線駅の建設	助詞を間違えた

図 3　会話教材例及び作文清書例

4　実践する際の留意点，課題と展望

実践に際しての留意点，課題，展望について，ここでは 3 点挙げたいと思います。

4. 1　対面とともにある BL 教育

BL は基本的には「対面学習を e ラーニングで補完」するものであり，対面学習が「主」で，e ラーニングが「従」であるという関係が基本概念とされています（Bersin 2004）。なぜなら，e ラーニングを中心とした場合，Bersin（2004），安達（2007）でも報告されているように，コンピュータと向き合っているだけでは学習意欲が向上，持続せず，また学生一人ひとりが

孤立してしまい，途中で挫折する者が出てくる等，BLの負の効果が出てきてしまうからです。本別科では，eラーニングの持つ長所をそのまま生かすためにも，対面学習とeラーニングのバランスを考えて教育を行わなければならないと考えています。

また，ICTの環境が整っているからといって，ICTを用いてオンライン上で学習の全てを行うことには賛成できません。学生の学習スタイルは多様であり，学生の中には「紙媒体のほうがいい」という学生が必ず存在します。また，日本語能力試験，日本留学試験では紙媒体での回答提出を求める方式の試験形態が主流であるため，手書きで文章を書くことに慣れる必要もあります。今後の課題ですが，紙媒体を通した言語学習の教育効果を見極め，ICTと紙媒体の使用のバランスを整える必要があると考えます。

4. 2　教員のICTリテラシー養成－Faculty Developmentの必要性

ICTを用いた教育を行う場合，当然のことながら教員のICTリテラシーが要求されます。教育におけるテクノロジーは日々進歩しており，それを教育に生かし，授業で使いこなせるようになるためには定期的な教員のファカルティ・ディベロップメント（Faculty Development）が必要になります。本別科では新しく採用された教員には2日間，すでに在職している教員には半期に一度教員研修を行い，授業期間中はコーディネータが随時教員の質問の受付，補助等を行っています。研修では，機器の活用の仕方，それぞれの教員のICT活用の取り組み，学生の利用状況等を紹介し，教員のICTリテラシーの養成を行っています。

しかし，そのような取り組みの一方で，学生の学習スタイルが多様であるのと同様，教員にもそれぞれどのような教育が望ましいか，どうあるべきかという信念があり，ICTに関して必ずしも全ての教員が肯定的な意見を持っているわけではありません。ICTを用いた教育効果や必要性を理解して使用してもらうためには，随時研修でICTを用いた教育の効果検証，研究成果を提示していく必要があると考えます。

4. 3　聴解・読解の教材作成

本別科では，2012年4月の開講に合わせて独自の教材開発を行ってきました。「日本語科目」の「総合（文法・語彙・漢字）」，「会話」，「作文」においては，作成した独自教材を実際の教育の現場で使用していますが，「読解」「聴解」に関しては，現時点においては既存の教科書を使用しています。しかし，教科書の内容や教科書内の質問は，教科書作成者の指導の意図が具現化されたものであり，既存の教科書が必ずしも本別科の教育方針と一致するとは限りません。そのため，「読解」「聴解」に関しても，現在関西大学ITセンターをはじめ，関係各所との協力関係を構築し，独自教材の開発を進めています。ただ，教科書作成の際に必要となる，読解で用いる新聞や雑誌，その他の読み物や，聴解で用いるテレビやインターネット等の配信物は，それぞれ著作権が存在します。著作権法第35条により，教育機関での利用，複製は可能となっていますが，それらを利用しての教材開発や不特定多数が閲覧できるシステムへのアップロードは，著作権者の利益を不当に害することとなるため許可されておらず，著作者への通知と著作権者への補償金の支払いが必要となります。

このように，独自教材の作成には解決するべき課題が存在します。そのため，「読解」「聴解」の独自教材の開発は，今後，本別科にてさらに取り組んでいく課題となっています。

付属資料 1　日本語能力試験認定の目安

旧試験 級	旧試験 認定基準	新試験 レベル	新試験 認定の目安 各レベルの認定の目安を【読む】【聞く】という言語行動で表します。 それぞれのレベルには、これらの言語行動を実現するための言語知識が必要です。
1	高度の文法・漢字（2,000字程度）・語彙（10,000語程度）を習得し、社会生活をする上で必要な、総合的な日本語能力（日本語を900時間程度学習したレベル）	N1	幅広い場面で使われる日本語を理解することができる 読む　・幅広い話題について書かれた新聞の論説、評論など、論理的にやや複雑な文章や抽象度の高い文章などを読んで、文章の構成や内容を理解することができる。 ・さまざまな話題の内容に深みのある読み物を読んで、話の流れや詳細な表現意図を理解することができる。 聞く　・幅広い場面において自然なスピードの、まとまりのある会話やニュース、講義を聞いて、話の流れや内容、登場人物の関係や内容の論理構成などを詳細に理解したり、要旨を把握したりすることができる。
2	やや高度の文法・漢字（1,000字程度）・語彙（6,000語程度）を習得し、一般的なことがらについて、会話ができ、読み書きできる能力（日本語を600時間程度学習し、中級日本語コースを修了したレベル）	N2	日常的な場面で使われる日本語の理解に加え、より幅広い場面で使われる日本語をある程度理解することができる 読む　・幅広い話題について書かれた新聞や雑誌の記事・解説、平易な評論など、論旨が明快な文章を読んで文章の内容を理解することができる。 ・一般的な話題に関する読み物を読んで、話の流れや表現意図を理解することができる。 聞く　・日常的な場面に加えて幅広い場面で、自然に近いスピードの、まとまりのある会話やニュースを聞いて、話の流れや内容、登場人物の関係を理解したり、要旨を把握したりすることができる。
		N3【新設】	日常的な場面で使われる日本語をある程度理解することができる 読む　・日常的な話題について書かれた具体的な内容を表す文章を、読んで理解することができる。 ・新聞の見出しなどから情報の概要をつかむことができる。 ・日常的な場面で目にする難易度がやや高い文章は、言い換え表現が与えられれば、要旨を理解することができる。 聞く　・日常的な場面で、やや自然に近いスピードのまとまりのある会話を聞いて、話の具体的な内容を登場人物の関係などとあわせてほぼ理解できる。
3	基本的な文法・漢字（300字程度）・語彙（1500語程度）を習得し、日常生活に役立つ会話ができ、簡単な文章が読み書きできる能力（日本語を300時間程度学習し、初級日本語コースを修了したレベル）	N4	基本的な日本語を理解することができる 読む　・基本的な語彙や漢字を使って書かれた日常生活の中でも身近な話題の文章を、読んで理解することができる。 聞く　・日常的な場面で、ややゆっくりと話される会話であれば、内容がほぼ理解できる。
4	初歩的な文法・漢字（100字程度）・語彙（800語程度）を習得し、簡単な会話ができ、平易な文、又は短い文章が読み書きできる能力（日本語を150時間程度学習し、初級日本語コース前半を修了したレベル）	N5	基本的な日本語をある程度理解することができる 読む　・ひらがなやカタカナ、日常生活で用いられる基本的な漢字で書かれた定型的な語句や文、文章を読んで理解することができる。 聞く　・教室や、身の回りなど、日常生活の中でもよく出会う場面で、ゆっくり話される短い会話であれば、必要な情報を聞き取ることができる。

（むずかしい ↑ やさしい）

日本語能力試験公式ウェブサイトより（http://www.jlpt.jp/about/pdf/comparison01.pdf）

参考文献

安達一寿（2007）「ブレンディッドラーニングでの学習活動の類型化に関する分析」,『日本教育工学会論文誌』, 30(1), pp.29-40.

Bersin, J. (2004) *The blended learning book: Best practices, proven methodologies, and lessons learned*. San Francisco, CA: John Wiley & Sons, Inc.

Borich, G. D., & Tombari, M. L. (1997) *Educational psychology: A contemporary approach (2nd ed)*. New York: Addison-Wisely Educational Publishers.

Eggen, P. & Kauchak, D. (2004) *Educational psychology: Windows on classroom (6th ed)*. Columbus, OH: Prentice Hall.

原島秀人（2009）「第 6 章ブレンディッドラーニング」, 宮地功編,『e-ラーニングからブレンディッドラーニングへ』, 共立出版, pp.93-104.

猪崎保子（2000）「接触場面における『依頼』のストラテジー：日本人とフランス人日本語学習者の場合」,『世界の日本語教育』, 10, pp.129-145.

任衛樹（2004）「日韓断り談話に見られる理由表現マーカー -- ウチ・ソト・ヨソという観点から」,『日本語科学』, 15, pp.22-44.

森本康彦（2012）「e ポートフォリオの普及」, 小川賀代, 小村道昭編『大学力を高める e ポートフォリオ－エビデンスに基づく教育の質保証を目指して』, 東京電機大学出版局, pp.24-41.

Sacks, H., Schegloff, E. A. & Jefferson, G.（1974）A simplest systematics for the organization of turn-taking for conversation. ***Language*** 50: 696-735.

鮫島重喜（1998）「コミュニケーションタスクにおける日本語学習者の定型表現・文末表現の習得過程－中国語話者の『依頼』『断り』『謝罪』の場合－」,『日本語教育』, 98, pp.73-84.

Schegloff, Emanuel A.（2007）***Sequence Organization in Interaction: A Primer in Conversation Analysis, vol 1.*** Cambridge: Cambridge University Press.

Studying in Japan URL: http://www.studyjapan.go.jp/jp/toj/toj05j. html（情報取得日 2013 年 7 月 20 日）

横溝紳一郎（1999）「学習者参加型の評価法」,『平成 11 年度日本語教育学会秋季大会予稿集』, pp.40-47.

付記

この取り組みの一部は, 文部科学省科学研究補助金・若手研究（B）（課題番号 24720243）の助成を受けている。

第 15 章　学生の学びのスタイルと評価の互恵的関係を探る

文学部　田中俊也

科目名：教育方法・技術論
科目の位置づけ：全学教職専門科目
受講生数：約 130 名
キーワード：教職科目，授業についての授業，コミットメント，学びのスタイル，教育評価

あらまし：「教育方法・技術論」は，教員免許状取得に必要な単位のうち，「教職に関する科目」に位置づけられています。免許法施行規則第 6 条の科目としては「教育課程及び指導法に関する科目」のなかでも特に「教育の方法及び技術（情報機器及び教材の活用を含む）」の事項が含まれることを要求されている科目になります。したがって，「教育心理学」とも密接につながりますが，より「教え」や「学び」の哲学・方法・技術に特化した内容および教育評価についての授業が要求されています。多人数の講義科目ですが，時間内のミニッツペーパーの活用や受講者内公開掲示板（CEAS のトピック機能）の活用で学生自身の授業への強いコミットメントを要求しています。特にトピックの集計機能の評価への活用方法について紹介します。

1　授業概要と目的

教職科目「教育方法・技術論」では，初回の授業で，「この授業はこれまでみなさんが受けてきた『授業』そのものをふりかえり客観視して探究する，いわゆる授業についての授業です」と伝えます。初めのうち学生はきょとん，としていますが，授業が進むにつれ，これまで漫然と受けていた「授

業」は実はものすごく多くの努力を経てつくられたものであることを理解し，授業実践者としての心構えを形成します。したがって，この授業への強いコミットメントが要求されます。

コミットメントの強さは，出席率や着席位置などで「推測」することはできますが，これでは周辺的な情報からの評価に過ぎません。

こうした講義形式の授業でのコミットメントの強さを査定するために，筆者はこれまで，授業の度に課したミニッツペーパーを読み，取り組みの特に優れたものを次の授業の冒頭に紹介することを繰り返してきました。

しかしながら，この方法では，学生は常に授業実践者である「教員」を意識してレポートを書き，教員は個人的に「気になる」ものをピックアップして紹介するにとどまり，授業の内容がそれで発展することはなかなかみられませんでした。

2008年度から，CEASにトピック機能（BBS機能）が実装されたことにより，従来のショートレポートをこの機能の利用に置き換え，その教育的効果の検証をすることとしました。本章では2012年度の実践の概要を報告します。

2　授業の特色

2. 1　トピックの機能

ここでのトピック機能には以下のようなものがあります。

- 閲覧；他者の書いた投稿を閲覧する。
- 投稿；授業設計者が立てた新たなトピックの議題に対して議論を展開したり，他者の投稿に対する意見を述べたりする。
- トピック設定；議題から逸脱しない範囲内で，各自が新たな話題（トピック）を立て，閲覧者の投稿を誘う。

以上の機能により，学生は，授業設計者が授業直後に立てたトピックの話題に対して意見を述べ，それを読んだ別の学生がそこに感想や意見を述べ，1つの議題が学生によってどんどん展開していく構造が想定されています。機転の利く学生は，「ところで」といった形で，新たなトピックを設定し，議論を新しい方向に導くこともあり得ます。しかしながら，そうしたリーダーシップをとる学生はきわめてわずかであり，これまで間違って新しいスレッドを立てることが散見されたので，2012 年度は新しいトピックを勝手にたてることは原則禁止としました（それで議論が不活性になるわけではありません）。

2. 2　コミットメントの強さの指標としてのトピック書き込み

授業の開始の段階で成績評価の話をし，このトピック書き込み・閲覧の熱心さが授業の取り組みの熱心さを示していることを告げています。加えて，この授業の性格からも，活発な議論を期待すること，1 週間でトピックの議題は切り替わるが，過去のトピックにあとから参加することもできることを告げています。

評価についての学生との約束（一種のルーブリックの提示）としては，学生は，1 週間内に，立てられたトピックへの投稿・閲覧を繰り返し，内容的にも議論がどんどん発展していくことが理想的な運用の姿として初回時に紹介されています。

しかしながら，過去のトピックへのアクセス・投稿も認めていることから，ある時期から，これまでまったく・あるいはほとんど参加しなかったことを悔やんで閲覧や投稿をまとめて行う一種「帳尻あわせ」的なことを平然と行う学生も想定されます。上記のような理想的な学びの姿を示す者と後者のような，「成績」を意識して帳尻合わせをする者との区別をつける必要もある，その点を特に工夫することとしました。

2. 3　秀逸な書き込みの紹介

また，学生の，トピック書き込みへの動機づけを高める工夫として，毎週，その週の書き込みの中でも特に論点のしっかりした書き込みをニックネームで紹介し，書き込んだ本人には栄誉を，おざなりな書き込みしかしなかったもの，あるいは書き込みをしていない者に対してはいい書き込みのインセンティブを与えています。

2. 4　多人数の講義形式の授業におけるアクティブ・ラーニング

授業の中でグループワーク等をすることはありませんが，トピックでの自分の書き込みに対する他者からの意見を読んだり，同じテーマに対して全く異なる視点を表現している意見を読んだり，それにさらにコメントを入れたりして，授業の内容に対して深い学びを誘い込む仕掛けになっていると思っています。

3　授業の構成とコミットメントの強さの指標作成

3. 1　授業の構成および流れ

授業は主要なテーマとして，「教授・学習過程」「教授・学習における経験」「知識表象のレベル」「知の社会的構成過程」「教室でのICT活用」「教育評価」をあげ，その中でも特に重要な部分について，授業内のミニッツペーパーを書かせたり，基本的にはCEASのトピック機能を使ってWeb上での公開討論としました。

CEASのトピック機能は，書き込み者が実名で特化されるので，おふざけの書き込みはありません。基本的には各人の「思い」を熱く語ったものとなり，文末にニックネームをつけるよう指示しています（これは，以後他人の書き込みに言及するとき，「○○さんの意見について・・・」とかの引用を容易にするためです。実名はわかっていますから，名前の一部が多く用いられています）。

授業が終わる直前にトピックのテーマを告げ，その日から1週間以内（次週授業開始まで：具体的には授業前日の21時まで（以下「正規集計時」とする））に書き込みをするよう伝えます。学生にとって最初に書き込むのは躊躇されますので，筆者がプロンプターとしての文書をひとこと書き込み，学生たちの書き込みは，これに応える形で進められました。

授業のテーマ，その回のトピックのテーマ，プロンプターの内容は表1のとおりです。

表 1　授業のテーマと，トピックのテーマ，書き込み用のプロンプター

授業	テーマ	トピックテーマトピックへの書き込みのうながし（プロンプター）
イントロダクション：教室での学びとは	自己紹介とこれまでの印象的な授業紹介	まずはじめは，授業中詳しい自己紹介を書いてもらいましたが，それを要約するつもりで，改めて簡単な自己紹介をし（ここでは，みんなが読めます），本題に入ってください。今回の本題は，「これまで受けてきた授業の中で印象的な授業（いい，悪いをとわず，印象的な，という意味）を1つとりあげ，なぜ，どのように印象的だったのかを紹介してください。その時，担当の先生の名前はイニシャル程度におさめ，個人名を出さないようにしてくださいね。書き込みの最後には，自分のニックネーム（今後ずっと使う）を入れ，他の人がその発言に言及するときは○○さんの･･･という意見に対して･･･，と続けてください。
教授・学習の構造	トラックモデルをどう考えるか	有意味受容学習の形式を，知識という荷物の運搬・手渡しというアナロジーで説明しました。どうやって高品位の領収証をとれるか，そもそも高品位の領収証とは何か，議論しましょう。
学習の基礎としての経験	経験と体験の違いを学習との関係で考えよう	経験と体験の違いを学習との関係で考えよう。/ 経験と体験の分類：経験は学習につながり，以後の行動・認知の変化をともなうもの，それに対し体験は，身体と環境のかかわりがあったという事実は残っても「学習」をともなわないもの，と定義しました。これらに関して，みなさんの「学校教育」でのさまざまな「経験」「体験」を分類してみましょう。
経験からの知の構成・知の社会的構成	個人の学習？みんなでの学び？	知が社会的に構成されることに際して，講義で話した足場架け，ピア，教師の役割について考えてみましょう。
教室での経験と知識	経験からの知識	
知識表象のレベルと納得	表象のレベルの移動	まるちゃんと佐々木のじいさんとのかかわりは，現物としての商店街の人との関わりですがその一部，という意味でレベル1の世界からの知識，お姉ちゃんの，「教科書通りにやればいいのよ！」というのは明らかにレベル3の世界の話。こういう観点から，考えてみましょう。
納得を支えるコンピュータとその導入過程	分かるということ，納得するということ	寒くなってきました。そのなかで，今日も熱く語ったつもりですが，「わかること」「納得すること」は，教室の授業の中で必要なのでしょうか？それともなんとなく・仮に分かったことにして次々進むのが大切なのでしょうか？ みなさんの経験で，なるほど！と「分かる」経験をしたこと，分からないが先に進むのが大切だと思った経験など，その意味について語っていきましょう。
教室におけるICT利用の形態と情報倫理	コンピュータ利用の実態	みなさんの小学校・中学校・高校をふりかえって，印象に残るコンピュータ利用の授業を最低1つ，解説してください。当時，それをどのように感じていたか，今にして考えればどう評価するか，等も含めてください。
教育とメディア・情報倫理	「評価」のイメージ（この回のみ次回の授業に先立ってのトピック）	これまでいろんな意味で「評価」を受けてきたと思いますが，こうした，評価・教育評価というものに対して皆さんの持っている素朴なイメージを語りましょう。次回以降，このことがテーマになりますが，まずは先入観・予備知識なしに，「評価」というものに対して，必要・不要，重要・無用，いい・悪い，好き・きらい等，自由にそのイメージを述べてください。できたら，具体的な，･･･についての評価は，という書き方をしてもらうと議論しやすいと思います。

授業	テーマ	トピックテーマトピックへの書き込みのうながし（プロンプター）
教育評価の基本構造・相対評価	偏差値について語ろう	今回はひょっとして，「統計学の授業？？」と思ったかもしれません。まったく違います。「考え方」を少し丁寧にお話ししたまでです。学生の，関大までの距離の平均が 10 キロだとして，自分のそれが 15 キロだとすれば，自分の，関大までの距離は，平均的な距離の 1．5 倍（15/10=1.5）だとわかりますね。それが標準得点です。その親しみにくさを，親しみやすく 0 ～ 100 の間に収まるように工夫したのが偏差値です。本質的には，「自分の位置が平均的な平均からの距離の何倍か」を示したもので，平均と同じなら 50 になります。これが世間に入ると突然「神話」のようなものが生まれてきます。みなさんの知っている偏差値レジェンド，いろいろ教えてください。また，自分が偏差値とどのようにかかわってきたか，語り合いましょう。「自分の偏差値は･･･」という形の議論にはしないようにしましょう。
絶対評価・個人内評価，評価の類型	名誉の公平性について	名誉の公平さの考え方について，その是非も含めて議論しましょう。
ポートフォリオとルーブリックによる評価	得点化できないものの評価を考えよう	いわゆるペーパー上に記されたレベル 3 の世界のパフォーマンス以外のパフォーマンスの評価法としてのポートフォリオ・ルーブリックでの評価の経験を語りましょう。

3．2　コミットメントの強さの指標

CEAS では，『トピック管理』というメニューがあり，そのなかの『トピック連結表』の機能を紹介します。

これは授業回ごとに立てたトピックについて，任意のタイミングで，ひとりひとりの学生の，そのトピックに対する「閲覧」「投稿数」「新たなスレッド（上記の，機転の利く学生の，「ところで」という新たな話題の提起）を立てた数」および，すべての回のそれぞれの合計が一覧表になって入手でき

	授業回	第1回目 09/27；	第2回目 10/04；	第3回目 10/11；	第4回目 10/18；	第5回目 10/25；	第6回目 11/08；	第7回目 11/15；	第8回目 11/22；	第9回目 11/29；	第11回目 12/13；	第12回目 12/20；	第13回目 2013/01/10
氏名	合計	自己紹介とこれまでの印象的な授業紹介	トラックモデルをどう考えるか。	経験と体験の違いを学習との関係で考えよう。	知が社会的に構成されることに際して、足場架け、ピア、教師の役割について考えよう。	経験からの知識	表象のレベルの移動	分かるということ、納得するということ	コンピュータ利用の実態	「評価」のイメージ	偏差値について語ろう	名誉の公平性について	得点化できないものの評価を考えよう
	閲 投 作	閲 投 作	閲 投 作	閲 投 作	閲 投 作	閲 投 作	閲 投 作	閲 投 作	閲 投 作	閲 投 作	閲 投 作	閲 投 作	閲 投 作

図 1　トピック連結表

るものです（図 1 参照）。それぞれ図 1 の「閲」「投」「作」の列がその数にあたります。

この表を，授業終了後，次の回の直前（正規集計時）に入手したとき，その表のもっとも右側の回の「閲」「投」「作」にその 1 週間のトピックの閲覧数，投稿数（書き込み数），新しいスレッドを立てた数が個別に表れることになります。

それより左側の回は，その週までの，過去の回の閲覧数，投稿数，新しいスレッドを立てた数が表示されます。こうした集計の仕組みを使って，次のようにしてコミットメントの強さの指標を算出することとしました（田中 2011）。

1）　毎週の 1 週間以内でのアクセスを集計する。これをトピックの閲覧と書き込みに分けて集計する。基本的にこの両者が授業への「コミットメントの強さ」を示す指標（閲覧コミットメント得点，書き込みコミットメント得点）とする。

2）　最終日までの機械的積算データ（閲覧，書き込みそれぞれ）と 1 週ごとの積算データ（コミットメント得点の積算）との差を計算し，これを閲覧帳尻あわせ得点，書き込み帳尻合わせ得点とする。

例えば，A 君の 3 週間分の閲覧データで想定すると，1 週目 9 回，2 週目 15 回，3 週目 14 回の閲覧をした場合，その 3 週の閲覧コミットメント得点は 9+15+14 = 38 点になります。4 週目の正規集計時（4 週目の 1 週間のコミットメントを同定するため），カウンターが 1 週目 12，2 週目 15，3 週目 18 となっていた場合，その 1 週間に，第 1 週目のトピックを 3（12-9），2 週目のはそのまま，3 週目のを 4（18-14），合計して過去のトピックを 7（3+0+4）見たことになり，これが閲覧帳尻あわせ得点となります。書き込みの帳尻合わせについても同様に計算します。

3）　それぞれ，閲覧と投稿について平均（授業最終日まで一度もアクセスのない者及び最終授業日のリングレポート課題提出の日の欠席者は履修取り消し者とみなし分母から除外）点を算出する。

4）　それぞれ，平均より高い（H），低い（L）を評定し，HHHH から LLLL までの型を算出する。すなわち，（各週のトピックの閲覧）（各週のトピックでの書き込み）（過去の回のトピックの閲覧）（過去の回のトピックでの書き込み）の高さを示す指標である。これを各学生の「学びの型」と定義する。

以上の定義に基づいて，登録した受講生のうち，最終授業での時間内のロングレポート課題を提出しなかった者ものぞき，合計122名の学生で以下の分析を行いました。

4　学びのスタイルとさまざまな指標の関係

4. 1　学びのタイルの分布

122名の学生の学びの型の頻度をまとめたのが図2です。図2から明らかなように，もっとも多い学びの型は，HHLLです。すなわち，トピック書き込みの課題を与えられてWebにアクセスして他者の書き込みを読み，きちんと一週間以内に自分の書きこみを終えていて，週を超えてあとから帳尻合わせ的に読んだり書き込んだりすることの少ない人です。同時にそのまったく逆の人（LLHH）が次に多いのも特徴です。学生の2極化が顕著に表れている，ということができます。

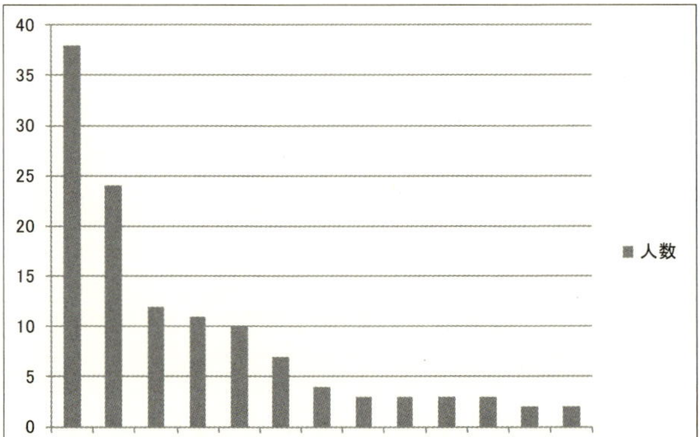

図2　学びのスタイルの分布

これをさらに詳細に検討すると次のような「スタイル」が明らかになります。まず，HH＊＊型（以下，＊はワイルドカード＝ H でも L でも構わない，という意味）は，基本的に毎週，高頻度でトピックを閲覧し，高頻度で書き込みを行っていることを示し，これを**「強いコミットメント」型**とします。

この中でも，過去のトピックへのアクセスを考慮すると，それをほとんどしない典型型（HHLL）と，過去の閲覧を頻繁にする過去閲覧型（HHHL），書き込みを主に行う過去書き込み型（HHLH），過去の閲覧・書き込みも頻繁に行う過去閲覧・書き込み型（HHHH）があることがわかります。

次に，LH＊＊は，毎週の書き込みを優先するタイプで，これを**「書き込み優先」型**とします。ここでも上記の強いコミット型と同様に典型とその準型がみられます。

また，書き込みはほとんどせず，ひたすら閲覧のみをおこなうタイプ（HL＊＊）もあり，これを**「傍観」型**とします。ここでも典型（HLLL）と，準型として，過去のトピックものぞいてみる傍観過去閲覧型（HLHL）と，基本的にはそのスタンスですが書き込みも行って帳尻あわせを試みるタイプである傍観帳尻あわせ型（HLHH）も考えられます。これはあえて「傍観過去閲覧・書き込み型」とは呼ばず，帳尻あわせを優先した特長と解釈したいと思います。

次は，毎週のトピックには参加せず，年度末近くになってあわててアクセス（閲覧・書き込み）するタイプ（LLH＊，または LLL＊）です。これを**「帳尻あわせ」型**としたいと思います。

最後は，いうまでもなく，ほとんど参加しない（すべてにゼロではなく，低いながら少しは参加している）タイプです。**「不参加」型**で，いうまでもなく，LLLL となります。

以上を「型」ごとにまとめたのが表 2 です。

教職の授業であることから，強いコミットメント型（45.1%）と書き込み優先型（13.9%）が 6 割近くになっていることがわかります。これらの学びのスタイルの持ち主はアクティブ・ラーニングまたは深い学びのスタンスを持っている学生たちであると考えることができます。

表 2　学びのスタイルの詳細

学びのスタイル	型	頻度	（割合 %）
HH＊＊	HHHH	4	55
（強いコミットメント型）	HHHL	10	（45.1）
	HHLH	3	
	HHLL	38	
LH＊＊	LHHH	3	17
（書き込み優先型）	LHHL	2	（13.9）
	LHLL	12	
HL＊＊	HLHH	7	12
（傍観型）	HLLH	2	（9.8）
	HLLL	3	
LL＊＊	LLHH	24	27
（帳尻合わせ型）	LLLH	3	（22.1）
LLLL	LLLL	11	11
（不参加型）	（9）		
	総計	122	（100）

一方で，他人の書き込みをみるだけの傍観型が約 1 割いることも看過できません。それにも増して，毎週の授業への取り組みはいい加減で，最後に帳尻合わせをすればいいと考えているものが 2 割強はいることもみのがせません。学生自身の主体的なかかわりを期待して特に出席をとるようなことをせず，書き込みを「熱心さ」の指標の 1 つとする，かつ，後からの書き込みも可能であると伝えたことが，こうした学生に対し，最終段階で帳尻合わせをすればいい，と解釈されたと考えられます。

4. 2　学びのスタイルと自己評価の関係

本授業の最終回にはロングレポートを課し，そのなかで，「自分の取り組みをふまえて自己評価」する課題を与えています。100 点満点で，自分の授業への取り組みの自己評価をさせているわけです。授業の中で評価の講義をし，自己評価を正当にできることはきわめて重要な能力であることを話していますから，極端にいい点数をつけたり，ふざけて 0 点をつけたりすることはありません。ましてや，いい自己評価をすればいい評価がもらえるなどと

表 3　学びのスタイルと授業への取り組みの自己評価

学びのスタイル	型	人数	平均	人数	平均
HH＊＊ （強いコミットメント型）	HHHH	4	77.5	55	75.8
	HHHL	10	76.5		
	HHLH	3	77.3		
	HHLL	38	75.3		
LH＊＊ （書き込み優先型）	LHHH	3	71.3	17	76.6
	LHHL	2	87.5		
	LHLL	12	76.1		
HL＊＊ （傍観型）	HLHH	7	65.0	12	64.4
	HLLH	2	69.0		
	HLLL	3	60.0		
LL＊＊ （帳尻合わせ型）	LLHH	24	63.1	27	64.8
	LLLH	3	78.3		
LLLL （不参加型）	LLLL	11	62.3	11	62.3
	全　体	122	71.1		

は思っていません。自分のかかわり方に対するある程度正当な評価を下しているものとみることができます。

学生自身の無自覚な自分の学びのスタイルと，それが反映された結果としての自己評価の関係をみたのが表 3 です。

ここから明らかなことは，トピックへの書き込みが平均以上の者（＊H＊＊）は総じて自分の取り組みを高く評価しています（強いコミットメント型で 75.8 点，書き込み優先型で 76.6 点）。それに較べて書き込みをしないもの（＊L＊＊）は，10 点以上も自分を低く見積もっています（傍観型で 64.4 点，帳尻合わせ型で 64.8 点）。閲覧も書き込みも少なく，あとから取り返す努力もしない不参加型の者は当然ながらその自覚があるせいか，もっとも低く（62.3 点）見積もっています。

4. 3　学びのスタイルと最終成績の関係

授業の取り組みへの自己評価ではなく，最終的な成績評価と学びのスタイルの関係をみたのが表 4 です。

表4　学びのスタイルと実際の最終成績の関係

学びのスタイル	型	人数	平均	人数	平均	標準偏差
HH＊＊ （強いコミットメント型）	HHHH	4	84.0	55	85.5	6.14
	HHHL	10	87.0			
	HHLH	3	87.7			
	HHLL	38	85.1			
LH＊＊ （書き込み優先型）	LHHH	3	83.3	17	85.3	7.03
	LHHL	2	89.0			
	LHLL	12	85.2			
HL＊＊ （傍観型）	HLHH	7	74.0	12	77.0	6.98
	HLLH	2	88.0			
	HLLL	3	76.7			
LL＊＊ （帳尻合わせ型）	LLHH	24	75.8	27	75.5	8.55
	LLLH	3	73.0			
LLLL （不参加型）	LLLL	11	73.2	11	73.2	10.54
	全　体	122				

上述のとおり，この122名には履修登録したがまったく授業参加のなかった者，最終のロングレポートの時間に欠席したものは履修取り消しとみなし，カウントされていません（したがって，教務に最終的に提出した成績の一部は含まれていません。そのことから，平均点そのものが比較的高くなっています）。

表4の2～4列は個別の型ごとの平均点を示しています。それぞれ該当する人数が大きく異なりますのではっきりとしたことは言えませんが，表面的にみる限り，書き込み優先型の「LHHL」型の2名が最も高い得点（89点）をとっています。

そうした個別の型ではなく，学びのスタイルでグループにまとめてみた結果が右の3列です。ここでは，予想されたとおり，強いコミットメント型（85.5点），書き込み優先型（85.3点）の学生が高い成績を修めています。検定の結果，この両者間には有意な差はなく，ほぼ均等に好成績を修めているということができます。同様に，傍観型（77.0点），帳尻合わせ型（75.5点）不参加型（73.2点）はすべて70点台であり，この3者間にも有意な差はありませんでした。

強いコミットメント型は，傍観型（t=4.159, df=65, p<.001），帳尻合わせ型（t=5.978, df=80, p<.001），不参加型（t=5.186, df=64, p<.001）とくらべて有意に高い成績を修めています。同様に書き込み優先型も傍観型（t=3.030, df=27, p<.01），帳尻合わせ型（t=3.873, df=42, p<.001），不参加型（t=3.516, df=26, p<.01）とくらべて有意に高い成績を修めています。

5　まとめ

本章では，学内の受講者用公開掲示板（CEAS のトピック機能）の利用状況を活用して学生の学びのスタイルを探り，その分布状況，自分自身の学びに対しての自己評価との関係，実際の最終成績との関係の分析を通してその有効性を検証しました。

大講義室での授業に対して一定のコミットメント（出席等ではなく，掲示板への書き込みといった比較的自由度の高いコミットメントの形式）を要求した場合，以下のような学びのスタイルがあることが判明しました。

1 つはもっとも望ましいコミットメントのありかたで，1 週間内に課した課題（他者の書き込みの閲覧および自分自身での書き込み）をきちんと週内にこなし次の授業に参加するタイプで，これを「強いコミットメント型」としました。もう 1 つは他者のものはあまり見ないが書き込みはきちんと行う「書き込み優先型」。ここまでは比較的授業に対して強くコミットしているとみなされます。

次にでるのが，他人の書き込みは Web 上で眺めるが自らの書き込みを躊躇するタイプでこれを「傍観型」とします。いわゆる授業を眺めているタイプで，典型的な Passive Listening のタイプです。さらに考えられるのが，毎週の課題はやりすごして，あとから帳尻合わせに駆け込みで読んだり書き込んだりするタイプで，これを「帳尻合わせ型」とします。結果としての「成績」を気にした駆け込みで，本来の深い学びとは無縁のスタンスです（この話をある学会で行ったとき，フロアの年配の先生から，「自分のころはそれを行うのがあたりまえだったけど，帳尻合わせとは思ってない」という意見をいただいたことも紹介しておきます)。最後は，約束事そのものに関与しない「不参加」型です。

分布をみると，強いコミットメント型の典型（HHLL）が最も多くほっとするところですが，同時に2番目に多いのが帳尻合わせ型の典型（LLHH）でした。これは授業の最初に評価の仕組みなどを詳しく語ることで回避できるもので，ルーブリックの提示が学びのスタイルを変える可能性を示唆しています。

また，学びのスタイルと評価の関係をみると，自己評価にしても教員からの他者評価にしても，ほぼ同様に，強いコミットメント型と書き込み優先型の学生が自他ともに高い評価をしていることが明らかになりました。これは，一定の学びのスタイルが好ましい評価につながっていることを示唆し，こうした，自覚的に授業に強くコミットする学びのスタイルを促す教授・学習環境の整備がまわりまわって学生の力をつけることになることがわかります。

参考文献

田中俊也（2011）「学生の電子フォーラムへの参加からみた学びのスタイル」，『平成23年度ICT利用による教育改善研究発表会予稿集』，pp.10-11.

第16章　対面授業でのS-maqsを活用した双方向授業の準備から実施まで

環境都市工学部　冬木正彦

社会安全学部　辛島恵美子

教育推進部　岩﨑千晶

科目名：プログラミング技法，環境と都市社会，社会安全学総論1，
　　　　メディア教育論
科目の位置づけ：学科専門科目（2年生）授業，学科基礎科目（1年生向け）授業，学部共通科目（1年生向け）授業，教職科目（2年生以上）授業
受講生数：それぞれ約40名，約170名，約280名，約50名
キーワード：多人数授業，双方向授業，ICT活用，S-maqs

あらまし：事例として示す4つの授業では，学生が所持しているモバイル機器（携帯電話，スマートフォン，モバイルパソコンなど）を使い，プロジェクタで投影されたスクリーンを見ながら教員の問いかけに回答します。教員は，回答結果を学生と共有しながら授業を進めていくという点で共通点を持っています。本章では，まずこのような授業の運営を可能にしているS-maqs（エスマックス）と呼ぶシステムが開発された背景について述べ，その仕組みを説明します。次に，これらの授業でS-maqsを活用する際に起こった課題を提示し，それらがどのように解決されたのかについて論じます。これらの結果を基に，S-maqsを円滑に利用するための手引きやチップスを示します。

1　はじめに

対面授業においてICT機器を活用する教育方法では，受講者の応答を把握する手段としてのICカード型の小型端末（クリッカー）の利用が近年関心を集めています。クリッカーを対面授業の教室で利用するには，専用のソフトウェア（ローカルアプリケーション）を担任者が利用するパソコン（以後，PCと呼ぶ）に設定し，無線により受講者が操作するクリッカーからの情報を収集し，PCに表示される応答結果をプロジェクタに投影する方式がとられます。

受講者からの応答を収集する手段として，携帯電話を利用する方式も，レスポンス・アナライザ・システムの一形態として提案され試行されてきました（永岡 2005）。さらに携帯電話を用いて出席確認を行うシステムも提供されています。

これらのクリッカーや携帯電話を利用した授業実施を支援するシステムは，各大学に広く普及し日常的に利用される状態にはなっていません。関西大学でも，クリッカーや携帯電話を利用するシステムが利用可能となっており，利用者は増えていますが，広く普及という段階には至っておりません。こうしたシステムの利用実態から問題点を探ります。

関西大学では，クリッカーを使うシステムは，2010年度より利用可能となっています。専用のソフトウェアを設定し無線通信を行えるPCが5台，クリッカー460個を備えています。2011年度春学期にこのクリッカーを利用した教員に対しインタビューを行った結果，判明した問題点は次の通りです。

- 学生の応答収集は，回答を考える必要のないような設問，例えば学生の意見分布を調べるための設問は短時間で応答を収集できるが，考えて回答する設問については所要時間に大きな幅ができてしまい，時間制御が難しい。
- 適切な選択式の設問を授業内容に即して準備するのは時間がかかる。（選択式設問が，授業内容および受講者に要求する学習内容に適していない。）

・受講者数が250人程度の授業では，クリッカーの配付，回収に時間がかかる。
・配付するクリッカーと学生の対応付けを行うことが難しい。
・クリッカーでは，文章入力ができないので，設問内容が制約される。

これらの問題点の中でクリッカーの配付/回収の工数（所要時間と支援スタッフ）の大きさ，回答形式の制約，学生の特定，の問題は授業内容に直接関係しないのでシステム的に（使用端末，ソフトウェアで）解決すべき課題です。

さらに，今後このようなシステムの利用を希望している教員から意見を聴取したところ，以下のような要望が挙げられました。

・比較的長い設問を学生側に表示し，解答を求めたい。
・回答者を特定できれば，ミニッツペーパーとして学習記録を提出させ，本人も参照できるようにしたい。

携帯電話を利用して出席確認やアンケートを回収するシステムは，関西大学ではCEASと連携する「携帯CEAS」（植木ほか　2005）が2004年から2010年まで利用可能でした。携帯CEASを利用した場合，学生のIDやパスワードの入力誤りや電池切れなどにより，出席者が300名規模のクラスで約10%の学生からは応答を回収するのが難しかったことが課題として挙げられました。2004年当時，携帯電話を学生が利用する端末として利用することについては，通信料金を学生に負担させることが問題視されたこともあり，その後学内への利用普及を図ることが困難でした。

しかし，携帯端末を利用する環境は近年激変し，今では就職活動などのニーズから携帯電話を含む携帯端末の所持率は学生についてはほぼ100%であり，通信費用の負担も殆どの学生が定額料金制を利用しています。さらに機種も「スマートフォン」が学生の中で急激に広がりインターネット接続が容易になっています。これらのことから，携帯端末を利用するシステムについては，操作の複雑さに起因する問題を解決できるならば，クリッカーなどを利用する場合の問題を解決でき，対面授業中に学生からの応答を得るツールとして有効に使える可能性が出てきました。

このような背景の中で企業との共同研究の成果として S-maqs（植木・冬木 2013）が開発され，関西大学でも利用可能となっています。S-maqs は，対面授業の教室で，アンケート・小テスト・学習記録提出保存・出席確認を携帯端末および PC からインターネット接続で利用できるシステムです。S-maqs では CEAS のようなコース管理システム / 学習管理システム（CMS/LMS）と連携して役割を分担する仕組みにより，上に説明したクリッカーなどの利用時の問題点を解決しています。

2　S-maqs の特徴と仕組み

2. 1　S-maqs の概要

S-maqs は教員が次のような使い方ができるように作られています。教員は，以下の作業を行います。

授業前の準備：

・アンケートや小テストの設問を，CEAS に登録し，実施する授業回数にそれらを割付ける。

・S-maqs にログインして，表示設定の編集を行う。設問の表示 / 非表示，学習メモの指定，表示順の変更などを行う。

これらは，授業実施のリハーサルと学生からの見え方の確認を兼ねています。

授業の実施中：

・インターネットに接続した PC のブラウザから S-maqs にログインし，その画面をプロジェクタによりスクリーンに投影しながら学生に，ログインや回答開始の指示をし，回答結果を集約したグラフなどを表示し，解説を行う。

授業後：

・CEAS の授業データ管理機能を利用して，アンケートや小テストの結果を確認することや成績評価を行う。

学生は，授業中に個人の意見を教員にフィードバックすることや，他の学生の反応も共有すること，学習メモを蓄積することができます。

2. 2　CEASとの連携と役割分担

授業の準備，実施，授業後の評価の教育活動のフローの中で教員がCEASとS-maqsを‘連携’させて使うことを想定しています。ここで‘連携’させて使うとは，2つのシステムにそれぞれログインするが，2つのシステム間でデータが共有されていることを前提として使うという意味です。

共通されているデータとしては，ユーザ（担任者と学生），科目，科目の担任者，履修登録，授業の時間割などの履修環境に関する基本データがあります。これらの情報は機関としてCEASを導入している場合には，CEASを運用する担当者（履修環境管理者）により通常設定されています。さらに基本データに加えて，アンケート，小テストの設問データ，学生の回答/解答データを共有しています。

データを共有していることにより，教員や学生は普段使っているCEASの延長としてS-maqsを利用できるという利点があります。さらに，システム側で，

・授業の状況の想定：S-maqsを授業中に利用する際には，その時間帯で担任者が担当し学生が出席する科目や授業回の情報が取得できる
・授業実施時に用いる教材（授業資料やアンケートなど）と，科目や授業回の情報の関連が取得できる

といったことがあるので，S-maqsを利用する際の選択操作の効率化や実施ページの確認/調整作業の簡単化を図ることが可能となりました。

3　S-maqsの利用と改善点

2011年度にS-maqsのプロトタイプの設計がなされ，最初のバージョンのシステムが開発されました。2012年の春学期には最初のバージョンのS-maqsを，大規模なクラスである「社会安全学総論1」と「環境と都市社会」

の授業科目で試行することにより，システムの性能の確認や学生への指示も含めた授業への導入方法についての知見を得ることができました。さらに，同年秋学期には「プログラミング技法」で，S-maqs のアンケートや小テストの実施のいくつかのパターンを試し，担任者にとっての使いやすさを向上するためのシステム改修を行いました。

ここでは，これらの試行で得られた利用法に関する知見や S-maqs に加えられた改善について，担任者の授業に関する活動フローに沿ってまとめて紹介します。

3. 1　授業前の準備

授業中に学生からの応答を得るためには，CEAS を利用して当該の科目にアンケートまたは複合式テストの設問を作成・登録し，次回の授業回にそれらを割り付けます。さらに S-maqs にアクセスし，その授業回に割りつけられた設問を確認するとともに必要に応じ「編集モード」で，設問の表示 / 非表示や表示順を変更・確認します。

当該科目で，初めて S-maqs を使う場合には，その科目を履修している学生に S-maqs を利用することの予告と，S-maqs にログインできることを予め試しておくことの徹底が重要です。そのためには，S-maqs にログインするための方法を，各学生にとって分かりやすい形で周知する必要があります。（図 1）

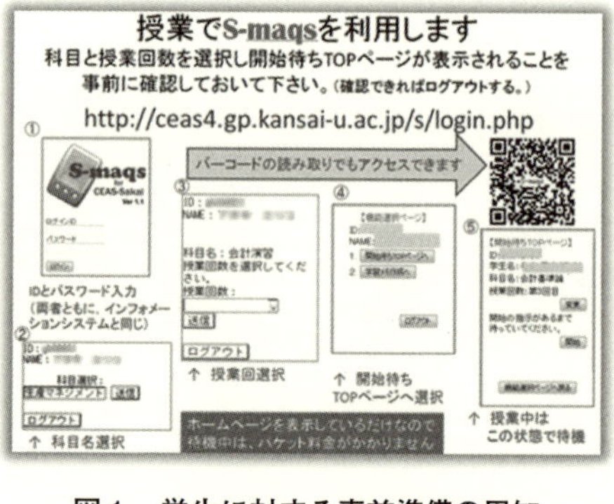

図 1　学生に対する事前準備の周知

3. 2　授業時の利用

3. 2. 1　初回の利用

社会安全学総論1で最初にS-maqsの試行を行った際にはS-maqsの開発者が立ち会い，予め試してログインできなかったすべての学生の携帯電話からS-maqsにログインできることを確認しました。しかしながら出席者290名のうち，29名が授業中にS-maqsを利用しませんでした。その理由は，

・所持している携帯電話でのURL直接入力の選択方法を学生が知らず，検索機能で検索し選択すると，（機種固有のブラウザが使えず）フルブラウザでS-maqsのログイン画面が表示される機種がある。フルブラウザを使う場合には，通信料金が高くなる可能性があり，学生はS-maqsの使用を躊躇した。

・S-maqsは試行用なので初期パスワードを別途設定しているにも拘らず，運用中のCEAS用のパスワードを入力し，S-maqsにはログインできないと判断していた。

・電池が切れた。

といったものでした。

なお，URLの直接指定が分かりにくい機種があることを考慮し，図1に示したように学生への事前指示にQRコードの提示を含めるようにしました。

5月中旬に「環境と都市社会」でこの指示を使って，S-maqsを使用したところ，URL入力に関するトラブルはなくなりました。しかしながら，予めログインできることの確認を怠っていた学生が相当数あり，授業中にログインを指示した際にログインできない学生が発生しました。ログインできなかった理由は，本人の不注意によるIDやパスワードの入力ミスでした。特に，IDの先頭文字「k」を大文字で入力していてその間違いに気付かなかった学生が数名いました。（関西大学のインフォメーションシステムは，大文字小文字の区別をしていないため，CEASやS-maqsにログインを試みるまで間違いに気がつかなかったのです。）

3. 2. 2　授業中のアンケートや小テストの実施

「社会安全学総論1」の授業中に実施した選択式のアンケートでは，回答を回収するまでの時間が約3分でS-maqsによるアンケートを授業中に使える見通しを得ることができました。一方，「環境と都市社会」の授業中に実施した選択式アンケートは同様の所要時間で回答を回収できましたが，記述式のアンケートは学生の記入に要する時間が学生によりばらつきがあることが予想されたので，10分以上の締め切り時間を設問作成時に設定しておき，学生の回答状況を見ながら受付を締め切りました。

スクリーンには，経過時間と学生の回答記入開始者数および回答送信者数を時々刻々表示していましたが，受け付け締め切りのために終了ボタンを押す操作のタイミングを学生の要望により延長せざるを得なくなり，授業を予定通り進められないことがありました。この点を解決するため，アンケートや小テストを開始する際に経過時間を表示するか残り時間を表示（カウントダウン）するかを選択できるように，S-maqsの改善を行いました。図2は，2012年度秋学期のプログラミング技法の授業中にカウントダウン方式で回答を回収している画面の例を示しています。

教員が授業中にS-maqsを利用する際，PCの画面・プロジェクタスクリーン・学生へ視点の移動を行うのに伴うPC上の画面変化の見落としや，教室に設置されているプロジェクタの解像度が低いことに伴う表示領域の制約な

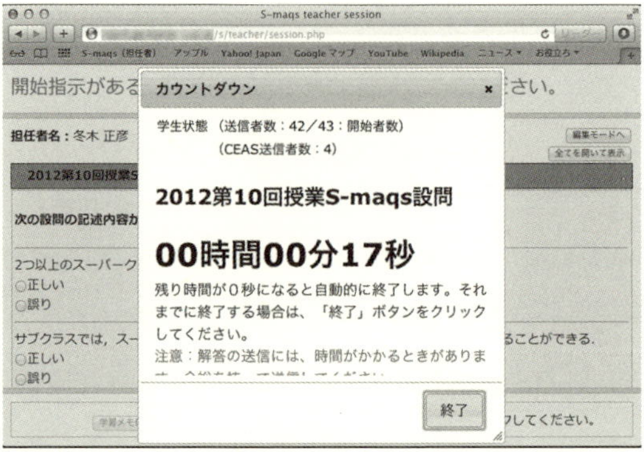

図2　カウントダウン画面例

どの問題も，実際の授業でのS-maqs試行中に判明し，その解決のためのS-maqsの画面レイアウトの一部修正も行いました。

学生からのアンケートへの回答結果は，回答送信終了後にスクリーンに投影できます。図3は，プログラミング技法の授業中に説明した事項に関する正誤判定を問うアンケートの回答結果を示す表示例です。学生の回答は2分され誤回答の方が少し上回っていることが分かり，その場で設問に関する説明を行いました。

このように，教員が期待しているようには学生は必ずしも授業の内容を理解していないことがただちに判明し，それに対する対応を行えるのはS-maqsのような双方向型ツールの特長です。

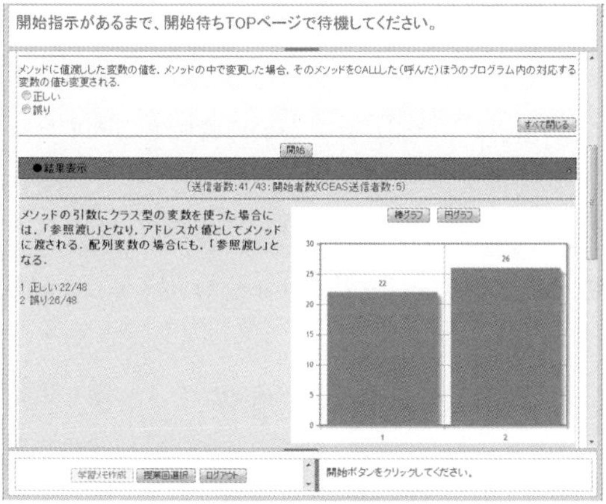

図3　結果表示画面の例

3. 2. 3　グループワーク活動のふりかえりの実施

「メディア教育論」は，教職科目として開講されています。この授業では，授業前半にメディアが教育分野に導入されるようになった背景，小・中・高等学校におけるメディア活用の事例，メディアリテラシー教育，情報モラル教育などについて学びます。理論的な知識だけではなく教育に関する実践的な知識も求められる分野ですから，授業後半は前半で学んだことをもとにして，グループごとにメディアを活用した授業案もしくはICT教材の開発設計案を作成し，授業最終日にはポスターセッションをします。

授業では，前半にCEASトピック機能を活用し，後半ではS-maqsを活用しました。前半はICT利用に関する理論や教育実践事例について，自分の経験と結び付けて授業をふりかえるためにトピック機能を活用しました。たとえば，第3回のテーマは，「自ら経験したICTを取り入れた教育の例を挙げ，それがどういった思想（行動主義，認知主義，社会構成主義）に位置づけられていたのかを考え，またそれに対する自分の考えについて述べて下さい」でした。学生は授業後にトピック機能を活用して，互いに意見を提示しあい，活発な意見交換を行いました。

後半のグループワークでは，毎回「活動内容，グループに貢献した点，課題，次の活動予定」についてふりかえりをすることになっています。これはCEASのトピック機能を活用して実施することもできましたが，学生数が多い授業でしたので出席確認を兼ねたいという意図もありました。そこで授業最後の10分程度の時間を使い，S-maqsを活用しました。現在，関西大学で導入しているクリッカーは文字入力や個人の特定ができないため，出席機能やふりかえりのミニッツペーパーのような役割を担うことができません。一方，S-maqsは，これらが可能ですし，なおかつ授業前半で利用しているトピック機能とも連動していますので，成績評価をする際も煩雑な作業なく実施することができます。学生も自分や他の学生の投稿履歴を確認することができるため，授業をふりかえる有益なツールになると考えます。

3. 3　授業後の提出物の管理

S-maqsを利用して授業中に学生から回収したアンケートや小テストの結果は，CEASの授業データ管理機能の「アンケート管理」や「複合式テスト管理」の機能を利用して行うことができます。

2012年秋学期に，アンケート管理の機能を利用して前述のプログラミング技法の授業の結果を見ていて，S-maqsで回答を送信したよりも多い回答が登録されていることに気が付きました。その原因を分析した結果，Smaqsを利用するようにとの教員の指示に従わずに，iPadなどのタブレット端末でCEASにログインし，その授業回に割りつけられている当該アンケートの回答画面から回答を送信した学生がいることが分かりました。学生がS-maqsからアンケートを利用することを想定していますが（教員がCEASに割り付けたアンケートを，学生がCEASにアクセスし回答することはあり得ると考えました。その場合でも開始や終了，データの登録は正しく行えるように共有データの設計・実装をしていましたので，回答データが登録されていたのです。）このようなCEASに直接アクセスして回答を送信した状況も教員が実施中に把握できるようにS-maqsを改修しましたので，前述の図2の画面には「CEAS送信者数」も表示されています。

4　S-maqsを使い始めるには

2013年度春学期よりS-maqsシステムは全学運用しているCEAS/Sakaiシステムと連携して使えるようになっています。

S-maqsシステムの利用手順などの説明は，「S-maqs利用の手引き（担任者向け）」（図4）に記載されています。この手引書は関西大学HPの中の「CEAS資料室」からダウンロード可能になっています。

図4　S-maqs利用の手引き（担任者向け）

参考文献

永岡慶三（2005）「携帯電話利用によるレスポンス・アナライザ・システム」,『早稲田大学人間科学研究』, 第18巻第1号, pp. 119-125.

植木泰博, 米坂元宏, 冬木正彦, 荒川雅裕（2005）「携帯電話を用いた出席確認システムの開発と評価」,『教育システム情報学会誌』, 第22巻第3号, pp. 210-215.

植木泰博, 冬木正彦（2013）「CMSと連携するスマートケータイ出席確認小テストシステムS-maqsの実用性向上」,『情報処理学会第75回全国大会講演論文集』, 第4巻, pp. 331-332.

付記

共同研究の中でS-maqsのシステム開発を行ったニュータイプシステムズ（株）植木泰博氏の協力に感謝いたします。

第 17 章　「交渉学」，ラーニング・アシスタントを取り入れた初年次教育「ピア・コミュニティ入門・演習」におけるデザイン

教育推進部　山本敏幸

科目名：ピア・コミュニティ入門・演習
科目の位置づけ：全学共通科目，演習，1 年生向け授業
受講生数：約 80 名
キーワード：ラーニング・アシスタント，PBL，交渉学，e ポートフォリオ，アセスメント

あらまし：「ピア・コミュニティ入門・演習」は，保護者により経済的，精神的に守られている状況から，卒業後には社会人となって巣立っていく学生諸君に，アカデミック基礎力，しいては，社会人としてのコンセプチュアルスキルを涵養するための授業です。具体的には，一人前の社会人としての自覚，意識を持つこと，自分の言葉で自分の考え，感情，思いをきちんと伝え，共感できるようになることを目指しています。そのために，本授業ではグループによる学習活動やロールプレイにおいて，課題を発見し，課題を解決するためのディスカッションを通じて，その後の合意形成に向けた判断，行動について学ぶ実践的なコンセプチュアルスキルの修得を目指します。

本授業では，当該科目を履修済みの受講生をラーニング・アシスタント（LA）として導入しています。LA の主な役割はグループ・ディスカッションでのファシリテーション，時には Devil's Advocate 役（さまざまな立場の意見に対し，プラス面，マイナス面の両面を鋭く指摘する役割），ロールプレイ演習ではロールモデルとして受講生にデモンストレーションし，学習の深い理解と演習での円滑な展開ができるように促すことです。

さらに，e ポートフォリオを活用して，受講生自らが学習目標に到達するまでのプロセスを記録し，ふりかえりを繰り返すことでメタ認知による経験への落とし込みや，自己効力感の向上を目指します。

1　授業概要と目的

1. 1 「ピア・コミュニティ＝コミュニケーション」という考え方

ピア・コミュニティ入門・演習は，個々人の学生のそれぞれのコミュニケーションスキル，また，アカデミック・ライフで必要となる根本的なコンセプチュアルスキル，社会人としてのコンセプチュアルスキルを身につけるための避けて通ることができない登竜門といった位置づけです。本授業ではコンセプチュアルスキルの根幹となるコミュニケーション力を修得することを主たる目的としています。コミュニケーションの目的は，ただ情報を吸収するだけではありません。また，得た情報を理解することでもありません。プレゼンテーション，発表で情報発信することでもありません。コミュニケーションの目的は，コミュニケーションにより人と人の心が共感によりつながり，コミュニティを良くしようという行為，貢献に波及していくことです。本授業を通して，受講生諸君が各自のアイデンティティを見極めるプロセスを支援し，卒業して社会人となる時点で，社会人として臨むことになる様々な局面で自信を持ってコミュニケーション力を発揮できることを期待しています。

ところで，大学でどんな最先端の専門分野の知識を身につけて卒業しても，その先端の鋭さが悪くなるのは 3 年程度と言われています。その時点でも，自分を社会の一員として成長させていく推進力となるのが，社会に出てもますます必要となるコンセプチュアルスキルだとハーバード大学のカッツ教授は主張します（Katz 1974）。ベネッセコーポレーション発行の View21（2011）でも，入社 3 年目の社会人を対象に行った調査で，「今一番必要としているスキルは何か？」という問いに 95 パーセントの回答者が，コンセプチュアルスキルが今の自分に欠けていて必要だと回答しています。これは裏を返せば，大学で提供している科目が，学生が社会人となって必要とされるコンセプチュアルスキルを涵養するために機能していなかったことを意味します。かといって，社会人になってから必要となるコンセプチュアルスキルを教育していこうという合意形成もカリキュラムデザインにはなされていなかったようにも考えられます。

また，近年のソーシャル系のICTの進化により，コミュニティや社会のダイナミックスが変わってきています。これまでは，1対1のコミュニケーションや対話に焦点を当てて，ひとりの人間とひとりの人間のコミュニケーションを考えてきました。これは，認知主義の心理学を中心に言語修得や心を研究してきた成果が基になっていました。筆者も大学院時代は変形性成文法に興味を持ち，人がどのように言葉を獲得していくのかを学びました。言葉は心の鏡というように主張する書籍も目にしました。しかし，これからの教育では1対1の対話から多対多，グループの中での話し合いによる合意形成に始まり，その合意形成を基にして別のグループと合意形成をするといった社会のメンバーとしてのソーシャルレベルでのコミュニケーションによる合意形成能力の習得が主流となってきます。

本授業は，ソーシャルレベルでのコミュニケーションによる合意形成能力の育成を通じて，社会人に必要とされるコンセプチュアルスキルを修得することをねらいとしています。

1. 2 本授業のミッション到達へのステップ

本授業では，これらのポイントを踏まえて，ソーシャルでの合意形成を実践することをミッションとして掲げます。しかし，いきなりソーシャルレベルでの演習活動ができるようにはなりませんので，次のようなステップを踏んでいきます。

最終目標： ソーシャルレベルでの合意形成
ステップ1： 1対1の合意形成
ステップ2： グループ（コミュニティ）内の合意形成
ステップ3： 「グループ（コミュニティ）内の合意形成」対「グループ（コミュニティ）内の合意形成」の合意形成

ステップ1では，1対1の合意形成を演習の準備段階にグループ・ディスカッションを取り入れたコミュニケーション演習（相手の視点から見た状況）を通しておこなっていきます。

ステップ2では与えられたテーマと状況設定を基に，グループ内のそれぞれのメンバーが役割・責任を担ってロールプレイによるシミュレーション演習を通して，グループ内の他の複数のメンバーの視点から見た状況を踏まえて，合意形成をおこなう演習をすすめていきます。

ステップ3では，双方あるいは複数のグループが認める共通課題・問題点・交渉課題に対してグループ間で最適な解決策の創出や提案をおこなうといったコンフリクト・レゾルーションのグループ演習をします。まずは，それぞれのグループ内でステップ2のようにロールプレイによるシミュレーション演習による合意形成をおこないます。その合意形成を基にして，グループ対グループの次元で，他のグループとのコンフリクト・レゾルーションの演習をおこないます。これらの3つのステップを踏むことにより，受講生は実際の社会で起こりうるような状況をロールプレイによりシミュレーション学習することができます。

こうした学習を通して，4年間の大学生活の中で効率よくコミュニケーションによる合意形成のプロセスを社会の一員としての自覚を身につけながら修得していくことができます。次節では，ステップ1からステップ3の流れを詳しく見ていきます。

2 「ピア・コミュニティ入門・演習」

本節では，初年次生を対象とした「ピア・コミュニティ入門・演習」の取り組みを紹介していきます。まずは，エドガー・デール（1946）のコーンオブラーニングから見ていきましょう。図1は，能動的学習と受動的学習を分けており，従来型の学習のほとんどが受動的学習と分類しています。そして，より学習効果を上げるには学習は能動的，つまり，アクティブ・ラーニングが必要であることを示しています。なかでも，実体験に近い学習体験をすることで，より高い学習効果を上げることが提唱されています（図1参照）。

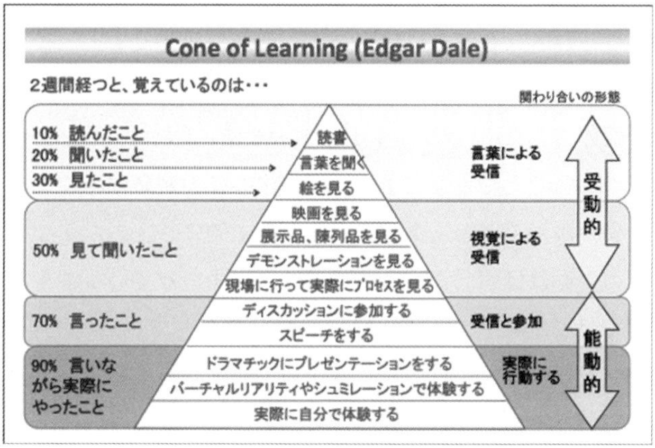

図1 Edger Dale's Cone of Learning

(Copyright© T. Yamamoto with his translation cited from Edgar Dale, Audio visual methods in teaching (3rd ed.), New York, Holt, Rinehart, Winston (1969) 筆者訳)

では，学習効果が高い能動的学習，アクティブ・ラーニングはどのようにおこなっていけばいいのでしょうか。本授業は，新しい知識情報を得るためのミニレクチャー，情報分析のための演習，どういう風にコミュニケーションの戦略を立てればいいかを考えるグループ活動，1対1によるロールプレイによるシミュレーション演習，ふりかえりのセッション（グループレベルおよび個人レベル）からなっています。個々人の受講生はそれぞれのセグメントで学習活動の進捗を記録し，ふりかえりをおこないます。ふりかえりは単なる過去の学習のふりかえりではありません。学習活動をふりかえることにより，抽象的なレベルから学習活動を見直しメタ認知することで，新しく得た知識情報や新しく得た学習経験を未だ直面していない状況でも応用できるような知恵に変え，対応できる自信，つまり，自己効力感を高めてくれます。

しかし，これだけでは，コミュニケーション力は身に付きません。そこで目を付けたのがハーバード大学のロジャー・フィッシャー教授の感情（emotion）や共感（empathy）を考慮に入れたコミュニケーション力の育成です。この手法では，相手と心を開き，信頼を高めることで継続性のある win-win

の関係を築いていくことを目指しています。

コミュニケーションを取るには，まず，準備が必要です。つまり，目標を明確にするわけです。ここでは，理想に近いレベルのことを考えていきます。この目標のことを「ミッション」と言います。「ミッション」をアーチェリーの的の中心と考えてみましょう。的の中心に矢が命中しなくても，的の他の部分に矢が当たることもあります。また，的にさえ当たらないこともあります。的の中心ははずしたが，的のどこかに当たっているような状況，つまり，完璧ではないにしろ，だいたい目標は果たしている状況もあります。このような状況，つまり，的の全体の大きさを前もって想定しておくことが大切です。言い換えると，理想の目標である「ミッション」は実現しなくても，ある一定の条件や状況下でも受け入れられる領域を前もって準備しておくわけです。この領域を ZOPA（Zone of Possible Agreement）といいます。

さらに，コミュニケーションを取る前に，もう一つ準備しておくことがあります。それは，想定していた ZOPA がすべてうまくいかなかった際の対処法です。これを BATNA（Best Alternative to Negotiable Agreement）

図２　ミッションの設定

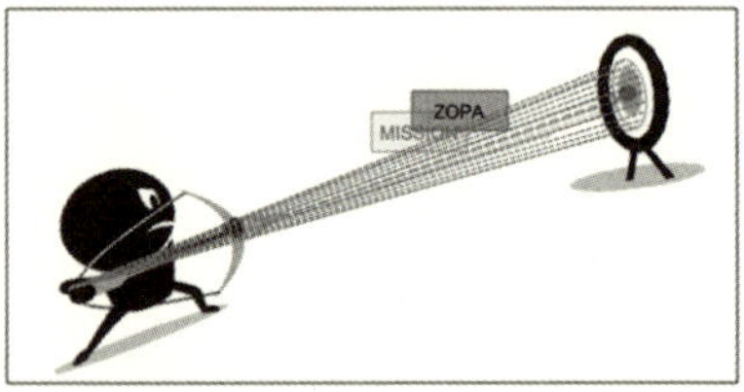

図３　ZOPA の想定

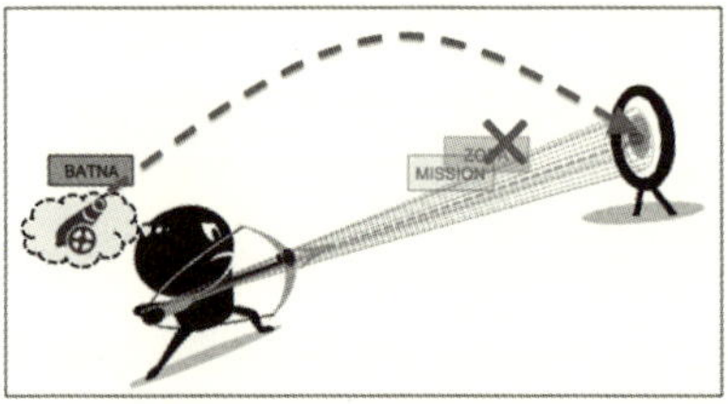

図４　BATNA の準備（ZOPA が全部うまくいかなかった際を想定）

といいます。BATNA までも準備してコミュニケーションに臨むことで，コミュニケーションをしている自分の姿を客観視しながら余裕をもって，コミュニケーションを実践することができます。

日本では，ロジャー・フィッシャー教授の提唱するコミュニケーション手法を「交渉学」と呼ぶことが定着しています。上述の交渉学のスキルを身につけることは，まさに，課題となるトピックについての情報を収集し，情報処理をするプロセスを経て，次なる行動の決断（選択）をすることに他なりません。言い換えると，ミッションをたて，ZOPA を準備し，さらに，BATNA をも準備するといった交渉学の一般的な枠組みを理解すれば，論理的思考，批判的思考，規則や規程に従って思考を進展することが可能となります。さらに，交渉学の枠組みに従った演習を繰り返すことで，受講生は交渉学の枠組みに沿って必要となる情報を収集し，コミュニケーションの段取り力を身につけることができます。これは，交渉学の枠組みがミッションとして長期のいい関係を維持することを目指しているからです。

図5　交渉学のフレームワーク

（Copyright© M.isshiki, M.Tagami, & Y.Sato）

2. 1 「関大人力」を育むピア・コミュニティ入門・演習コースの開発

「交渉学」のフレームワークを活用して，ケース・スタディを使ったロールプレイ・シミュレーションを含む交渉学のカリキュラムを開発し，ピア・コミュニティ入門・演習で実践を行いました。ここでは，コース・デザインについて述べていきます。

2. 1. 1 演習１

ピア・コミュニティ入門・演習のコースでは５週間をかけて，２人のメインとなる登場人物からなる１つのケースを演習形式で展開していきます。まず，受講生はそれぞれの人物のロールを演出するために，２つのグループに分類されます。便宜上，この２つのグループをＡグループ，Ｂグループと呼びます。各グループはさらに，4，５人のグループに分けられ，交渉学の戦略についてのディスカッションをおこないます。

ここで，採用しているロールプレイ演習について少し説明をします。ロールプレイ演習では，設定された状況下で初めて出会う二人がコミュニケーションにより信頼関係を築き，その場のお互いの利害関係のみならず，長期の永い win-win の信頼関係を継続することを実践していきます。それぞれの当事者の置かれた状況や立場を詳しく情報収集し，どうやって信頼関係を築くきっかけを見つけるか，築きかけた信頼関係をこれから先のことを考えてどう行動判断して維持していくかを考えます。その際に，当事者と絆で繋がっている関係者（家族，友人，コミュニティのメンバーなど）の思い，気持ち，感情，信頼関係も配慮しながらロールを演じることで，コミュニケーションにより信頼関係を新たに築き，その関係を永く維持することの難しさ，大切さを体感によりインタラクティブに学んでいく学習形態です。（実際のロールプレイ演習の状況を学内配信ビデオで準備していますので，ご参考にしてみてください。http://www.edu.kansai-u.ac.jp/2013/tl/sss/AdvancedComm/）状況はそれぞれの事情と思いをもつ二人：「①これから有名になるであろう若手の有望な画家の作品を集める美術愛好家：フランスのフリーマーケットで見つけた作品の若手画家が後々有名になり美術愛好家仲間から一目置かれるようになった」「②有名画家を父に持つが対立し，家を飛び出した美大生：日展に出すための作品作りのための画材を買うお金に困り，初めてフリーマーケットに自分の作品を売るため出店した」。この二人がどう信頼関係を築いていくかという設定です。

次に，ロールプレイ演習の進め方について説明します。授業の担当教員は，受講生にこの演習の目的についてミニレクチャーをします。そして，交渉学の基本概念，演習の手順，演習をおこなうためのルールを説明します。これらを踏まえて，交渉学演習のための状況資料を配付します。状況資料は 2 つのグループで共通の状況資料とそれぞれのグループのみに知らされる内的な感情を含む情報資料からなります。つまり，それぞれのグループは固有の ZOPA と BATNA をディスカッションにより準備していくことになります。図 6 が共通の状況資料で，図 7，図 8 がそれぞれグループ固有の情報資料のイメージです。

まず，受講生は，個人レベルで，共通の設定状況資料とそれぞれのグループ固有の情報資料（家族，友人など利害関係を共有する人たちとの人間関係や実現したい夢，期待，感情，気配り等を含む情報）を読み，理解します。

個々人の受講生はそれぞれの登場人物の置かれている状況を読解により理

図 6　共通の状況資料

（図 6 から図 9 は GLIAL, Inc.（著作所有者）よりイメージとして表示する承諾を得ています。）

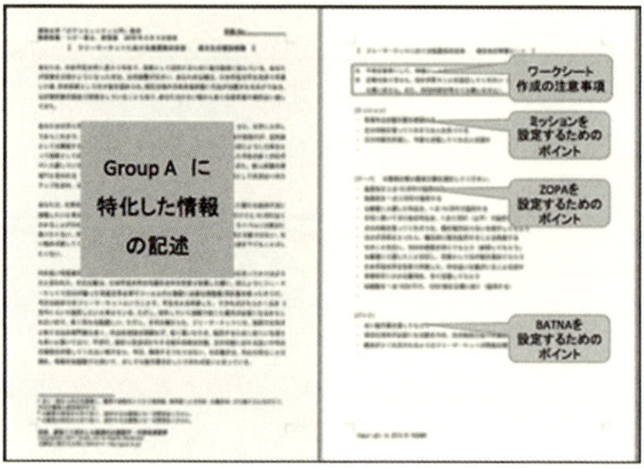

図7　グループAの状況資料

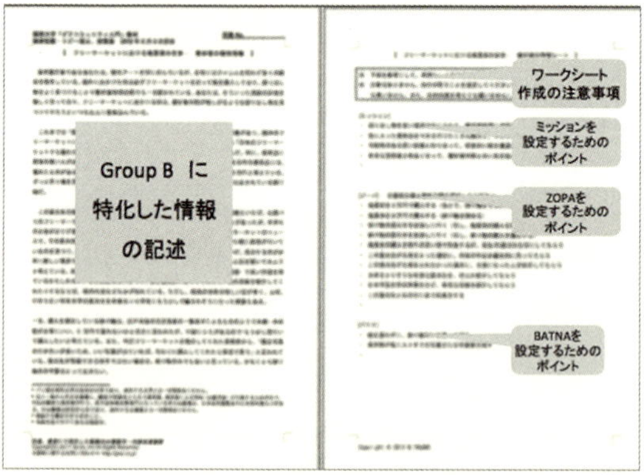

図8　グループBの状況資料

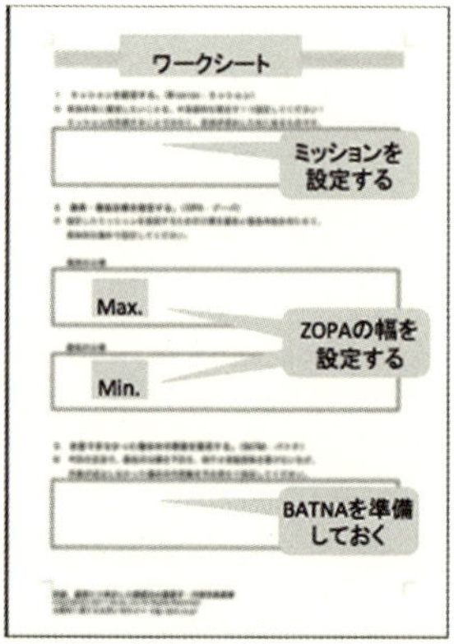

図9　交渉学ワークシート

解します。そして，交渉学演習の準備のためのワークシートを完成します。図9がワークシート（イメージ）です。

2. 1. 2 演習2

演習1が終わると，受講生は4，5名からなるディスカッション・グループで，交渉のため，それぞれのたてたミッション，ZOPA，BATNAについて情報共有し，これからの交渉演習の詳細な戦略をたてます。

2. 1. 3 演習3

次に，交渉のためのコミュニケーション演習をAグループ，Bグループから1人ずつペアになり，ロールプレイ・シミュレーションによる交渉演習をおこないます。

受講生がロールプレイ・シミュレーション演習を始める前に，LAによるお手本となるロールプレイ・シミュレーションを受講生の前でデモンストレーションします。これから受講生がおこなうことを前もって示し，どの程度のレベルが求められているかを伝えるわけです。最初は模範を示すことでその程度以下のワンパターン化したロールプレイ・シミュレーションしかできなくなってしまうのではという懸念がありました。しかし，さまざまなミッションと無限に近い数のZOPAからコミュニケーションによる落としどころを探るため，受講生はこの演習の解決策が一つでないことを実体験できる利点もあることがわかったようです。

2. 1. 4 演習4

演習3では，ペアごとにそれぞれの準備したミッション，ZOPA，BATNAに基づいて交渉の落としどころにたどり着くことになります。ZOPAの範囲内で合意形成にたどり着くペアもあれば，BATNAを利用したペアもあるでしょう。ここには唯一の解決案があるわけではありません。演習4では，交渉相手が持っているグループ固有の情報資料を見せてもらい，相手側の立てたZOPAとBATNAの視点から自分の交渉の準備をふりかえります。また，ペアとなった交渉相手から交渉演習の過程でのさまざまな分岐点での判断について説明を聞き，感情の流れを話し合い，情報共有・共感を体験します。将棋の対戦の後に感想戦をおこなうように，メタ認知でコミュニケーション演習のプロセスをふりかえるのです。

2. 1. 5　演習5

演習4の後，担当教員による全体ふりかえりと本演習の主旨の確認とまとめをおこないます。最後に，個々人の受講生は交渉学によるコミュニケーション演習から得た経験を言葉に置き換えて記録します。この記録は個々人のふりかえりシートやミニッツ・ペーパーに学習進捗の記録として蓄えておくことになります。

ふりかえりシートでよく観察される一連の演習からの「気づき」は，まず，交渉相手と信頼関係を築くためのコミュニケーションの難しさがあげられます。次に，相手の立場にたって自分の置かれた状況を見ることの大切さ，さらに，1対1の交渉演習でも，自分が演じているロールにも，交渉相手にも絆，信頼関係や利害関係で繋がる多数の人々がいることに気づくことです。

2. 2　まとめのふりかえり

受講生は学期末に自ら蓄えた学習進捗の記録を再度ふりかえることで，本授業のまとめのふりかえりができます。これは，これまでのすべてのふりかえりシートをまとめる形で作り上げるメタ認知レベルのふりかえりシートです。eポートフォリオ的な考え方で，これまでの学習全体をふりかえることによって，学習者本人の学習における成長のきっかけとなったことの確認，学習成果物から確認できる成長の証の可視化をすることで，自己の成長を客観的に確認し，自己効力（新たな状況に直面しても目標を達成できるという自信）を養うことをめざします。

3 まとめ

このようなグループ学習による課題発見・課題解決のアクティブ・ラーニングを活用したコミュニケーション演習はまだ教材となる資料もないためにすべてが自作での準備が必要です。しかし，その苦労のしがいもあります。受講生のふりかえりシートには，コミュニケーションスキル修得による自己効力の向上のエビデンスが溢れ，授業の楽しさが表現されているのを確認できるのです。これは従来型の成績評価だけの授業では，観察できなかった学習効果です。

4 今後の課題

近年，受講生の学習スタイル・形態が，以前の書籍からの学習スタイルからスマートフォンを活用したデジタルスタイルに移行しているようです。ICT の普及・進展が当たり前のデジタル時期に生まれ育った受講生にとっては，生まれながらマルチ・モーダルな手段で情報を収集し，学習を進めることが自然な方法で，問題発見・解決をおこなうことは当然のように思えます。交渉学のコミュニケーションにおいて，与えられたケースの中で，問題解決に向かって，考えるために必要な材料（情報）を適切に提供するには，マルチメディアを駆使し学習者の情報収集のための感覚器官に同時に多チャンネルを通じて状況提供をすることが必須のように思えます。つまり，学習活動のふりかえりはミニッツ・ペーパーによる筆記が中心でしたが，今後は受講生のマルチ・モーダルを駆使した形式での「ふりかえり」「学びの共有」も計画しております。

また，コラボノートのようなクラウド上で授業内外においてグループ学習を支援するような学習環境も活用し，受講生同士がお互いの学習への取り組みを観察し，話し合いにより情報共有・共感することで，問題定義を明確にし，グループでどう問題解決をするのかといったチームベースドラーニングによる問題発見・問題解決の手法を十分に考えさせる学習の機会を提供することができるのではないでしょうか。

謝辞

本章を準備するにあたり，関西大学教育開発支援センター研究員の田上正範氏に第一稿，イラスト図の準備等で助言をいただきましたことに感謝の意を表します。

参考文献

Barrett, H.（2013）*Using Technology to Support Alternative Assessment and Electronic Portfolios. Retrieved January 31*, 2013, from http://electronicportfolios.org/portfolios.html

Barrett, H.（2013）*E-Protfolios for Learning*. Retrieved January 31, 2013, from http://electronic-portfolios.org/blog/.

ベネッセ教育総合研究所（2011）［データで見る］学生の実態と社会で求められる力のギャップ．VIEW21［大学版］．2011特別号．再構築が迫られる大学の人材育成システム．株式会社ベネッセコーポレーション．（Web版URL: http://benesse.jp/berd/center/open/dai/view21/　2011/12/）

Bigelow, J. D.（2004）Using Problem-Based Learning to Develop Skills in Solving Unstructured Problems. *Journal of Management Education*. 28(5), pp.591-609.

Carnegie, D.（1936）*How To Win Friends And Influence People*. New York: Simon & Schuster.

Dale, E.（1946）*Audio-visual methods in teaching*. New York: The Dryden Press.

Dale, E.（1954）*Audio-visual methods in teaching, revised edition*. New York: A Holt-Dryden Book, Henry Holt and Company.

Dale, E.（1969）*Audiovisual methods in teaching, third edition*. New York: The Dryden Press; Holt, Rinehart and Winston.

Dale, E.（1953）What does it mean to communicate? *AV Communication Review*, 1(1), pp.3-5.

Dewey, J.（1938）Experience and Education. Austin, Texas: Kappa Delta Pi.

Fisher, R., & Brown, S.（1989）*Getting Together: Building Relationships As We Negotiate*. New York: Penguin Books.

Fisher, R., & Shapiro, D. L.（2005）*Beyond Reason: Using Emotions as You Negotiate. 1st ed.* New York: Penguin Books.

Fisher, W. W. III.（1997）Property and Contract on the Internet, *73 Chicago-Kent Law Review 1203*. Fisher, R., Schneider, A. K., Borgwardt, E., & Ganson, B.（1997）*Coping with International Conflict: A Systematic Approach to Influence in International Negotiation*. Englewood Cliffs, NJ: Prentice Hall.

Fisher, R., William, L. U., & Patton, I. B. (1981) *Getting to Yes: Negotiating Agreement Without Giving In*. New York: Penguin Books.

Flavell, J. H. (1976) Metacognitive Development. In J.M. Scandura and C.J. Brainerd (Eds.), *Structural Process Theories of Complex Human Behavior*. Ayphen and Rijin. The Netherlands; Sijtoff & Noordhoff.

Harvard Business School Press. (2003) *Negotiation* (*Harvard Business Essentials*). Boston, MA: Harvard Business School Press.

Howard, R. (1985) *The Art and Science of Negotiation*. Cambridge, MA: Belknap Press of Harvard University Press.

Isshiki, M., Tamura, J., & Sumida, K. (2010) *An Introduction to Negotiation*. Tokyo: Nihon Keizai Shinbun Shuppansha.

Ivancevich, J. & Matteson, M. (2002) *Organizational Behavior and Management*. New York: McGraw-Hill.

Katz, R. (1974) Skills of an effective administrator. *Harvard Business Review*. Boston, MA: Harvard Business School Press.

関西大学教育推進部教育開発支援センター (2010)「平成21年度三者協働型アクティブ・ラーニングの展開」報告書

関西大学教育推進部教育開発支援センター (2012)「初年次教育におけるアクティブ・ラ ーニング型授業デザインブック」

春日井敏之，西山久美子，森川澄男，栗原慎二，高野利雄 (2011)「やってみよう！ピア・サポート，ひと目でポイントがわかるピア・サポート実践集」，日本ピア・サポート学会編集，ほんの森出版．

Keller, J. (1988) *John Keller's ARCS Model of Motivational Design*. Retrieved January 31, 2013, from http://www.nwlink.com/~donclark/hrd/learning/id/ arcs_model.html

MacGrath (1984) *Groups: Interaction and performance*. Englewood Cliffs: Prentice-Hall.

牧野ゆかり (2008)『議論のデザイン―メッセージとメディアをつなぐカリキュラム―』，ひつじ書房.

Marton, F., & Booth, S. (1997) *Learning and Awareness*. NJ: LEA.

Matteson, M. T., & Ivancevich, J. M. (1987) *Controlling Work Stress: Effective Human Resource and Management Strategies*. Jossey-Bass, San Francisco.

森朋子，山田剛史 (2009)「初年次教育における協調学習が及ぼす効果とそのプロセス」，『京都大学高等教育研究』，第15号，pp.37-46.

中澤務，森貴史，本村康哲 (2007)『知のナヴィゲーター―情報と知識の海 - 現代を航海するための』，くろしお出版.

Nelson, T. O., & L.N. Narens (1994) Why Investigate Metacognition?. In J. Metcalfe. And A.P. Shimamura (Eds.), *Metacognition: Knowing about knowing*.

Cambridge. MA: MIT Press.

Stone, D., Patton, B., Heen, S., & Fisher, R.（2010）***Difficult Conversations.*** New York: Penguin Books.

The Harvard Law School.（2012）Roger Fisher（1922-2012）***Recent News and Spotlights.*** Retrieved January 31, 2013, from http://www.law.harvard.edu/news/ 2012/08/27_roger_fisher_1922_2012. html

Tamura, J.（2004）***Negotiation Strategies, An Introduction to Negotiation Based on Critical Thinking.*** Tokyo: Diamond Press.

Tamura, J. & Sumida, K.（2010）The Framework for Negotiation. In ***Visual Explanation***: An Introduction to Negotiation, Tokyo: Nihon Keizai Shinbun.

Wenger, E., McDermott, R., & Snyder, W. M.（2002）***Cultivating Communities of Practice.*** Boston, MA: Harvard Business School Press.

第５部

社会と連携した学生の能動的な学びを育む学習環境のデザイン（実践編）

第18章　社会人基礎力を培い，新しい価値を創造するビジネス教育

商学部　川上智子

科目名：2年次「演習」CORES（コレス）
科目の位置づけ：商学部専門科目，演習，2年生向け授業
受講生数：約17名×10クラス前後（計約150～200名）
キーワード：CORES（コレス），ビジネスプラン，社会人基礎力，学生メンター，KUBIC（キュービック），BLSP（ビー・エル・エス・ピー），FD（ファカルティ・ディベロップメント），ロボット

あらまし：「演習」CORES（コレス）は，2007年から行なわれている商学部専門教育科目の2年生向け授業です。少人数のグループごとにビジネスプランを作成する課題を通じて，新たな価値を創造するビジネスの総合企画力に加え，社会人基礎力である行動力・思考力・チームワークを培っています。作成したビジネスプランは，関西大学商学部が主催する全国規模の関西大学ビジネスプラン・コンペティション（KUBIC）にすべて応募されます。

「演習」CORES（コレス）には毎年10ゼミ前後の150名～200名の学生が参加し，参加ゼミから選出された代表チームが参加学生全員の前で発表し合う合同発表会を開催します。このように複数のゼミが切磋琢磨し合うことは，学生の学習意欲を刺激するだけでなく，教員同士の交流によるFD上も効果的です。さらに2011年より，新たな展開として，ロボット技術等のシーズを応用した事業企画にも取り組んでいます。

1　授業概要と目的

関西大学商学部は2006年に創設100周年を迎え，その記念事業として，関西大学ビジネスプラン・コンペティション（Kansai University BIz Plan Competition：以下KUBIC キュービックとする）を開催しました。KUBICには，応募者が自由に発想できる自由応募部門と協賛企業から提示されたテーマに対してビジネスを提案するテーマ部門があります。KUBICは，その後，商学部の正式事業として定着しています。

「演習」CORES（コレス）は，このKUBICに応募するビジネスプランを正規授業の中で作成することを目的とした，2年生対象の演習科目で，2007年度に開始されました。「演習」CORES（コレス）では，ビジネスプランの作成をグループで行い，新たな価値を創造するビジネスの総合的な企画力を養うことに加え，社会人基礎力である行動力・思考力・チームワークを培うことを目的としています。

2　授業の特色

2. 1　「演習」とCORES（コレス）

「演習」は，商学部の教員全員が担当する秋学期配当の専門教育科目であり，各教員による選考に合格した学生が受講できる許可制科目です。「演習」は，各教員がテーマを決めて開講し，3年生から始まる「専門演習」（ゼミ）や，2年生秋学期から始まるビジネスリーダー特別プログラム（Business Leader　Special Program：以下，BLSP，ビーエルエスピーとする）を始めとする実践プログラムの導入として位置付けられています。

その「演習」において，商学部の全教員の約1/5に当たる10名前後の教員が，CORES（コレス）として，ビジネスプランの作成をテーマに開講しています。参加学生数は年によって変動しますが，1クラスの定員は定員17名であり，毎年150～200名程度で推移しています。

「演習」CORES（コレス）に参加している教員は，それぞれ専門分野が異なりますが，この科目では，ビジネスプランの作成という共通のテーマにゼミ方式で取り組んでいます。秋学期の半年間，表 1 のようなシラバスの内容に沿って，各ゼミの中で少人数のグループを組織し，各回の学生の活動状況や発表に対し，担当教員がファシリテーターとしてアドバイスやコメントを与え，指導を行っています。

表 1 「演習」CORES（コレス）のシラバス

テーマ 「ビジネスプランの作成による『社会人基礎力』の育成」
演習内容 ・将来の「専門演習」や「卒業研究」の予行演習として，少人数のグループごとにビジネスプランを作成し，社会人基礎力（前に踏み出す力，考え抜く力，チームで働く力）を養う。 ・テーマ設定，資料収集，調査分析，企画書作成，プレゼンテーション等を行い，その方法について，担当者から適宜アドバイスを受ける。 ・ビジネスプランを完成させ，商学部主催の関西大学ビジネスプラン・コンペティション（KUBIC）への応募を目指す。
講義計画　計 15 回 1. オリエンテーション・グループ分け 2. ビジネスプランの事例 3. 事業アイデアの創出 4. 事業アイデアのスクリーニング 5. 事業コンセプトの検討 6. 市場分析とターゲット顧客 7. 競合分析 8. 戦略立案 9. ビジネスモデル図 10. 成功の鍵 11. 事業採算性 12. 中間発表会（複数ゼミ合同） 13. ビジネスプランのブラッシュアップ 14. ビジネスプランの完成 15. 最終発表会（複数ゼミ合同）

2. 2　ビジネスの総合企画力と社会人基礎力

「演習」CORES（コレス）の目的は，主として2つあります。1つは，新しい価値を生み出すビジネスの総合的な企画力を養うこと，そしてもう1つは，社会人基礎力を培うことです。これらはいずれも，関西大学商学部の「品格ある柔軟なビジネスリーダーの育成」という教育理念に即した目標です。

2. 2. 1　ビジネスの総合企画力

図1は，「演習」（CORES コレス）を商学部のカリキュラムの中で位置づけたものです。関西大学商学部は流通・ファイナンス・国際ビジネス・マネジメント・会計という5つの専修を有し，専門知識や理論を体系的に学べる仕組みとなっています。これに加えて，講義で習得した専門知識や理論を実践し，応用する実践プログラムが複数用意されています。

「演習」（CORES コレス）はそうした実践プログラムの1つであり，各専修で学んだ専門知識や理論に基づき，新しいビジネスモデルを企画・立案して，ビジネスプランにまとめ上げていく能力を養います。これが「演習」（CORES コレス）の第1の目的です。

変化の激しい世の中において，ビジネスリーダーとして産業界で活躍するには，今までにない新しい価値を社会に提供していくという強い信念と熱意の下，新たなビジネスのあり方を実務に応用可能な形で企画・構想し，具現化し，実行する能力が不可欠です。

たとえば，新しい商品を事業化していくためには，どのような商品を企画するかだけでなく，材料や部品の調達，販路の開拓，会社組織の編成，資金調達，原価計算，価格設定，採算計画，海外市場への展開など，まさに商学部の5専修で学ぶ，さまざまな専門科目の知識を総動員して取り組む必要があります。

「演習」（CORES コレス）では，新たなビジネスの総合的な企画という課題に取り組むことを通じて，個々の専門分野における理解のみならず，専門分野相互の関連性についての理解が深まります。加えて，学生が自らの知識や理解の不足に気づきやすくなることから，さらなる学習への動機づけを促し，他の講義への参加意欲を高める効果も有しています。

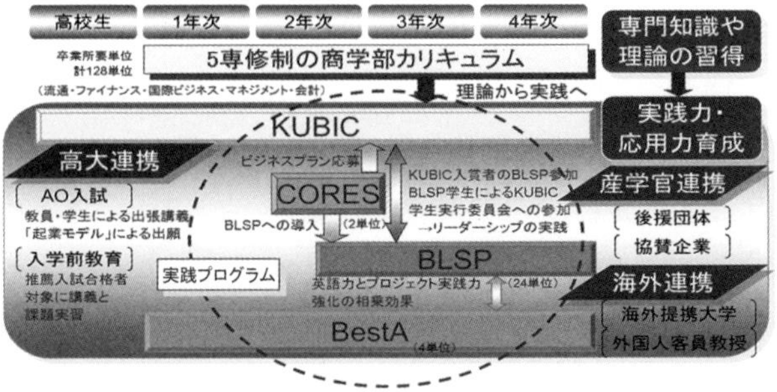

図1　商学部のカリキュラムにおける「演習」CORES（コレス）の位置づけ

2. 2. 2　社会人基礎力

第2に，CORESはCORE Skill Programの略称であり，演習（CORESコレス）は，コア・スキルすなわち社会人基礎力の育成も目的としています。経済産業省によれば，社会人基礎力は「社会人として最低限必要な基礎能力」であり，行動力・思考力・チームワークの3要素12能力から構成されています（第1・4章参照)。

ビジネスプランをグループで作成するプロセスでは，いくつもの課題に取り組む必要があります。そのプロセスにおいて，自ら率先して行動し（行動力)，解決策を深く考え（思考力)，かつチームのメンバーと協力する必要があるため（チームワーク)，「演習」CORES（コレス）では，社会人基礎力を自然と身につけていくことが期待できるのです。

3　「演習」CORES（コレス）の授業運営上の特色

「演習」(CORES コレス）の授業運営上の特色としては，(1) 学生メンター制度，(2) 合同発表会，(3) テキストの共同執筆の3点を挙げることができます。

3. 1　学生メンター制度

学生メンター制度とは，KUBIC学生実行委員会の前年度委員や過年度にCORESを受講した上位学年の学生を2年生に対するメンターとして指名し，学生の学び，教員の指導をサポートする仕組みのことです。

「演習」CORES（コレス）において，各ゼミの教員は，主として専門分野の知識に基づく指導と社会人基礎力の育成を行っています。これに加えて，上位年次生の学生メンターが，自らの経験に基づき，ビジネスプラン作成のテクニカルな側面をバックアップします。たとえば，ビジネスのターゲット顧客についての考え方や採算計画の立て方等を，自らがビジネスプランを作成した際に苦労した点などを交えながら，学生メンターが下位学年の学生にアドバイスしてくれています。メンターが活動することで，より円滑な授業運営が可能となります。

この学生メンター制度は2008年度から始まりました。年を重ねるにつれて，各ゼミ内において，過年度のCORESを経験した学生がメンターとしての適性と能力を身に付け，ゼミ内での上位学年と下位学年との交流が進むようになってきます。

受講する2年生にとっては，同じ学生という立場の先輩からアドバイスを受けることにより，より学習意欲を高める効果があります。一方，学生メンターを務める上位学年生にとっても，下位学年生を指導する経験を通じて，自らの学びを深めるより高次な学習への動機づけの機会となっています。

3. 2　合同発表会

「演習」（CORES コレス）では，毎年12月に参加ゼミの学生全員が参加する合同発表会を行っています。表2は2010年度の合同発表会のプログラム，写真1は発表会の様子です。

この合同発表会では，各ゼミから代表1チームを選出し，プレゼンテーションを行います。発表者だけでなく，聴衆として参加する学生も含めて，参加者全員がコメントシートに全チームの発表に対するアドバイスや感想を記入し，相互に共有し合う仕組みとなっています。

合同発表会の司会進行は，学生による自主的な運営を基本とし，各ゼミの学生メンターのグループが担当します。この合同発表会を目標として，複数のゼミが切磋琢磨し合うことは，学生の学習意欲を刺激するうえで非常に効果的です。また，合同発表会には指導教員も参加することから，自身の指導のあり方についての自己評価や反省を促し，教員相互の学びを促進するため，FD の機会にもなっています。

表 2　CORES 合同ゼミ発表会のスケジュール

会場 1

14:35	集合	
14:40	ラベルシートの記入方法説明	
14:50	発表 1（10 分）	鮎野仁子ゼミ（流通専修）
16:00	質疑応答（5 分）	
16:10	発表 2（10 分）	荒木孝治ゼミ（マネジメント専修）
16:20	質疑応答（5 分）	
16:30	発表 3（10 分）	岩本明憲ゼミ（流通専修）
16:40	質疑応答（5 分）	
16:50	発表 4（10 分）	川上智子ゼミ（マネジメント専修）
17:00	質疑応答（5 分）	
17:10	発表 5（10 分）	岸谷和広ゼミ（流通専修）
	質疑応答（5 分）	
17:15	まとめ	

会場 2

14:35	集合	
14:40	ラベルシートの記入方法説明	
14:50	発表 1（10 分）	木村麻子ゼミ（会計専修）
16:00	質疑応答（5 分）	
16:10	発表 2（10 分）	杉本貴志ゼミ（流通専修）
16:20	質疑応答（5 分）	
16:30	発表 3（10 分）	西岡健一ゼミ（マネジメント専修）
16:40	質疑応答（5 分）	
16:50	発表 4（10 分）	馬場一ゼミ（流通専修）
17:00	質疑応答（5 分）	
17:10	発表 5（10 分）	廣瀬幹好ゼミ（マネジメント専修）
	質疑応答（5 分）	
17:15	まとめ	

写真１　「演習」CORES（コレス）合同発表会の様子

3. 3　テキストの共同執筆

「演習」CORES（コレス）の取り組みによる成果の１つとして，2009年にCORESの共通テキストとして，川上智子・徳常泰之・岸谷和広『事業創造のための実践ビジネスプラン：社会人基礎力を鍛える』（中央経済社）が刊行されました。

このテキストは，「演習」CORES（コレス）に関わった商学部の教員９名が分担執筆している点が最大の特徴です。９名の専門領域は商学部の５専修すべてにわたっており，専門分野を超えた協働が実現しました（流通３名，国際ビジネス１名，ファイナンス１名，マネジメント２名，会計２名）。本書は「演習」CORES（コレス）のテキストとして推奨されています。

さらに商学部では，毎年の入学前教育（Pre Entrance Program）において，KUBICに応募するビジネスプラン作成を課題の１つとして与えています。商学部の教員が「演習」CORES（コレス）の経験に基づき分担執筆した上述の図書は，推薦入試で合格した高校生の自学自習にも助けとなるものであることから，その参考文献としても推奨されています。

4 「演習」CORES（コレス）の成果と新たな展開および課題

4. 1 これまでの成果

「演習」CORES（コレス）のこれまでの成果としては，KUBIC2010において西岡健一ゼミのプランが準優勝し，KUBIC2011において，川上智子ゼミの2チームが優勝・準優勝したことが挙げられます。

KUBICには，全国から毎年約1,000件のビジネスプランが応募されています。その中で，高校の部5件，大学の部5件，計10件のみが本選会に進出できるという狭き門です。にも関わらず，2年連続で「演習」CORES（コレス）から上位入賞を果たすことができました。

KUBICは匿名レビュー方式であるため，審査で関西大学のプランが有利になることはありません。したがって，公平な審査のプロセスを経て，「演習」CORES（コレス）で指導されたビジネスプランの質の高さが証明されたことになります。

参加ゼミ数も，在外研究等で若干の入れ替わりはあるものの，10ゼミ前後で安定的に運営されています。学生メンターの人材育成，教員自身の知識やノウハウの蓄積，運営の組織や方法のルーチン化など，学部にプログラムを定着させるための真摯かつ地道な取り組みを続けたことが，以上のような現時点での成果につながっていると考えられます。

4. 2 「演習」ロボットCORES（コレス）への展開

さらに，「演習」CORES（コレス）の新たな展開として，一部のゼミでは，2010年よりロボット技術を応用したビジネスプランの作成にも取り組み始めました。

ロボット産業は，今後の日本の産業社会全体を発展しうる可能性のある重要な領域です。しかしながら，高等教育におけるロボット産業の人材育成は，理工系や情報系の学部で行われているものがほとんどであり，一般的な傾向として，ビジネスの視点が欠落しやすい傾向があります。文系の学生にロボット技術に関する基礎的な知識を与え，要素技術を軸としたビジネスプランの作成に取り組むことは，その意味で，希少かつ意義ある取り組みといえます。

「演習」ロボットCORES（コレス）では，従来の「演習」CORES（コレス）において，ロボット技術をテーマとして取り組み，ロボット関連の具体的なビジネスプランを企画しています。KUBIC2011の本選会で優勝・準優勝したビジネスプランは，いずれもロボットCORES（コレス）に参加したグループが作成したものです。

商学部では，2009年に財団法人 大阪市都市型産業振興センターのロボット・ラボラトリー（当時）と授業協力に関する包括提携を行いました。2010年度には「演習」ロボットCORES（コレス）に3教員のゼミから8チームが参加し，2010年10月にオリエンテーション，2011年1月に最終発表会を，それぞれロボット・ラボラトリーの事業所で実施しました。

このように，「演習」CORES（コレス）では，ビジネスプランの作成という共通テーマのフレキシビリティ（柔軟性）が高いことから，ロボット技術の応用という先進的な課題をも包含しつつ，新しい展開を試みることが可能となっています。

4. 3　本取り組みの実現に関する課題

本章で論じてきたとおり，「演習」CORES（コレス）は，2007年の開始より約6年を経て，商学部の実践プログラムとして定着し，当初の目標通りの成果を挙げていると言えます。ただし，すべてが順調に進んできたわけではありません。最後に，本取り組みを実現するうえで，何が乗り越えるべき課題であったかを，3点において要約します。

第1に，学生メンター制度の構築と運用の難しさについてです。本取り組みは，平成20−22年度文部科学省「質の高い大学教育推進プログラム」（教育GP）に採択され，アルバイト代を支出する形で，学生メンター制度を実施することが可能となりました。このような新しい仕組みを構築し，かつ継続するうえでは，補助金のような外部資金で原資を確保するとともに，補助金期間終了後も継続するためには，学内における関係各位の理解と協力が何よりも不可欠です。

第2に，参加する教員の動機づけと共通テーマの設定も重要です。複数の教員が同じプラットフォームで共通テーマに従って指導を行う際には，標準化すべき部分と各自の個性を活かす部分をバランスよく設定する必要があります。大学の教員は，自らの専門性を活かして学生に指導したいと考えるのが普通です。当初は賛同して参加した教員も，試行的な参加の後に，自身の思い描く指導のあり方とは異なることを認識し，離脱するケースが少なからずありました。しかし，その自由度があればこそ，参加教員の動機づけも保たれているのであろうと推測します。

ビジネスプランの作成という課題は，その課題自体に，多様な専門性を包含するフレキシビリティ（柔軟性）があるため，共通テーマとして適していました。しかし，大学教育において，過度な標準化は必ずしも歓迎されません。学生メンター制度の導入により，上位学年の学生から教員がテクニカルなサポートを得られたことも，参加教員数が大幅に減少せずに継続できている一因と考えられます。

他方で，ゼミでは独自性の高い教育を行いたいという基本的な動機は，どの教員にも常に存在しうるものです。「演習」CORES（コレス）のような，学部としての共通教育への動機づけをどのように図っていくかは，今後に向けての重要な課題となっています。

第3に，事務局を務める担当教員の負担軽減も，長期継続のための前提条件となります。複数のゼミ間でスケジュールを調整し，最終の合同発表会を円滑に行うためには，事務局を務める教員がスムーズに業務を行える仕組みを整える必要があります。商学部の「演習」CORES（コレス）では，そうした作業のマニュアル化を進め，知識やノウハウの引継ぎを行う一方，教員の持ち回りで，事務局の業務を公平に行なうべく，種々の工夫を重ねています。

多くの人を巻き込み，独創的なプログラムを新たに立ち上げることは，それ自体，容易なことではありません。次に，立ち上げたプログラムを組織に定着させ，安定的に運用を続けていくためには，さらなる努力が必要です。

特定個人の力に依存せず，仕組みとして，人が変わっても継続できる体制を作り上げることが，新たな教育プログラムを長期的に成功させる鍵となります。

付記

この取り組みの一部は，平成20－22年度文部科学省「質の高い大学教育推進プログラム」（教育GP）および平成23年度関西大学特別研究・教育促進費の助成を受けています。

第19章　国連機関（ILO）での政策提言プロジェクト『KUILO』を実践する専門演習デザイン

経済学部　後藤健太

科目名：経済学演習
科目の位置づけ：経済学部３・４年生向け演習科目
受講生数：約10〜20名前後（2012年度：３・４年生合計17名）
キーワード：政策提言，英語

あらまし：「経済学演習」は，経済学部で開講されている３・４年次向けの演習型授業（ゼミ）です。ゼミは担当教員の専門分野についての少人数教育が特徴であり，その具体的な内容や運営方法は教員によって異なります。筆者のゼミでは，主にアジアの開発問題を勉強しています。その中で，いつも３年次の春学期に実施している国際労働機関（ILO）のアジア太平洋地域総局での政策提言（「KUILO」プロジェクト）が最大の行事となっています。同プロジェクトを実施することで，学生のアジアの開発問題の理解が深まると同時に，グループワークを通じて大きなことをやり遂げた自信を持ち，世界に目を向けた将来のキャリア形成について積極的に考える力を養うことが最大の目標です。

1　ゼミと「KUILOプロジェクト」：概要と目的

「経済学演習」は関西大学の経済学部で開講されている３・４年次生向けの専門演習科目で，一般的に「ゼミナール」，あるいは「ゼミ」と呼ばれているものです[注1]。多くの大学・学部でもそうであるように，経済学部のゼミも基本的には担当教員の専門分野に関する少人数教育がその最大の特徴の一つです。そのため，個別のゼミで取り扱う内容や具体的な運営方法は教員間で異なることが一般的です。筆者のゼミではアジアの経済発展・開発問題をテーマにしていますが，本章ではそのゼミの一環で行っている「KUILO」プロジェクトという活動を中心に紹介したいと思います。この「KUILO」とは，国際労働機関（International Labour Organization, ILO）において，英語による政策提言を行うという内容のプロジェクトの名称で，Kansai University と International Labour Organization の二つの組織名の頭文字をとって作ったものです。

KUILO プロジェクトの狙いは，第一に受講している学生のアジアの開発問題に対する理解を深める点にあります。途上国の問題を理解するためには，机上の勉強よりも実際に途上国に行って現状を見てきた方がよい，などといったことを言う人が時々います。筆者はこれには全く賛成できません。いくら途上国でその現場をいろいろと「見た」り「経験した」としても，それをちゃんとした理論的フレームワークを通じて意味のある形で理解できなければ，途上国のかかえる本質的な問題は見えてこないし，その解決策を考えることも到底できません。ただし，学生の立場からいえば，ともすれば無味乾燥となりがちな理論的な勉強だけをしていても，それがどういった現実的問題に役立つのかがなかなか想像できなければ，途上国問題の勉強へのインセンティブを維持するのが難しくなってしまう場合もあるかもしれません。KUILO はこうした問題をうまく解決してくれるのではないかと思います。

第二に，KUILO を通じて大きなことをやり遂げた自信を持ち，世界に目を向けた将来のキャリア形成を現実的に考える力を養うことも同じくらい重要な目標と考えています。実際の社会に出ると，定式化された答えがないような複雑な問題が数多くあります。このような問題に対しては，新しくてイノベーティブな解決方法が必要で，多くの場合グループで解決することが求められます。こうした「一個人」としての自分の身の丈に「合っていない」困難な課題でも，仲間と力を合わせて立ち向かって一定の成果を収める経験は，大いに自信を深めるきっかけになります。また，学部時代に国際的な場において英語で自分の考えを主張するという経験は，将来のキャリア形成をより積極的に考える契機となるはずです。

次にKUILOの概要に入る前に，ILOおよびそのプロジェクトの背景を少し説明したいと思います。まずILOについてですが，これはスイスのジュネーブに本部を置く国連の専門機関の一つであり，国際労働基準の設定を中心に，労働問題に関する政策提言や技術協力を主な活動としている組織です。こうした中，近年ILOでとりわけ注目されているのが，経済発展と雇用問題とのかかわりです。筆者は以前，この組織のバンコク（タイ）にあるアジア太平洋地域総局（Regional Office for Asia and the Pacific, ROAP）で開発経済専門官として数年間勤務していたことがあり，本章で紹介するKUILOプロジェクトも，基本的にはその人脈を使って実施しています。

KUILOは筆者が2008年度に関西大学に着任し，翌2009年度にゼミを担当し始めてからスタートさせたものですが，既にこれまで4回の政策提言プレゼンテーションを，毎年違うトピックで実施しました。具体的な政策提言のトピックは，あくまでもILOとアジア太平洋地域にとって重要な政策課題であることが求められるため，ILO-ROAPとの協議のうえ決めることとなります。ILO-ROAPは現在，アジア太平洋地域の34カ国を管轄しており，こうした各国に固有なプログラムも数多く進行している一方で，地域横断的でより大きな課題もいくつか明らかにされています。そうした諸課題の中から，それぞれの年度のKUILOの政策イシューを，新年度が始まる前に先方と連絡を取り合いながら具体化し，2月頃には決定するようにしています。過去のトピックとしては「児童労働問題と開発（2009年度）」，「Decent Workと競争力強化戦略（2010年度）」，「地場経済発展（2011年度）」などがあり，これらに基づいた政策提言をILOで行ってきました。そして最も直近の2012年度は「国際労働力移動と産業競争力強化のための新しい戦略」というトピックでの実施でした。

KUILOの実施主体はゼミの3年生であり，その活動の大部分を3年の春学期で完了するようにデザインしています。昨今の国際化という大きな流れの中，多くの大学がその国際教育の一環で海外スタディーツアー科目などを設置し始めていますが，KUILOとそうした科目との最大の違いは，これが「先方の話を聞きに行く」「先方の活動に参加する」という受け身の姿勢でなく,「こちらから先方に提言をしに行く」という能動的なところにあります。この違いは非常に大きいと思っています。つまり，ILOが現実の開発問題に対して実施しているプログラムや政策に対し，ある程度論理的に導出された具体的提言をこちらから当事者にしに行く，という点はかなりユニークです。筆者はこれまでILOの他にも国連開発計画（United Nations Development Programme, UNDP）という国連組織にも身を置いたことがありますが，これらの組織での勤務経験から，日本の大学から多くの学生がスタディーツアーなどでこうした国連機関にヒアリングに来るようになったことを実感していました。しかし，国連の専門職員に対し，あたかもコンサルタントであるかのような立場で，彼らの仕事に直結した内容の「提言」を学生が行うということはありませんでした。また国連機関では無給のインターンですら，大学院生以上が最低条件で，当該分野である程度の専門性が認められ，かつ仕事を十分に遂行できるレベルの語学力がある場合のみ受け入れるというのが一般的です。こうした中で，英語を母国語としない日本の大学の学部生が,「学習の場」という特別な設定がされていない状況で，英語で政策提言を行うのは実際には難しく，それを乗り越えるために多くの覚悟が必要となるのです。

先述したように，KUILOは基本的には筆者のILO-ROAP時代の人的ネットワークを活用しているため，ある程度の融通が利くことも確かです。しかし，KUILOの実施に当たっては，プレゼンテーションの内容が，後述するように「一定水準」のレベルを達成しない限りそれを実施しないというルールを設定しています。これは，KUILOとして一度でもレベルの低いプレゼンテーションをしてしまったら，次年度からはプロジェクトの実施が困難になるという強い危惧があったからです。本番当日のKUILOのプレゼンテーションではILO-ROAPの大きな会議室を無償で貸してもらい，またILO側からは20名程度の専門職員が参加してくれます。さらにROAP総局長（または副総局長）が必ず挨拶をしてくれ，司会進行を地域総局のチーフ・エコノミストがするなど，ILO側に多くの時間とコストを割いてもらっているのが実情です。こうした相手方のコミットメントに応えるためには，KUILO のプレゼンテーションを通じて，彼らに還元できる「何か」が必ずなければなりません。そのため，KUILO に臨むゼミ生には「学生であることを忘れる」ように言っています。これはつまり，学生であることの甘えを捨てろ，ということです。こうした覚悟がなければ，おそらく KUILO のようなプロジェクトは成功しないでしょう。

2　授業構成と授業方法

2. 1　自主勉強会とゼミ生同士の Bonding（2～3 月）

3 年生のゼミが正式に始まるのは 4 月以降となりますが，伝統的に KUILO プロジェクトの活動は，その前の 2 月の春期休業期間中からスタートします。先述したように，2 月の上旬には既に次年度（4 月以降）の KUILO のテーマが決まっているため，次期 3 年生は自主的な勉強会を始めます。こうした自主勉強会は，KUILO 初年度からの伝統行事として先輩から受け継がれてきた側面が強く，基本的には自主的な会であるため，その開催日時や頻度といったスケジューリングも全て学生主体で行いますが，平均すれば週に 2・3 回程度の勉強会を行っています。筆者はこの時期は海外出張が多く，そうした勉強会に参加することもあまりありません。

勉強会での主な活動内容は，次年度の KUILO のトピックに関する基礎知識の習得にあります。日本語文献をはじめ，なるべく広く関連する資料を自分たちで集め，報告をしあったりします。ただし，筆者からも一応 ILO や他の国際機関が発行している関連資料のリーディングリストを提示しておきます。その中で何をどのように勉強するかは学生次第です。

また，春休み期間中の自主的なゼミ活動において，食事会を開催したり旅行に行ったりするなど，なるべく勉強以外の活動も新ゼミ生同士で行うように奨励します。新学期に入り，ゼミが正式に始まると，後述するようなさまざまなサイズのグループでの活動が中心となりますが，その中で大量にある課題をグループとしてこなしていくためには，学生同士の教え合い，学び合いが必要なので，仲間同士の信頼関係が極めて重要となります。こうした「bonding」活動をこの期間から始めてもらっています。

2. 2 「常識」を超えた量の英語文献の読解（4月）

4月に入って新年度が始まり，ゼミが正式にスタートすると，本格的にKUILOに向けた準備が始まります。4月は基本的にはILOを中心に，他の国際機関やNGOなどの資料を読み込みますが，こうした文献のほとんどが英語資料です。2012年度の場合，KUILOのトピックが「国際労働力移動と産業競争力強化のための新しい戦略」と決まっていましたが，ILOは本部に「国際労働移動局」という大きな部局があり，そこがいくつかの重要なレポートを刊行しています。また，アジア太平洋地域総局の管轄下でもEUと日本のODAがそれぞれ資金供与した大型の国際労働力移動関連のプロジェクトが動いていました。これらを実施しているILO-ROAPで労働力移動についてプレゼンテーションを行う場合，そのプロジェクト関連のレポートを全て読み，理解しておくことは最低限の必要条件です。これに加え，世界銀行や国際移住機関（International Organization for Migration, IOM）という別の国連専門機関や，国内外の研究機関が出している資料や論文も網羅する必要があります。そのため，2012年度は15冊の英語資料を輪読しました。頁数では1000を優に超える分量となりましたが，これを1カ月でこなさなければなりません。毎年のことですが，週に1コマの授業（火曜4限）のみでは4月中の資料の読み込みが全く間に合わないため，受講生と相談のうえ，サブゼミを別の曜限に設定（2012年度は金曜4限以降）します。また，本ゼミの運営は，他の授業との時間の重複がなければ，3・4年生合同に行うようにしており，4年生の授業の一部（火曜5限）も3年生の発表にあてます。その際，4年生には3年生の発表にコメントをしてもらうなどして，積極的に関わってもらいます。

各回の発表は，2012年度の場合は3年生12名を4つのグループに分け，1回の授業内で2グループに発表してもらうようにします。つまり，本ゼミ（火曜日）とサブゼミ（金曜日）の2回で全てのグループが必ず1回は発表をするため，グループの担当は毎週まわってくることになります。また読まなければならない資料の量が多く，その分量は平均すれば 1 グループあたり英文で 80 ～ 100 頁前後になります。これらレポートは専門的な用語をたくさん用いているため，その理解とレジュメ・パワーポイントの作成に極めて多くの時間がかかるのが常です。こうしてグループで分担をしながら当日の発表を迎え，その内容の理解が浅かったり間違っていたりしたら，次の担当分に加えて同じ発表を次回に再度行うことになります。

毎年 4 月はこの文献資料の読み込みがゼミ活動の中心となり，学生たちはほぼ毎日どこかで時間の都合をつけて集まって作業をすることになります。最初のうちはなかなか進まなかった英文の読解も，分量を重ねていくに従い少しずつスムーズになっていきます。これは，全ての資料が限定された一つのトピックに集約されているため，そこに出てくる専門用語や中心的な概念などに次第に馴染んでくるという学習効果の表れであると思います。担当教員として細心の注意を払うのは，学生に配布し，読み込んでもらうこうした資料を精査することです。もちろんこの 3 人で構成されるグループの中で，皆が同じレベルで資料を読み込み，発表用レジュメやパワーポイント作りに貢献できるわけではありません。しかしこれまでのゼミ運営では，学生たちはある種の極限状態に追い込まれながらも，各グループ内でしっかりとメンバー同士を補完しあいながら発表をこなしてきています。

2. 3　オリジナリティの明確化と政策提言の論理的展開（5 ～ 6 月）

4 月の資料の読み込みが一通り終わり，ゴールデンウィークが明けると，今度はいよいよ KUILO としてどのような切り口でその特定のトピックに迫っていくかを決めることになります。通常の研究においてもこの部分が核心となりますが，KUILO プロジェクトでも同じです。

5 月に入ると，それまで 3 人程度だった小グループを 6 人程度の中グループ（2012 年度は計 2 グループ）に再編し，それぞれ KUILO としてのオリジナルの切り口を発表してもらいます。それぞれのグループ発表に基づき，議論を行うことで，最終的にはゼミとして一つの切り口へと集約していくのがこの時期の目標です。プレゼンテーションの概要がある程度固まった段階で，これらの中グループを解消し，ゼミ全体でプレゼンテーションを作り上げる作業に移り，6月末までに日本語バージョンの完成を目指します。

4月までは政策トピックに関する先行研究や主要制度の事実の確認・理解，さらにはそうした現状に対するILOをはじめとした諸関連機関の対応などをひたすら吸収するという立場でしたが，今度はこれらを踏まえたうえで，KUILO独自の視点で新たな提言をしなければいけません。学生にとって4月の資料の読み込みは一つのチャレンジであることは間違いありませんが，5月以降はそうした物量的な大変さはありません。そのため，多くの学生は5月以降になればゼミの活動も楽になると考えるようです。しかし，オリジナリティーを持つ独自のプレゼンテーションを練り上げていく作業の方がよっぽど大変であることに彼らはすぐに気付き，「どこから手をつけてよいかわからない」という状態になります。ここで重要なことは，学生が主体的・能動的にプロジェクトに関わっているという実感をしっかりと持ってもらうために，具体的な細かなアドバイスは避け，なるべくプレゼンテーションの方向性のイメージが湧く程度の助言にとどめておくようにすることです。基本的には，これまでの授業などで培ってきたツールを用いて展開できるロジックに基づき，新しい視点を提供できるようなプレゼンテーションを作る方向付けをします。2012年度の国際労働力移動に関して言えば，それまでのILOや他機関の実施プロジェクトや制度設計には，労働力の受け入れ国側の産業競争力強化という観点からの政策の可能性が議論されてきませんでした。2012年度に関しては，ここがKUILOとしての「落とし所」だったのですが，こうしたキーポイントを学生に明示せずに，うまく誘導することが重要であると思います。

ゼミの山場はこの5・6月になりますが，その中で6月末というのが一つの大きな節目となります。この段階で，筆者の目から見て「一定水準」以上のプレゼンテーションができていなければ，その年のKUILOは中止すると毎年明言しています。「一定水準」というのは，そのトピックに関する意味のある独自の課題設定があり，それに対する分析手法が明確で，データによる検証があり，最後に何らかの結論がある，という「通常の学術的なプレゼンテーションに必要な要素を兼ね備えている水準」を指します。6 月末でこれができていなければ，バンコクでの政策提言はしません。毎年のことですが，いつも最低限の体裁が整う形で 6 月末を迎えます。そして，7 月に入り，内容を練り上げて形を整え，最後の本ゼミの日までにプレゼンテーションの日本語版を完成させます。

写真 1　サブゼミで KUILO の構成を考えている様子（2012 年度）

2. 4　夏期休業期間中の自主活動と KUILO 本番（7 ～ 8 月）

春学期の定期試験が終わり，夏期休業期間に入ると，すぐに東京にある ILO 駐日事務所を訪問し，KUILO のプレゼンテーションを日本語で聞いてもらいます。そこで内容に関する多くのフィードバックをもらい，それを大学に持ち帰って反映させるとともに，今度はプレゼンテーションの内容とスライドなど全てを英語化する作業に移ります。学年暦上，春学期は既に終わっているため，こうした諸活動は全て学生の自主的な活動となります。日本語のプレゼンテーション原稿やスライドを英語化するには，それだけで数週間はかかりますが，最終的な原稿とパワーポイントは，彼らの英語原稿をもとに私が書き直します。そして 8 月末もしくは 9 月の上旬にバンコクの ILO-ROAP での政策提言となります。

KUILO の本番は，あらかじめ ILO-ROAP と決めた日時に，バンコクの総局で行いますが，その飛行機のチケットやホテルの手配なども，すべて学生主体で行います。基本的には現地集合，現地解散という形をとっています。また「経済学演習（ゼミ）」としての単位の認定は，それまでの準備のプロセスで評価してすでに終わっているため，KUILO本番の参加も任意としています。

写真2　KUILO本番のプレゼンテーションの様子（2009年度）

KUILOプロジェクトを受け入れるILOとしてのメリットは，まずは先述したように，これまでとは異なるものの見方やヒントを得ることができる点にあります。もちろんKUILOは学生による提言であるため，その内容が直ちにILOの日々の活動に大きく影響するという期待を持つことは現実的ではありません。ただし，ILO全体として開発分野の重要性が認識されてきている中，経済学的なアプローチから捉えられる側面を考慮に入れたプログラムが少ないのも事実です。こうした点に関して，どのようなタイプの視点がILOにとって目新しいのかを，担当する教員がうまく見極めることで，小さいながらも質的な貢献が可能となります。そのため，担当教員のILOの活動内容に対する一定の理解が必要となります。また，ILOにとっては，日本の大学生に対する効果的な広報活動ができるというメリットもあります。そして最後に，どのような仕事でもありうる問題ですが，多くのILOの専門職員も，日々のさまざまな現実的問題にさらされるうちに，もともと抱いていた仕事に対する情熱などが少しずつ薄まってくることがあるようです。

そうした中で，若い学生の努力が滲んだプレゼンテーションを見ることで，自らの初心を思いだすことができた，と多くの元同僚が感想として述べてくれています。毎年のKUILOプロジェクトをむしろ楽しみにしてくれているILOスタッフが少なからずいるのは，こういう側面の効果もあるからでしょう。

これまでのKUILOの実績もある程度ILOから認められるようになり，近年ではその活動内容が先方の公式サイトにも掲載されるようになりました。図1は2012年8月に行ったKUILO 2012のプレゼンテーションに関するILO-ROAPのウェブサイトです。同サイトの「meeting document」には，筆者が毎年用意するKUILOの概要をまとめたブリーフィング・ペーパーがダウンロードできるようになっています（本章末の付属資料参照）。

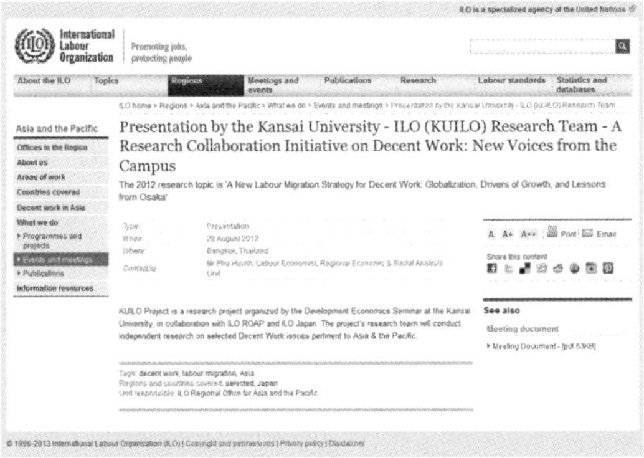

図1　KUILO 2012に関する内容のILO-ROAPのウェブサイト

出所：http://www.ilo.org/asia/whatwedo/events/WCMS_187866/lang--en/index.htm

（2013年3月7日アクセス）

3　演習デザイン：明確なゴールとタイム・フレームの設定

KUILOのようなプロジェクトをゼミで行う場合，学生が主体的に動き，ある種の限界にチャレンジしながらも，決して途中で投げ出さないような仕組みづくりが重要となります。たとえばKUILOプロジェクトを運営する際，まずはそのプロジェクトの最終目標やゴールを，漠然とした「標語」という形ではなく，「具体的」に掲げるということが大切です。KUILOの場合の最終目標はバンコクのILO-ROAPでのプレゼンテーションで，その場でプレゼンテーションを行ってきた先輩たちの過去の写真などを見たりすることで，イメージがわきます。この，イメージがわく，というのが大切だと思います。次に，その最終ゴールに向かうためのタイム・フレームも，最初に明示しておくことも重要です。先述したように，KUILOの本番までには，4月中に達成しなければならない事項，5・6月および7・8月の達成事項がありますが，この一連のプロセスの必要性をゼミ生と共有することが大事だと思います。

こうしたタイム・フレームに関して言えば，おそらくそのゴールが8月・9月に設定されていることにも意味があります。初年度に一回目のKUILOを実施する際，そのゼミ運営のデザインを決める際に1年間という時間軸でKUILOプロジェクトを考えたこともありました。つまり，1年間のゼミ活動で準備をし，KUILO本番を3年次の春休み期間に行うというものです。この案は，結局は就職活動の問題もあり採用しませんでしたが，今となってはこのような長いタイムスパンでは学生のモチベーションが維持できなかっただろうと思います。寝る間も惜しんで仲間とともに全力で課題をこなすことができたのは，夏までという比較的短く，実現可能だと信じさせるところにゴールが設定されていたことも一つの要因だったでしょう。

4　実践する際の留意点，課題

KUILOのようなプロジェクトをゼミの中で実施する際の課題の一つとしては，どうしても教員の負担が大きくなってしまうという問題があります。KUILOの場合はタイ側との連絡や調整もすべて筆者が行い，大学や学部からのサポートはありません。さらに，KUILOプロジェクトが基本的に筆者のILOの個人的なネットワークで成り立っているなど属人的な性格が強いため，それをより学部や大学全体に拡大することが困難です。こうした問題に対しては，ILO と関西大学との間で何らかの協定を結ぶなど，教学としてそれをしっかりとサポートしうる制度作りが必要となります。

このようなプロジェクトの実践に際しては，学生間と学生・教員間の信頼形成が最も重要であるかもしれません。学生としては，限られた時間と多大なプレッシャーの中で，仲間全員で一つの政策提言プレゼンテーションを作り上げていくわけですが，能力の差やフリーライダーの問題は必ず出てきます。そうした時にプロジェクトの推進力を失わないためには，仲間同士の信頼と，グループ内から自発的に出るリーダーシップがカギとなります。

教員としては，KUILO の準備プロセスの全期間にわたって，いつでも学生がアクセスできる体制を確保しておき，質問や相談のある学生に対しては，どのような事柄であっても必ず最優先で対応するようにしています。また，節目でバーベキュー大会やクリスマス・パーティーを開いたりするなど，様々な機会を通して学生・教員間の信頼関係の形成に最新の注意を払っています。学生のことを信頼し，決して投げ出さないという強い決意が，教員側にも必要なのだと思います。

注 1）経済学部では，2010 年度まではゼミは必修ではなく，選択科目の一つでした。しかし 2011 年度入学生より新カリキュラムでの教育体制がスタートし，これに伴いゼミを必修化しました。また，これまで 3 年次以降に開始されていたゼミは，2011 年度以降に入学した学生から 2 年次の秋学期に始められるようになりました。

付属資料：KUILO 2012の「Project Outline」

Kansai University – International Labour Organization

KUILO Project 2012

A Research Collaboration Initiative on Decent Work: New Voices from the Campus

Outline of the Project

The **KUILO Project** is a research project organized by the Development Economics Seminar at the Faculty of Economics of Kansai University, in collaboration with the International Labour Organization's Regional Office for Asia and the Pacific (ILO ROAP) and the ILO Office for Japan in Tokyo. Under this, the Project's Research Team will conduct independent research on selected Decent Work issues pertinent to Asia and the Pacific, which topic has been decided under consultations with the ILO.

Research Outcomes would include first cut desk top reviews and preliminary analysis as well as policy recommendations. The research will be conducted as part of the regular undergraduate curriculum at Kansai University in Osaka.

The KUILO Research Team will visit Bangkok and present their findings at the ILO ROAP office at **August 28, 2012**. The project commenced in 2009, and KUILO 2012 is the fourth round of the project.

Research Topic for KUILO 2012

A New Labour Migration Strategy for Decent Work: Globalization, Drivers of Growth, and Lessons from Osaka

The Key Question:

Globalization has proceeded to the extent that factors of production, both capital and labour, have become increasingly mobile. As a result, countries, enterprises and individuals are interconnected through complex socio-economic networks which span across borders. We live in a world where all of us are highly interdependent, and no one is exempt. Within this, labour migration has become increasingly an important issue in the Asia and the Pacific.

Against this background, Japan has traditionally adopted a relatively rigid and closed policy in terms of international labour migration. However, with a rapidly aging society and labor shortages in some of its segments of its economy, it can no longer sustain its old regime, and is now gradually opening up its labour market towards migrant workers. These have been induced from real demand from both the industry and society at large. However, the current related policies lack perspectives on how to promote Decent Work for the migrant workers whilst realizing dynamic competitiveness of the local economy in Japan.

In connection to this, the KUILO Team 2012 will propose a new strategy to achieve decent work involving active participation of migrant workers. The new strategy is derived from international economic theory, and attempts to provide a win-win solution for both the local economy and migrant workers with "targeted intervention" towards the drivers of growth. The proposal is based on extensive literature review, and uses secondary as well as primary data, which is collected through intensive field work conducted in Higashi-Osaka City, which is one of the world's leading SME cluster.

Schedule (tentative, subject to change)

- Research start in Osaka – February 1, 2012.
- Pre-departure presentation at ILO Tokyo – August 3 (Friday), 2012.
- Bangkok Presentation: **August 28 (Tue)**, ILO ROAP Conference Room, 14:00 – 15:00.

Tentative Program for the Bangkok Presentation (August 28, 2012):

14:00 – Welcome address by the Regional Director, ROAP, ILO
14:05 – Introduction by the Seminar Advisor, Kenta Goto
14:10 – Presentation by the KUILO Research Team 2012
14:40 – Questions and Answers
15:00 – Final Remarks and Closing

KUILO 2012 Research Team (All members are third year undergraduate students of the Faculty of Economics of Kansai University):

（プロジェクトメンバー氏名：省略）

About Kansai University

（関西大学の概要紹介文：省略）

KUILO 2012 focal points – For further inquiries, please contact:

（連絡先：省略）

第 20 章　社会との連携を通して，多人数講義を少人数ゼミに変えるレシピ

政策創造学部　深井麗雄

科目名：メディアと社会
科目の位置づけ：専門教育科目，講義，2 年生以上向け授業
受講生数：257 名
キーワード：メディアの役割，社会との連携，学生の企画能力

あらまし：本章では筆者が担当している「メディアと社会」という講義での少数ゼミ型授業の運営方法などを説明します。100 人～ 200 人規模の授業でも，少数ゼミと同様の活動が必要ではないかと考えたのは，政策創造学部の教育目標の一つに「社会的課題の解決方法を具体的に学ぶ」があるからです。この学部創設までは新聞記者として活動していた筆者は，記事執筆の傍ら，新聞社の社会貢献事業として様々な新規事業の創設に携わりました。その経験を生かし，メディアリテラシーなどを学ばせながら学生の課題解決能力と創造的な能力の養成を目指しました。その過程で使ったのが，学生が考える各プロジェクトを進化させるための，教員側の注文メモ一覧で，筆者はこれを“レシピ”と呼び，学期中に最低三回は発表するようにしました。以下でその概要を示します。

1　授業概要と目的

この授業の対象は 2 年生以上の学生で，春学期か秋学期に 15 回の授業を展開します。その日程は 2012 年度春学期を例にとると以下のようになります。政策創造学部の目標である「社会的課題の解決」に加え学生の企画能力を高めるのが目標です。それでは第 1 回の授業から順次その内容を説明します。

表 1　授業計画

第 1 回	目標の説明と学生のグループ分け，キャプテン・サブキャプテンの決定
第 2 回〜第 4 回	グループごとにテーマの選定と内容の協議
第 5 回	第 1 次案確定
第 6 回	第 1 次案の修正指示とフィールドワークの準備と分担確認
第 7 回	フィールドワーク（教室外での取材活動）実施
第 8 回	中間テスト，フィールドワーク結果の共有と担当教員指示
第 9 回〜第 10 回	担当教員指示を踏まえた修正作業と必要なフィールドワークの検討と分担確認
第 11 回	第 2 回フィールドワーク実施
第 12 回〜第 13 回	フィールドワーク結果の共有と第 2 次案提出
第 14 回	担当教員指示と第 2 次案修正と確定
第 15 回	期末の到達度確認テストと今後の自己トレーニングの手法の指示など

第 1 回授業

学生が目指すテーマを 2 つ設定し，それを説明します。次のプロジェクトです。

・日本の生花生産を増進するための新たな商品やサービスの開発を具体的に企画する。
・学生の育った町などの町おこしを具体的に企画する。

前者のテーマは，生花の需要が伸び悩んでいる最近の情勢を打開したい生産者団体から筆者に具体的な要請があり，それを学生の力で一部でも解決できないかと考え，授業のテーマのひとつとして設定することにしました。後者の「町おこし」は「生花」だけでは取り組めない学生もいることを想定したからです。学生はグループを組んでどちらかを選びます。

プロジェクト活動には，テーマの設定がきわめて重要です。出来るだけ学外の専門家も巻き込み，場合によっては専門家を担当教員と一緒に教壇に立ってもらって，直接学生に話しかけて貰う事も重要です。学生の動機づけが高まります。今回の「生花生産増」のテーマに関しては担当教員の知人である，生花の全国的生産者組織の役員を埼玉から招き，業界の現状や課題に対してパワーポイントや動画などを使用しながら学生に語りかけてもらいました。担当教員に適切な知人が居ない場合は，教員が学生をコントロールしやすいように，教員自身の得意な分野からテーマを選んだ方が合理的です。

グループの人数は 4 人から 6 人の範囲に限定しますが，誰と組むかという人選は，学生に任せます。キャプテンとサブキャプテンを決めるのは，企画の進行に責任を持たせたいからです。授業中の各チームの協議もキャプテンが司会をします。

ここで学生に重要な視点を提示します。それは「独創性と実現可能性」の重視です。言うまでもなく「他人がすでに実施しているようなプロジェクトをなぞらないで，君たちにしか考えられないような独創的なものを考えましょう」，「絵に描いた餅は実社会では通用しません。実現可能なものを企画して社会に貢献しましょう」というメッセージを強く学生にアピールするわけです。課題解決の方法には「独創的と実現可能性」が不可欠でこの 2 つが満足されないと実社会では評価されないという実情を，新聞のニュース記事等で例示し，強調します。

第 2 − 4 回授業

この段階では教員がテーマに必要なデータや背景（この場合は日本の生花の生産量の推移など全体状況）を説明するとともに，生産者団体から派遣された幹部が直接，学生に実情を説明します。また生産地の市長のビデオメッセージなどをスクリーンに流すなどの工夫もします。さらにメディアの特性や社会的役割も説明します。

筆者が阪神大震災の直後に記者仲間と創設した被災者向けの奨学資金システム「希望奨学金」や被災者を招待した「希望コンサート」，サハリンの地震被災者のために派遣した市民救援船「希望丸」，あるいは新聞社の奈良支局勤務時に月に一件は新たな事業を立ち上げていたことなどを説明しながら，それらをどのように報道すれば社会に貢献できるのか，逆にどんな視点で事業を構築したらメディアに取り上げてもらえるのか。それらを具体的に説明します。

こうした説明に要するのは毎回約40分前後で，この後，学生がグループごとに協議し，教員が巡回しながら各グループを指導したり，質問を受け付けたりします。

大切なのは「授業のエチケット」，「授業のメリハリ」です。教員の説明時は「私語禁止」ですが，学生の協議に入ると「徹底的に私語奨励」です。

第２回の授業で以下のようなメモ（Ａ４サイズ１枚分）を各キャプテンから提出してもらいます。「メディアが注目する理由」を記入するのは，学生にメディアの存在を意識させるためです。「皆さん方のプロジェクトが独創的であれば，メディアは必ず注目します。メディアに取り上げられるような"ニュースな事業"を目指してください」というメッセージです。

ワークシートサンプル

第２回授業シート　メディアと社会
キャプテン名
タイトル（20字以内で）
概要（詳しく具体的に）
①　独創的な点
②　実現可能性の程度
③　メディアが注目する理由

授業後にこれを教員がチェックし，次回の授業の冒頭にスクリーンに次のような「指示一覧表」（レシピ）を流して具体的に説明します。各チームに説明するので１時間近くかかりますが，学生は自分のグループへの指示だけでなく案外，他のグループへの指示も聴いています。同時にこの一覧表を見れば学生は「独創性に欠けます」，「もう少し具体的に書いてください」，「実現可能性」に触れた内容が多いのに気づきます。そこでお互いに共通する課題が浮かびあがるわけです。一部を紹介します。

第１回レシピ

① ○○さんチーム　　**線路や駅に花を植える**

［評価］→すでに各地で見られる光景ですが，それとどう違うのですか。

② ○○さんチーム　　**スタンプラリーＩＮ万博公園〜枯れない想い出〜**

［評価］→ブリザードフラワーや記念写真の提供など，少し具体的に考えていますが，まだ既視感があります。なぜ万博ですか。スタンプラリーは全国であります。特別なラリーを考えてください。

③ ○○さんチーム　　**花と書道の文化融合**

［評価］→外国人観光客に日本の文化を伝える際に生花や押し花などを使いながら，花言葉を書にする点が，きわめてユニーク。さらに具体的に詰めてください。資金やメディア活用も視野に入れてください。

④ ○○さんチーム　　**クリスマスやハロウインで花を使う**

［評価］→メモが不十分です。もう少し体系的に丁寧に書き込んでください。

⑤ ○○さんチーム　　**花の萌えキャラを作ってネットで広める**

［評価］→キャラクターで花の売り上げを増やすにはどうすればいいのか考えてください。

⑥ ○○さんチーム　　**浴衣ＷＩＴＨ生花コサージュ**

［評価］→花火大会などを使う点が現実的でひょっとしたらイケルカモ。さらに具体的に詰めてください。

⑦ ○○さんチーム　　**母の日プレゼント**

［評価］→これまでの母の日ギフトとどう違うのか，さらにシビアに工夫しましょう。

⑧ ○○くんチーム　　**小学生と花の種**

［評価］→学校で咲いた花を一人暮らしの老人に配るのは，どこかですでに実施されていませんか。もし前例がないのならさらに詰めてください。

⑨ ○○さんチーム　　**花をメインにしたレストラン経営**

［評価］→これとよく似たレストランがありませんか。メモに書かれたアイデア以上の意外性のある花の使い方を検討してください。

⑩ ○○さんチーム　　**フラワーウエディング**

［評価］→意外性のある工夫をしてください。全国的に前例の有無もシビアに検索してください。

⑪ ○○くんチーム　　**文化振興**

［評価］→いくつかのメモ内容はいずれも独創性に欠けます。

第5回授業

ここで一旦第1次案を確定させ，2回目に使ったものと同じようなワークシートに書き込んで提出してもらいます。

第6回授業

担当教員は，このワークシートを読んで以下のような指示(第2回レシピ)を出します。一部を紹介します。同時にこの時点で「実現させるには，何を確認すればよいのか」も含めて検討させます。次回の取材を具体的に検討するためです。誰に何を何のために質問するのか，を具体的に決めて取材シートに記入させます。

1回目のレシピは「独創性に欠ける」「もっと具体的に書かないと評価できない」という指摘が目立ちました。学生はここでようやく「独創性」の具体的な意味を理解できるようになります。したがって第2回レシピでは上述のような指摘はかなり減少し，具体的で前向きなアドバイスが多くなるのがわかります。またこの段階では「現場での取材の重要性」を強調しておきます。次に行う学外での取材の準備のためです。例えば次に説明する第2回レシピに出てくる③グループ（石清水八幡宮と花）には「現場はいつもアイデアの宝庫ですから。神社のあちこちを徹底的に見て回って想像力をはばたかせましょう。」と激励しています。

第2回レシピ

①	**○○さんチーム　　クリスマスツリーの件**	
	五月山から場所を変えるのはいいかもしれません。その調子で続けてください。ただし前からの疑問ですが，本当に技術的に大丈夫ですか。花は極めてデリケートで塗料を塗るとダメになるものもあると思います。蛍光塗料を塗っても大丈夫な花を探して特定してください。君たちで一度実験するのも手ですよ。	
②	**○○くんチーム　　「花屋のパンフなど」の件**	
	企画内容を固める前ですから，アンケートなど「市場調査」をきちんとできるかどうかがカギです。頑張ってください。	
③	**○○さんチーム　　「石清水八幡宮と花」の件**	
	花やしきはだんだん形になりつつありますが，まだ意外性が不十分です。もう少しサプライズをひねり出してください。またこの神社でなぜ「花屋敷」を作	

るのか，その関連性を具体的に考えないと「なぜ石清水でやるの？」となります。神社に取材するのは，以上２点を十分に詰めてからにしてください。でないと門前払いの危険性があります。ただし神社の見学だけならいつでも構いません。現場はいつもアイデアの宝庫ですから。神社のあちこちを徹底的に見て回って想像力をはばたかせましょう。

---

④　**○○さんチーム　　「書道と花」の件**

ＨＩＳに出す企画書をまず私に提出してください。Ａ４サイズ２枚以内にまとめ担当教員の研究室に持参するか，メールボックスに入れてください。締め切りは 22 日です。

⇒28 日の企画書は，以前に比べ進化しています。予算に出てくる「うちわ」は何に使うのですか。これに筆で花言葉を書いてもらうのでしたら GOOD です。それにしても「人数 20 人」を想定しているのに，「100 円× 30 人」とはどういうことですか。書道道具は 500 円でイケますか。これは外国人客に土産としてもって帰ってもらうことを想定していますか。

---

⑤　**○○さんチーム　　「花のつけまつげ」の件**

いまの君たちの方向は極めてバランス感覚があり，有効と評価します。現実感があります。ファッションショーの線がいいかもしれません。その調子で取材を進め各業界の感触を探りましょう。

---

⑥　**○○さんチーム　　池田市ツアーの件**

以前指摘した通り，３か所をめぐる際の意外性やサプライズを用意しましょう。それが最大のカギです。よろしく。

---

⑦　**○○さんチーム　　ドーナツの件**

加藤さんのメモにあるように企画書づくりに着手してください。その際，使う花を季節ごとに変えられるかどうか，換言すれば「季節感のあるドーナツ」にできるかどうか，それが最大のポイントです。期待しています。企画書はＡ４サイズ２枚以内にまとめ，私の研究室に持参するか，メールボックスに入れてください。締め切りは 22 日です。

---

⑧　**○○さんチーム　　ミスキャンの件**

この方向で進めてください。言うまでもないことですが，女性の美しさを競うのではないという点がみそです。これを忘れずに取材を進めましょう。

---

⑨　**○○さんチーム　　コサージュの件**

取材予定にあった「美容院の会社からの正式な許可」についてはここまで現段階で確認する必要はありません。この確認作業は延期してください。あとは皆さん方の予定通り取材を進めてください。

⇒企画書がやけに簡単ですが，コサージュは誰が作るのですか。協力してくれる美容院があるとしても，一般的に美容師にコサージュをつくる能力があるのですか。もしあるのなら，事前に何種類も作ってもらってそれをネットで公開し，利用者を募集する手があります。しかしもし美容師にコサージュが作れない場合は，プロに依頼することになり，コストが発生します。それともいっそみなさんで作りますか。

⑩　○○くんチーム　　**紅茶の件**
なかなか多彩な質問を用意していて大変結構です。このまま皆さん方の予定通り取材を進めてください。

⑪　○○くんチーム　　**トイレの件**
チームのメモでぴんときたことがあります。ひょっとしてこれはひねりようによっては，すばらしい企画に化けるかもしれません。とりあえずトイレの綺麗な店を探す（実際に訪店したりネットから写真を入手してください。）ことが先決。あるいはすでに花を飾って綺麗にしているトイレがあれば完璧です。そういう写真をできるだけたくさん集めましょう。勝負はこれで決まります。集まり具合を見ながら深井から新たな指示を出します。

⑫　○○くんチーム　　**公園の件**
スプリンクラーをつけることで花の管理のすべては解決しません。草抜きや花がら摘みや施肥などの世話は誰がするのですか。また，必要な費用を具体的に計算した上でそれを誰が負担するのか（負担するメリットを考えなければなりません。）などを考えたうえで取材してください。

⑬　○○さんチーム　　**花とエコの件**
各企業にコラボ商品を採用してくれるかどうかを電話で確認するのは，相当の無理がありますからこの交渉はしないでください。交渉の前にやるべきことがあります。それはこの件で先行しているＲＵＳＨのローズ油や蕾入りの石鹸を使った消費者の声を取ってほしいのです。つまりどれくらいの需要があるか，市場調査に着手してほしいのです。よろしく。
⇒ネットで検索してもよくわからないのは，花の香りを廃油石鹸に取り込めるかどうかです。これは検証しましたか。技術的に可能なのかどうか。やや不安ですが如何？

この時に記入してもらう取材シートを以下に示します。これもＡ４サイズ１枚です。

取材シート

キャプテン名

タイトル（20 字以内で）

概要（前回より改良した点を中心に）

次回のフィールドワーク（取材）の取材先（固有名詞を明記せよ）3 か所と担当学生の氏名
①
②
③
取材上の注意事項
・自己紹介が必要
・授業の課題提出のため取材させて欲しい，と申し込む。
・独創性の有無や実現可能性，技術的問題やその解決方法，必要資金の程度やその確保について探ってください。

第 7 回授業

この日は取材に充てます。教員は教室に待機し，学生からの問い合わせに備えます。もちろん取材対象の都合などで別の日に取材することも認めています。

第 8 回授業

グループごとに結果を報告しあって，キャプテンが取材結果シート（A 4 サイズ 1 枚）に記入して提出してもらいます。

第 9 回授業以降

以上の作業をもう一度繰り返し，期末のテストに臨みます。この段階で第 3 回目のレシピをスクリーンで発表します。2 回目のレシピと同様，ここまで来ると相当レベルの高いものも現れます。第 2 回レシピの中でいえば，記者時代の経験からすると「コサージュの件」，「書道と花」，「ドーナツの件」，

「花のつけまつげ」，「トイレの件」は実際に新聞社などが取り組んでもいいようなアイデアです。

2　授業の特徴

2. 1　学生の「やる気」について

学生は当初は軽い感じで作業を始めますが，教員の指示でたちまち，自分たちの発想が如何に貧困で幼いものであるかについて，否が応でも気づきます。「独創性に欠ける」，「具体的に書かないとアドバイスできません」という趣旨の評価が次々にスクリーンにあらわれるからです。この「ショック療法」が極めて有効で，第１回目のレシピを出すころから，グループによってはかなりの熱意で取り組むグループが現れ，教員は意識的にそういうグループを教壇に呼び出し，全員の前でグループの学生とトークを始めます。「君はなぜこのアイデアを思いついたのですか」，「そこまでよく調べましたね」，「この項目を取材したのはだれですか。とてもよく取材できているので，びっくりしました」などと，成功事例を全員に紹介するわけです。

2. 2　レシピの内容

一部を紹介したレシピを一読してもらうとわかるのですが，すべてのグループに対する指示は，技術的視点，経費の算定，独自性の有無，実現可能性の有無，検証の必要な事項など多岐にわたります。いずれも現実の社会にどのように実現させるかの観点から指摘するので，ほとんどの学生にとっては未経験の作業です。そこで学生は一口に「課題解決」といっても大変な作業なのだ，ということに気づきます。

2. 3　企画の実現について

授業では企画はさせても，着手はさせません。リスクが大きいからです。ただし教員が「安全で実現可能」と判断すれば毎学期少なくとも１件はゴーサインを出します。例えば前述の「⑦ドーナツの件」がそれです。これはドーナツに食用花をあしらい，季節感あふれるドーナツを売り出そうというもので，現在（2013 年 6 月時点），教員が有志学生 5 人にチームを作らせ，業者との交渉などを始めています。

さらに別の学生グループがこの授業で立案した「コスプレ旅行企画」が大手旅行代理店の担当者から一定の評価を得，現在（同上）立案した学生 4 人が担当社員のセクションに定期的に訪問し煮詰めています。これはコスプレを愛好する若者がターゲットで，この若者たちがのぞくウェブサイトの登録ユーザーがおよそ 19 万人居る事や，若者のうち特に熱心な人たちはコスプレの撮影会の為に 1 日あたり 2-3 万円支出している点等を学生が注目し，担当社員もマーケットの存在を確信したようです。

また，次に示すバレンタインに合わせた企画は実際に 2012 年 2 月 11 日に実現させ，全国紙などに取り上げられました。学生の企画書と掲載記事を示します。

世界一ハートのある動物園でバレンタイン企画案

【趣旨】

「世界一ハートのある動物園」で展開中の五月山動物園（大阪府池田市）で，バレンタインイベントの実施にすることにより，五月山動物園とともに池田市の活性化を図る。現在の動物園の利用者の大半をしめる親子の利用者にターゲットを当て，それに加えて 10 代後半～ 20 代の新しい年齢層も取り組む狙い。また，イベントを通じて，アルパカのオークンの顔にあるハートの認知度を上げ，動物園にハートのイメージを定着させる。

【概要】

日時：平成 24 年 2 月 11 日（土）10 時 00 分～ 12 時 00 分（9 時 30 分受付・雨天中止）

場所：池田駅前てるてる広場集合

スタッフ：池田市公共施設管理公社，公園管理センター飼育員，関大生 5 名，関大生落語家 2 人，

参加者：事前募集約 20 組（40 名程度），当日参加者

広報：市広報に掲載，小学校にビラ配布（9000 枚），動物園ホームページ，可能な場所でポスター掲示

【内容】

アルパカのオークンとプリンの二頭，池田市ご当地キャラクター（ふくまるくん，ふくまるちゃん）と一緒に，事前に募集した参加者全員で池田市内を通って五月山動物園までの道のりをパレードする。その際スタッフは動物園のオリジナル缶バッチ1000個を町民に配布しながら歩く。五月山動物園に到着後，女の子はバレンタインのチョコレートを大事な人（お母さんやお父さん，友達，兄弟等）にプレゼントする。その後家族で記念写真撮影を行う（後日，写真入りポストカードにして郵送してプレゼント）。記念撮影終了後はゲームを実施。その後記念品として五月山動物園クッキーを配って閉会。

読者とつくる地域密着新聞

マチゴト 豊中・池田

2012/3/1 vol.36

http://machigoto.jp　m_toyonakaikeda

Machigoto Toyonaka Ikeda

Toyonaka-shi&Ikeda-shi, Osaka

LIFE

世界1ハートのある動物園
五月山・アルパカの右目注目

池田市立五月山動物園の人気者、アルパカのオークンの顔にはハートマークがある。そうは見えない？　右目を覆うようにシックなハートが、あると言ったらあるのだ！

「そう見えるかなという程度ですけどね」と笑うのは、動物園を管理する五月山都市緑化植物園の瀬島幸三さんだ。面積約３０００平方メートルの五月山動物園は、これまで「日本１小さな動物園」という看板を掲げてきた。しかし、福井県鯖江市の西山動物園が約２５００平方メートルとわかり、その看板を下ろすことになった。

どうしようかと考えていた２０１１年秋、関西大学政策創造学部の学生から、町の施設を使った町作りのシミュレーション素材として動物園を扱いたいと打診があった。それには、動物たちを外に出し、もっと市民と触れあえるようにするといった具体的なイベント像が描かれていた。「私たちの目指す動物園と一致した」と瀬島さん。ならば、実際にイベントをやろうと話が進んだ。オークンのハートマークをシンボルに、新キャッチフレーズは「世界1ハートのある動物園」に決まった。

２月１１日、池田駅前から動物園までアルパカがパレードした。当初６０人ほどだった参加者は、道行く人を巻き込み１００人を超えた。動物園では親子が互いに感謝を表して、プレゼントを贈り合った。政策創造学部２回生の山内加菜さんは「たくさんの人が来てくれてうれしい」と笑顔を見せた。

池田市の小南修身市長は、公約で五月山動物園の増改築を掲げる。瀬島さんは「近所の公園に遊びに来る気軽さで足を運べる、ハートあふれる動物園でありたい」と話した。（礒野健一）

パレードでオークンと触れ合う参加者。パレードでは瀬島さんが描いたアルパカのイラスト入り缶バッジも配られた

毎日新聞社
〒530-8251大阪市北区梅田3-4-5　㈱毎日新聞ローカル
お問合わせはこちらへ
TEL:06-6346-8255 / FAX:06-6346-8256
Mail:info-toyonakaikeda@machigoto.jp

Staff
アートディレクション：髙橋信宏(CrossDesign)
広告企画：毎日新聞ローカル

3　実践する際の留意点，課題

200人近い学生だと40くらいのグループができることになり，このコントロールはかなり教員の負担になります。筆者の経験では200人が限界です。また学生に的確かつ具体的な指示を出す必要があります。そのためには

教員のスキルのレベルを一定程度に維持する必要があります。筆者の場合はたまたま新聞記者時代にトレーニングを積んでいたので，こうしたタイプの授業にチャレンジしたのですが，学生への目配りが十分にできているかどうか，今後の検証が必要と感じています。

なお成績評価ですが，期末のテストで学生の古里などを舞台にした町おこしなどをテーマに 1 時間で論文を書かせるなどして評価しています。ここでも「どれくらい独創的な企画を短時間で構築できるか」「それを如何にわかりやすく具体的に説明できるか」を評価の基準としています。

第 21 章　大学と社会をつなげるプロジェクト学習のデザイン

総合情報学部　久保田賢一

科目名：専門演習，卒業研究
科目の位置づけ：3，4 年の演習科目
受講生数：各 10～15 名程度
キーワード：プロジェクト学習，真正な活動，参加型学習，ICT

あらまし：本章ではゼミにおいて，学生が能動的に学習に取り組んでいる様子を紹介します。ゼミは，専門演習，卒業研究という正規科目に位置づけられていますが，ゼミの時間以外にもインフォーマルな学習として，学生が自主的にさまざまな活動を進めています。とくに，「プロジェクト」と呼ばれる活動では，学生が自分たちで活動内容を決め，自律的，能動的に取り組んでいます。プロジェクトは所属ゼミにこだわらず，他学部，他ゼミの学生も参加でき，興味関心を共有する学生が，海外に出かけたり，地域社会と連携したりして，そこでの問題解決に取り組んでいます。ゼミでは，責任ある活動と問題解決を目指して定期的に活動報告会を開き，ふりかえりと学生間の交流の場にしています。

本章では，ゼミとプロジェクト活動を中心に，学習環境をデザインするための原則について紹介します。3 年次は，ゼミとしてフィリピンへフィールドワークに出かけます。それと並行して，高校の教育支援，長期入院の子どもの学習支援，カンボジア農村の小学校に対する教育支援など，海外や地域と連携したさまざまなプロジェクトに参加し，活動します。

1．1　授業概要と目的

ゼミのテーマは「実践から学ぶ参加型学習」です。ゼミでは，教室の中だけで学ぶのではなく、地域社会と関わり，社会の課題，特に環境や貧困，教育など「地球規模の課題」（global issues）に，学生自身が取り組むことを重視しています。実際に，問題解決に取り組んでいる現地の人たちと共に活動することを通して，学生に問題意識が芽生え，能動的に参画しようという意欲が生まれます。受動的な学習態度から能動的な学習態度へと変容していくためには，学生が問題を自分のものとして捉え直し，自ら積極的に「真正な活動」に参画していくことが必要です。「真正な活動」とは，自分と社会とが密接に関連していることを理解して，実社会への参画を通して問題を解決しようという活動です。「真正な活動」に参画することで，学生は能動的に活動に取り組み，実践する力をつけていきます。そのためには学生自身が，主体的に学びをデザインする力を涵養することが求められます。

このような考えでゼミを運営するようになったのは，筆者自身が海外ボランティアや国際協力の専門家として開発途上国で活動してきたからです。海外での経験は，能動的に社会とかかわる大切さを教えてくれました。学生たちにも実体験を通してさまざまなことを学んでほしいと考えています。そこで，ゼミの時間では，意見交換，グループ活動を取り入れたさまざまなアクティビティを自分たちで企画し，実践していく機会を導入しています。学生は参加型学習の企画・実施・評価を通して，協働することやふりかえりの重要性を学びます。参加型学習の実践と並行して，３年生は夏休みに出かける海外フィールドワークの準備を進めます。訪問先を選定し，連絡をして，何を見学するのか，どのような活動をするのか相手と相談をしながら詰めていきます。もちろん，航空券や宿泊の予約もすべて学生が行います。失敗するとすべて自分に返ってきますから，用意周到に行う必要があります。秋学期は，フィールドワークで学んだことを整理し，発表します。学内で発表するだけでなく，家族や近隣の小学校，高校生に対しても発表をします。何度も発表する中で，フィールドワークで学んだことを反芻し，その意味をつかんでいくことができます。

ここまで説明したゼミ活動は，授業（演習科目）として行う活動です。この活動のほかに，社会と連携をした「プロジェクト」があります。学生は，ゼミ活動に合わせて，プロジェクト活動を同時並行で行うので，毎日がとても忙しくなります。プロジェクト活動は，学生の興味関心に基づいて，学生自身が運営するインフォーマルな学習です。社会で実際に取り組む必要のある課題に対して，地域の人たちと協働で解決する努力をしています。プロジェクトは数年にわたり取り組まれるものが多く，先輩から後輩へ活動のノウハウが伝承されていきます。大学院生もプロジェクトに参加しているので，学部3年から博士課程修了まで参加すると7年に及ぶ長期の活動になります。正規カリキュラムに位置づけられたゼミとは直接的な繋がりはありませんが，ほとんどのゼミ生がどこかのプロジェクトに参加しています。一人で，二つ以上のプロジェクトに参加している学生もいます。単位としては認定されませんが，社会との関わりは責任ある行動が求められ，学生にとってやり甲斐のある活動になっています。たとえば，Aさんはのちに紹介する「カンボジア・プロジェクト」に3年生から参加しているので，1年間の活動はフィリピンの準備と共に，カンボジアに出かけて活動する準備の両方同時に始めないといけません。そして長期休業中はフィリピンやカンボジアで過ごすことになります。

表1　Aさんの事例

	春学期	夏休み	秋学期	春休み
3年生ゼミの活動	準備（訪問先との連絡，航空券の手配）	フィリピン・フィールドワーク	報告会の準備，実施 1万字論文の作成	卒業論文のテーマ決め，研究開始
プロジェクト活動（カンボジアの場合）	カンボジアでの活動準備	カンボジア訪問	カンボジア 学生の受け入れ	カンボジア 訪問

1. 2　授業の特色

1. 2. 1　演習授業の枠を超えた活動：地域社会との連携・学年を超えたつながり

ゼミ（専門演習や卒業研究）は正規の科目として位置づけられ，週に1回の授業が行われます。しかし，このようなフォーマルな学習だけでなく，学生による自主的でインフォーマルな活動であるプロジェクトを設けていることが本ゼミの特色です。プロジェクトでは，地域社会との関わりの中で活動をするため，大学生同士の協働に加え，学校の教師，地域の人，外国の人たちとも日常的にコミュニケーションを取り合いながら，活動をすすめるため学外に出かけて活動をします。

総合情報学部では2年生の秋学期にゼミの選考がおこなわれます。ゼミ学生が決まると，12月には2，3年生による最初の合同合宿を行います。2，3月には3年生が主導し，2年生向けのプレゼミが始まります。プレゼミでは，自己紹介から始まり，能動的な活動を促すために，アイスブレイキングなどの仲間づくりのアクティビティをおこないます。4月初めには教育やコミュニケーション分野を学ぶ3つのゼミと大学院生との合同で100人規模のキックオフ合宿が開かれます。合宿では，自分の所属するゼミだけでなく，他のゼミ生や大学院生とも交流を深めるとともに，プロジェクトの紹介と勧誘がおこなわれます。ここで，2, 3年生は所属するプロジェクトを絞り込みます。また，4年生は卒論構想，大学院生（修士課程2年）は修論構想をポスターセッション形式で発表します。

1. 2. 2　オープンスペース

学生間や教員とのコミュニケーションを円滑にするには，学生がいつも集まれる空間が必要になります。そこに行くと誰かがいるホームとなる場所です。総合情報学部・研究科のある高槻キャンパスの大学院棟には，オープンな空間があり，学生は空き時間やプロジェクトのミーティングがあるときに集まり，話をしたり，勉強をしたり，食事をしたり，時には宿泊をしたりします。オープンスペースには，書籍，コンピュータ，プリンタに加え，ビデオカメラや文房具など活動に必要なさまざまな道具が用意されており，学生たちが自主管理しています。オープンスペースは，理工系学部の研究室のように学部の3年生から博士課程の大学院生までがプロジェクト活動の場として利用しています。同じ学年のゼミ仲間だけでなく，異学年，他のゼミの学生が一緒にいることで，相互に学び合える場になっています。教員もこのスペースにいることが多いので，学生の様子を把握しやすく，さまざまな活動に対して助言がしやすいと感じています。

写真1　オープンスペースでの学生の様子

1. 2. 3　フィリピン・フィールドワーク

3年生の夏休みには，フィリピンへフィールドワークに出かけます。学生は，目的からスケジュールまで上級生のアドバイスのもと自分たちで計画を立てます。まず，大切なのは，言語によるコミュニケーションです。フィリピンでは，英語がよく使われていますので，英会話の力をつけないと活動が十分にできません。外国を訪問し，英語を使ってコミュニケーションを取らなければならないという必然性は，英語学習への意欲を高めてくれます。フィリピンでは現地の人と交流したり，議論をしたりすることが計画されているからです。またスケジュールを立てるためには，フィリピンの大学やNGOに英語のメールを送ったり，電話をしたりしなければなりません。英語力向上に向けて，春学期には週に1時間，会話を中心に英語学習に取り組みます。

フィリピンでは，大学生と交流をしたり，NGOを訪問したりして，フィリピンの文化・社会について学習を進めます。NGOでは，貧しい子どもたちを対象に教育する活動に参加させてもらったり，養護施設に滞在して子どもたちと暮らしたりします。このような活動に参加することで，グローバルな課題を自分との関わりでとらえられるようになります。新しい体験は学生に驚きを与え，これまでの常識に変更を迫ります。

秋学期には，フィールドワークでの体験をふりかえり，地域の公民館，高等学校の授業，学園祭などいろいろな場で発表を行います。大学生だけでなく，小学生や高校生，家族に対して行うので，相手にあわせた発表を考えなければなりません。さまざまな相手に対して発表することは，人前で話をすることに自信を与えてくれます。また，整理して相手に理解してもらう話し方を身につけるようにもなります。

1. 2. 4　プロジェクト活動

プロジェクトは，期間限定の活動であり，多くの学生は3年生，4年生の2年間参加します。大学院に進学する学生は，さらに修士課程（2年），博士課程（3年）と継続していきます。活動は，ただ本を読むだけでなく，大学外に出て社会の人たちと協働して取り組む体験が含まれます。

プロジェクトの第1の特徴は，本人の希望で参加する活動であり，単位や成績、報酬とも関係がないため，自分を成長させたいという内発的な動機が前提で活動がおこなわれていることです。所属ゼミに関係なく，興味があれば参加することができ，就職活動などで忙しくなると抜けることもあります。あくまで，学生本人の意思に基づく活動です。

第2の特徴は，インターンシップのように指導を受けるという立場での参加でなく，地域社会の人と連携し，協働する活動であることです。つまり，学生と地域の双方にとって何らかの利益がある活動を展開し，あくまでも対等の立場で協働していくことを心がけています。

第3の特徴は，期間限定ではありますが，1日のイベントや数週間の活動という短期間ではないことです。プロジェクトは1年のサイクルで継続し，明確な目標を設定して取り組み，年度末にはふりかえりを行い，次の年度に繋げていきます。長いものは10年以上活動を継続しています。

第4の特徴は，異学年で活動することです。上級生と一緒に活動をすることで，先輩のノウハウを学び，長期的な活動につなげていきます。たとえば国際交流学習支援プロジェクトは，10年以上継続し，参加する学校も増えてきました。

1. 2. 5　情報通信技術（ICT）の活用

総合情報学部の強みは，学生が情報活用能力を身につけていることです。パソコンの基本操作は，実習で学びます。加えて，ホームページ，プレゼンテーション資料，ビデオ作品などの制作技術を学びます。キャンパスには，1000台以上のコンピュータがおかれ，夜10時まで自由に利用することができます。学生は，ICTの用意されている学習環境をうまく使いこなしています。

たとえば，対面での会議に参加できなくとも，遠い海外の人たちとも，テレビ会議を使い相手の顔を見て話し合いをしたりしています。スマートフォンやタブレット端末などを日常的に使いこなし，ソーシャルメディア（フェイスブック，ツィッター，YouTube, Skypeなど）でコミュニケーションをとっています。情報機器を使うことに対しての抵抗感が少なく，既存のさまざまなツールを組み合わせて，プロジェクト活動に利用しています。

2　授業構成と授業方法

プロジェクトを円滑に運営していくために，上級生や大学院生の指導の下，学生自身が計画を立てて，実施するという縦の関係を大切にし，ゼミ文化を継承するようにしています。3年生は，フィリピンのフィールドワークの準備に始まり，実際にフィリピンを訪問し，大学やNGOで交流をしたり，見学をしたりします。上級生もサポートとして参加します。帰国後，秋学期は2年生や地域の高校生，小学生，家族に対してフィールドワークの報告会を開きます。それと並行して，1万字の論文執筆に取り組みます。4年生になると，小論文をもとに卒業研究にとりくみ，卒業論文として仕上げていきます。3年生には4年生が，4年生には大学院生が論文の指導にあたります。上級生が下級生の指導にあたることで，自分たちの学習に対して責任感が生まれると共に，ゼミ文化を継承していきたいという気持ちが育ちます。教員に教えてもらうのではなく，学生自身が主体的に何を学ぶのかデザインしていきます。週1回の正規の授業時間では足りないので，毎週定期的に学生だけで集まり，いろいろな活動の準備やふりかえりをしています。

プロジェクトは社会と連携をする場となり，学生自らが計画し，実践，評価を行い，問題点を修正していくPDCAサイクルをうまく回していくことを目指しています。いくつかのプロジェクトを紹介しましょう。

2. 1　高齢者対象のパソコン教室

デジタルデバイドが社会問題になっています。とくに高齢者はパソコンなどのICT機器を使いこなすのが苦手なため，活用能力を身につけたいと考えていますが，なかなか実行に移せないでいるのが現状です。このプロジェクトでは，学生が地域の公民館と連携して，高齢者にパソコンの活用方法を学んでもらう研修を実施しています。公民館側は，高槻市の広報誌に案内を出して受講生を募集し，パソコンと研修場所を提供します。学生は，研修の講師として，研修カリキュラムをつくり，研修を運営します。パソコンに初めて触る高齢者にどう教えていったらよいかを考えることは，学生の学びにつながります。研修を終了した高齢者の中から次の研修サポーターになる人も出てきました。

写真2　公民館で行っている高齢者向けのパソコン研修

2. 2　カンボジアでの国際協力

このプロジェクトでは，カンボジアで小学校の図書室を充実させるための支援をしたり，NGOの活動に参加させてもらい農村の生活を体験したり，農村部を活性化させる活動をしています。これまで農村部の小学校に校門を設置し，小学校の教師に読み聞かせのワークショップを実施して，絵本の読み聞かせを充実させる活動をしてきました。また，政府の奨学金制度を活用してカンボジアの大学生を日本に招待し，日本とカンボジアの社会問題を共に考えたりします。カンボジアでは農村の貧困は深刻な問題ですが，日本の都市部でもホームレスの問題があります。カンボジアの学生が来日した時は，大阪市西成区にある釜ヶ崎（通称：あいりん地区）に出かけ，炊き出しの手伝いを通して，両国の貧困について議論したりしました。

2. 3　フィリピンの小学校への情報教育支援

フィリピンの小学校にも，パソコンが設置されるようになりましたが，研修が行われなかったり，パソコンの数が十分でなかったりするため，授業で活用するまでには普及が進んでいません。そこで学生は，小学校を訪問し，問題点を調べ，必要に応じて教師向けのパソコン研修を実施しています。研修では，授業で効果的にICT機器を活用するための指導法について，教師と共に検討しています。たとえば，教員と共に教材を作製し，プロジェクターを使って提示し，楽しく授業をするための支援をしています。

写真3　フィリピンの小学校で教師研修を行っている様子

2. 4　長期入院中の子どもの学習支援

病気療養のために長期入院をしている子どもたちは，「院内学級」と呼ばれる病院内の学級で学習を続けることができます。しかし，社会から隔離されているため，友だちと接することができず，孤独感を持ちやすい状況にあります。学生は入院中の子どもに情報学習の一環として，テレビ会議を開いて外部の人との交流を用意したり，子どもたちの調べ学習の支援をしたりします。最近では，入院中の子どもたちに動物園を楽しんでもらおうと，病院と動物園をテレビ会議で繋いで，ライオンや象の様子を実況中継しました。

2. 5　国際交流学習支援

海外の人たちと交流をすることは，国際理解教育では重要な活動ですが，言語の壁があったり，どのように海外の人と知り合ったりしたらよいかわからず，なかなかうまくいかないのが現状です。このプロジェクトでは，学生は海外ボランティアと日本の学校とを繋ぎ，開発途上国について学ぶ活動を支援しています。日本から途上国へは多くの若者が海外ボランティアとして出かけているので，彼らから途上国の様子を伝えてもらいます。途上国にいる日本人との交流なので，日本語で子どもたちにわかりやすく解説をつけて異文化の状況を伝えてもらうことができます。学生は，学校とボランティアの間にたち調整役を担います。また，学校からの要望を受けて，教室を訪問し，自分たちが海外に出かけたときの体験について話をしたり，海外ボランティアに電子メールを送ったり，テレビ会議で交流をしたりする手助けもします。

2. 6　高校の情報教育支援

学校での活動を支援する学校ボランティアは近年増加してきています。このプロジェクトでは，学生は教師の手伝いをするという立場で参加するのではなく，教師と協働して授業をデザインし，チームティーチングで授業を実施する活動をしています。教科「情報」の授業を教師と協働で実践するには，事前の準備のため教師と打ち合わせを定期的に行います。教師と共に授業も週に3，4時間担当します。「情報」の授業では，生徒がテーマに沿って調査し，それをまとめて発表するコミュニケーションを主体とした授業を実践しています。

3　実践する際の留意点と課題

地域社会と連携したプロジェクト活動を紹介するとき，「どのように連携先を見つけるのですか」という質問をよく受けます。たとえば，「高齢者対象のパソコン教室」プロジェクトでは，学生からの発案で高齢者にパソコンを教えたいという要望が上がりました。その時，私から「近くの公民館に聞いてみたら」というアドバイスをしました。学生は自分たち自身で公民館に出かけ，そこのスタッフに相談し，広報から運営まで決めてきました。自分たちで決めた活動は，最後まで責任を持ってやり通すという考えが定着しています。ほかのプロジェクトも，活動を活性化する中で次第に連携先が増えてきました。連携先が見つからないからといって実践しないのではなく，まず実践をしてみる中で活動の幅を広げていくことが大切でしょう。そこで地域連携型の活動を進めるうえでの留意点や課題を示します。

3. 1　教員の関わりの度合い

担当教員は連携先との橋渡しをするという重要な役割を担います。そして直接，活動に関与しなくても教員が見守っているということを学生に認識してもらうことは大切です。問題が起きた時に，教員が介入しますが，学生が自分の活動という意識でプロジェクトを進めていくためには，教員の介入を出来るだけ少なくすることです。そして，イベントが終わった時やフィールドワークの事前，事後など節目，節目にふりかえりの時間をもち，活動の成果や課題を明確にしていきます。

3．2　縦の関係を作る

プロジェクトは継続していくと活動の質が高まってきます。プロジェクト活動は，１年サイクルで進み，毎年３月には４年生が卒業し，４月には合同合宿を経て新しい学生が参加してきます。学生は，プロジェクトに２年間関わり，これまでの反省に基づいて，少しずつ活動を改善していきます。２年間関わることで3，４年生の連携が取れ，プロジェクト文化が継承されます。さらに，大学院に進学してプロジェクトに参加することで，より長期的にかかわることができ，活動内容がさらに充実してきます。とくに，海外プロジェクトは言語の壁，異文化適応の課題があるため，大学院生がリーダーシップをとります。学部生は大学院生をロールモデルとして活動に参加し，さまざまなことを体験していきます。

3．3　活動資金を確保する

活動を十分に行うためには，資金を確保することが課題になります。海外でのプロジェクトは，アジアの国の物価が低いため滞在費はそれほどかかりませんが，航空運賃が高いため，アルバイトをして資金を捻出しなければなりません。しかし，海外に出かけるためにアルバイトばかりしていたら十分な準備や活動ができなくなります。国内のプロジェクトでも，機材や交通費などいろいろ費用がかかります。資金を得るためにプロジェクトに資金援助をしてくれる外部団体に応募することもあります。これまで，パナソニック教育財団，公文国際奨学財団，ソニーマーケティング学生ボランティアファンド，日本学生支援機構，高槻市都市交流課などから資金援助をいただいてきました。ただ，このような外部資金を安定して得ることは難しいことです。アンテナを常に張り，申請書をすぐに提出できる準備が大切です。学生は申請書を書き上げる中で，文章を書く力もついてきます。また，大学がこのようなプロジェクトに資金援助をする仕組みを作ることは，活動を継続して展開していく上で重要だと考えます。

参考文献

久保田賢一・岸磨貴子（2012）『大学教育をデザインする：構成主義に基づいた教育実践』, 晃洋書房.

久保田賢一（2013）『高等教育におけるつながり・協働する学習環境デザイン：大学生の能動的な学びを支援するソーシャルメディアの活用』, 晃洋書房.

付記

本報告は平成 24・25 年度教育研究高度化促進費の助成をうけています。

第22章　小学校と連携したフィールド実習
―模擬保護者会の実施―

文学部　石井康博

科目名：学校参加とフィールドワークⅠ・Ⅱ
科目の位置づけ：演習，1・2年生向け授業
受講生数：約24名
キーワード：小学校，フィールドワーク，模擬実習，役割演技

あらまし：「学校参加とフィールドワークⅠ・Ⅱ」は，小学校教員養成を目的とした初等教育学専修の科目です。本授業では，小学生が大学に来学しての放課後活動，学生が小学校に赴き教育活動の補助を行いながらのフィールドワークをそれぞれ行います。そして大学では小学校における活動の意味や課題解決を探り，補充・深化・統合を行う小学校（実践）と大学（理論）の往環型授業です。本章ではとりわけ筆者が担当したクラスにおける模擬実習（「模擬保護者会」）を取り上げます。模擬実習（「模擬保護者会」）では，役割演技（ロールプレイ）を活用し，小学校における保護者会の場面を想定し，学級担任と保護者という立場の変換を行うことで，二者の追体験を通した実習です（薄井・三瓶 1996）。学級担任の一つ一つの実践が，保護者との連携を支えとし，学級全体を視野に入れた学級経営の中で関連を持っていることに学生が気づくことを主な目標として設定しています。

1　授業概要と目的

この授業の目的は，小学校教員として必要な資質や技能を身につけるため

に，小学校現場やそれに関連する教育活動の場をフィールドとして，主体的な参加を通して教育現場の課題を体験的に学ぶことです。学生は実際に教育活動の補助をしながら，教科教育，学級経営，生活指導等で起こる教育現場のさまざまな課題や子どもとのコミュニケーションのとり方について理解を深めます。そして，それらの意味や課題解決のあり方を大学の授業において検討します。

2　授業の特色

大学での授業は，小学校という教育現場での体験を補充・深化・統合する意味をもつものと考えます。そこで，授業では，教育現場での体験のなかに立ち止まって検討すべき意味ある事例をふりかえるために，そして，学生の主体的な参加を通して実践に対する考察が行われることを目指し，役割演技による模擬実習（「模擬保護者会」）を組み入れました。

学生が主体的に授業に参加する形式をとる授業は，様々な大学で多様な形で実践されています。秋田大学ではフィールド・インターンシップ型授業，さらに教室で実践可能な体験的学習を目的とした，「ゲーミング・シミュレーション型授業の構築」といったシミュレーション，ロールプレイング，ゲームなど模擬的・間接的体験を活用した問題解決学習を実施しています（秋田大学 2006）。また小学校教員養成において必要な教育実習を初年次から実施している取り組みも見られます（長谷川ら 2012）。いずれも学校現場と大学との往環活動を取り入れ，その活動を大学での学習に関係づける，という従来の学生が受け身となる学びから，主体的に参加できる授業への転換と受け止められます。

2. 1　役割演技の活用

役割演技（ロールプレイ）は現在，モレノやシャフテルの示した原初的な形態に限らず多種多様な形態が見られると指摘されています（クリシア・M・ヤルドレイ＝マトヴェイチュク 2011）。これまで，教員養成における学生の授業実践（近藤 1995）や看護教育（久米・小笠原 1999）等で導入され，いずれも学生は主体的体験を通し活動の過程で学ぶ意義が見出されています。

2. 2　模擬実習（「模擬保護者会」）の導入

「模擬保護者会」では，学生は小学校の学級担任および保護者という二つの役割を体験します。模擬的な実習ですが，これまでの自分の小学校での体験，家庭からの聞き取りなどから，担任が保護者に伝える事項および保護者が留意する事柄についてある程度の知識をもっていることが求められます。

学生は，小学校という教育現場というフィールド学習において実践し，その中から発見や課題を記述しています。作文や連絡帳への朱書き，教室掲示の手伝い等「こういった仕事もあるのか」といった気づきや，子どもとのコミュニケーションを築くことや，子どもを叱ることに対しては「この実践は難しい」といった内容が活動日誌に書かれており，教育現場での学びが読み取れます。

学級担任あるいは専科担任，特別支援学級担任等の教師は自己の教育観をもち，諸教育活動一つ一つは関連づけられ，さらに組織立てて全体像として構成させていると考えます。その全体像は教師の具体的な教育実践方針である学級経営案として保護者に示されます（河村 1996）。小学校における学生の活動から生まれた発見や課題は教師の全体像のどういった部分に重なり，関連があるのかを学ぶためには，学級経営案をもととした議論が展開できる模擬実習（「模擬保護者会」）の導入が適切であると判断しました。

3　授業構成と授業方法

3. 1　授業構成（番号は展開の順序です）

授業構成を図1に示します。

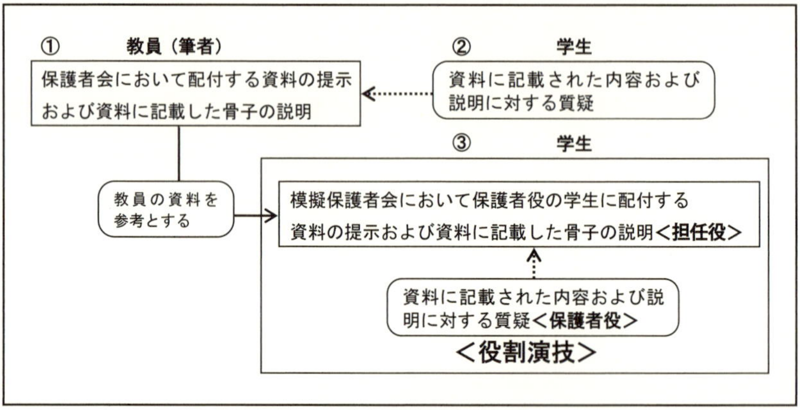

図1　授業構成

3. 2　授業方法

3. 2. 1　担任者（筆者）によるモデルの演示

想定した学年は小学校第3学年とし，配付資料に記載した骨子は「学級目標について」，「学習指導の目標」，「生活指導の重点」，「学習の進め方について」，「その他」の5項目としました。骨子内容は図2に示しました。

担任者（筆者）の意図は，これまで学生が観察した一つ一つの事柄に視点を与え，観察で得られた知見を確認し直すことです。

学級経営について

Ⅰ．学級目標について

学級目標

◎　友だちにやさしくできる子，友だちと仲よくあそぶ子

○　話をしっかり聞く子

○　ていねいにしあげる子

Ⅱ．学習指導の重点

①　わかる授業を目指す。
　（学習具や視聴覚機器の活用，ワークシートの活用）
②　聞く力・話す力を身につけさせる。
　（人の話を最後まで聞き取ること。）
　（自分の思い・考えを表現できること。）
③　何でも話し合える雰囲気を作り，学習を通して，子ども同士のコミュニケーションが 作れるよう，配慮する。
　（子どもの発表を大事にする。）
　（友だちの発表について責めたり茶化したりしない。）
　（～くん・～さんといった敬称で呼ぶ。）

Ⅲ．生活指導の重点

①　学校生活における，3学年としての基本的な生活習慣を身につける。
　（集団行動，学習を支える生活習慣に重点を置く。）
　（3年の行動特性の長所を生かす。）
②　のぞましい言葉遣い，あいさつ，後始末の習慣を身につける。
③　児童指導・生活指導上の問題をできるかぎり早期に発見し，指導にあたる。
④　ご家庭との連携を密にして，対処に努める。

Ⅳ．学習の進め方について

①　宿題　（学習習慣の定着を図ることを目的とする）
　○　負担にならないように配慮する。
　○　内容……プリント1枚（計算・漢字）・計算ドリル・漢字ドリル
　　　　　　音読・（作文）
②　漢字のテスト
③　学習の準備について
　・鉛筆の使用
　・下敷きの使用
④　学習プリントの整理のお願い。B5版ファイル

Ⅴ．その他

◇　諸連絡
　○　学級だより「たんぽぽ」について
　○　緊急連絡網について
　○　遠足
◇　PTA役員選出について
　学級委員（PTA役員）3名

図2　配付資料に記載した骨子

3. 2. 2　学生による担任者（筆者）への質疑

担任者（筆者）によるモデルの演示に対して，学生がもつ初発の段階における疑問の傾向を知るため，学生に質問を求め，担任者が質問に答えました。学生からは26の質問が出されました。そのうち「いじめ・けんかを中心とした子どもの人間関係」（図２：Ⅰ．学級目標およびⅢ．生活指導の重点 ③に該当）についてのものが多く質問数は９でした。続いて，「子どもが理解する授業の要望」（図２：Ⅱ．学習指導の重点 ①に該当），「課題提出の期限」（図２：Ⅰ．学級目標およびⅣ．学習の進め方について　①に該当）についてはそれぞれ4，「子ども同士の呼称の仕方」（図２：Ⅱ．学習指導の重点 ③に該当）は2，その他「宿題」や「給食」等に関しては９つの質問が出されました。

3. 2. 3　学生による役割演技および保護者役学生への配付資料

(1)　役割演技について

実施期間：2012年６月６日から７月18日までの７週時間

参加学生：24名

発表方法：毎回３～４名がそれぞれ一人ずつ小学校の担任役となり，役割演技を実践しました。保護者役は担任役からの配付資料および資料内容に合わせて学級経営に関する説明を聞き，説明に対して自由に質問をしました。

(2)　保護者役学生への配付資料

発表する学生には筆者が示した資料（図2）を参考とし，毎時間保護者役学生に配付してもらいました。学生は，担任役になることで配付資料に示された内容項目の項目同士を関連づけて考える必要が生まれます。それを考えた上で，学級経営の全体像として保護者役に示します。

模擬保護者会の資料内容には，個々の学生が現段階もっている教育観が示されています。この点について川野（1997）は役割演技が学校教育において大いに活用できるとした上で，看護教育において役割演技は操作的あるいは模擬的な方法ではあるが，その場で参加者が感じたこと，考えたことは事実であると指摘しています。また，役割演技で重要なことは，この方法によって生じた「事実」に着目することであること，そして，それまで見えていなかった自分自身の患者への対応の仕方を客観的に捉え，かつ自分の看護行為を変容させることが可能になる，とそれぞれ指摘しています。

模擬保護者会という実習方法を通して，学級経営という全体像のなかの一つ一つの項目は学生の考えた事実にあたります。そして，各々の項目に関して，発表および質疑を通して，学生には事実を客観的に捉えられるものと考えます。

保護者役学生への配付された資料をもとに，筆者は資料の内容分析として，統語的単位に区分し（クラウス・クリッペンドルフ 1989），学級の目標に関しては誰に対しての（「対象」），どのように（「行為の方向」），または何に対して（「目的」）行為できる（「行為の様相」）ことについてねらったものかを一覧にし，頻度を示しました（表1）。そして学習指導の重点および生活指導の重点に関しては，筆者の示した内容（図2）との相違を一覧にし（表2），さらに学習の進め方およびその他に関しては学生の記述した頻度を示しました（表3）。

これらの結果から，「学級の目標」（表1）においては，筆者の示した内容に重なる例も見られますが，学生が示した目標の多くは「対象」，「行為の方向」，「目的」，「行為の様相」それぞれの側面で表現が多様であることがわかります。

学習指導の重点および生活指導の重点に関しては，学生が独自に考えた表現（＜学生のアイディア＞）および筆者の提示した内容を部分的に変えて考えた内容と判断できる表現の割合が大きいことがわかります。

「学習の進め方について」および「その他・諸連絡」に関しては，筆者の表現を取り上げた学生はそのまま内容を変えずに，提示している割合が大きいことがわかります。

学生は提示する事項の内容に応じて，自分の創意できる部分での多様な表現をし，確かに必要な事項では表現を変えていないといえます。また，その他にはフィールドで得られた知見と判断できる表現（時間を守るための「5分前行動」・「3分前行動」を記述した2名の学生は同じ小学校への派遣）も見られました。

3. 2. 4　学生による発表者への質疑

保護者役の学生からは44の質問が出されました。内訳を表4に示します。

表4　保護者役学生からの担任役に対する質問内容と頻度

質問内容	頻度
「いじめ・けんかを中心とした子どもの人間関係」	9
「子どもが理解する授業の要望」	8
「宿題」	8
「PTA役員選出」	4
「特別に配慮することの要望」	3
「席替え」	2
「テスト」	2
「授業に対する特別な要望（鉄棒の指導）」，「授業妨害をする子どもへの指導」，「あいさつ」，「忘れ物をした際の対処」，「整理整頓」，「下敷きの使用」，「連絡帳の内容」，「シャープペンシルの使用」	各1（全体で8）

学生の作成した配付資料内容が学級目標に関して多岐に分かれていたこと，学生の発表内容の比重が，学習指導および生活指導に置かれたために，質問する際の視点は学校から家庭，子どもから保護者に広がった結果であると考えられます。

4　実践する際の留意点，課題

今後は，学生が小学校において活動した記録をもとにして「模擬保護者会」での実習がどう関連付けられているか，「模擬保護者会」における記録と活動日誌を重ね合わせて確認する作業が必要であると考えます。

また，模擬保護者会での実習で発表された一つ一つの項目とフィールドワークにおいて現場での実践の実際といった2つの統合は今も行われていますが，さらに充実させていく必要があります。

表 1　学生が提示した「学級の目標」に関する内容

筆者が提示した内容		(1)友だちにやさしくできる子，友だちと仲よくあそぶ子										
＊対象	＊行為の様相	＊行為の方向										
		優しく	なかよく	意欲的	元気に	心豊かに	大切に	協調性	思いやる	居心地の良い	(なし)	
友だち・仲間・周りの人	できる	6	3				1					
	あそぶ		4		2							
	支えあう	1										
	行動する			1								
	活動する					1						
	する		2				2					
	もつ							1	3			
	考える										1	
	学び合う										1	
	協力できる										1	
	(なし)								2			
	(なし)									1		
		＊目的										
		コミュニケーション										
	とる	1										
自分		＊行為の方向										
		体調を考えて	笑顔で	最後まで	けじめをもって	進んで						
	行動できる	1										
	過ごせる		1									
	やりぬく			2								
	行動する				1							
	学ぶ					1						
		＊目的										
		力	意見	積極的に	がまん	目標	たくましい	輝くもの	失敗	自信	健康	(なし)
	出す	1										
	いえる		1	1								
	挑戦する			1								2
	できる				1							
	もつ					1		1		1		
	考える											1
	生活する											1
	表現する											1
	尊重する											1
	諦めない											1
	恐れない								1			
	やりぬく											1
	頑張る											2
	留意する										2	
	(なし)						1					
		＊行為の方向										
		積極的に	明るく	元気に								
あいさつ	する	1										
	できる		1	3								
		大切に	(なし)									
意見	する	1										
	飛び交う		1									
		活気ある	過ごしやすい	(なし)								
集団	作る	1	1									
	意識できる			1								
授業		積極的に										
	参加する	1										
		努力して										
課題	取り組む	1										
		＊属性・＊行為の方向										
		けじめ	積極的に									
クラス	ある	2										
	取り組む		1									
筆者が提示した内容		(2)話をしっかり聞く子										
対象		＊行為の方向										
		しっかり	きちんと	自分の言葉で	(なし)							
話	聞く	1	1									
先生や友達の話	聞く	2										
意見	伝え	1										
	聞く	2										
自分の考え	発表する				1							
思ったこと	伝える			1								
筆者が提示した内容		(3)ていねいに仕上げる子										
		該当なし										

※網掛けは筆者の提示と同一の内容　数字は頻度

表2　学生が提示した「学習指導の重点」および「生活指導」に関する内容

筆者が提示した内容（目標項目）	＜筆者が提示した内容と同一表現＞	＜筆者が提示した内容と異なる表現＞ 一部表現の付け加え 一部表現の変更 表現の言い換え 表現の添加 一部表現の利用					＜学生のアイディア＞				
1）わかる授業を目指す		頭に入りやすい	一人一人に応じた指導（2）	分かり易く（4）	分かったが増える	記憶に残る	入り込み易い3	魅力ある	楽しく（い）（2）	グループワーク	読解表現力
		意欲的に授業に参加できる	わかりやすい（2）	分かる喜びが得られる			柔軟なスタイル	良い	望ましい学習習慣	グループ発表などで，人と協力して学ぶ力を身につけさせる．	学習意欲の向上
							挙手を求める	個に応じたきめ細かな指導（2）	規律ある授業態度	一斉授業の中にも個別指導を織り交ぜ，	質問する時間の設定
							基礎基本の習得	興味関心を刺激できる	探究心を養う	少人数，習熟度別	授業形態の工夫
							個性を大事にし，他者と比べず，その子に合った指導をする．	個に応じた指導	子どもが惹かれる	机間指導と一斉指導，個別指導を取り入れる．	グループ活動
							取り組みやすい	楽しいと思える	小集団の導入	個別指導（2）	子どもの日常生活と結びついた
								授業中の個別指導（2）	一対一の対応を大事にする	多くの本を読ませる	子ども同士で考えさせる
											グループワーク
（学習材や視聴覚機器の活用，ワークシートの活用）	学習材や視聴覚機器の活用（4） ワークシート（2）	視覚情報	視覚的に入り込みやすい	チェックシート	ふり返りプリント		授業構成の工夫	授業の工夫	関連する内容の取り上げ		
							作業・動作の活用	ICT 活用			
2）聞く力・話す力を身につけさせる。	聞く力・話す力を身につけさせる。（4）	自己表現できる力	話す力・聞く力の育成	自分の思いや考えを生き生きと表現できる場がある	発表や発言でははっきりと大きな声で伝えさせる	積極的な発言ができる					
		人の話を聞き，自分の考えをしっかり話す	人の意見に流されず，自分の意見をしっかり持たせる	聞く力・話す力の育成	自分の意見が言える・相手の意見が聞ける授業	相手の話を聞いたうえで，自らの思いも表現できる					
		自分の意見をしっかり持ち，それを発表し合いやすい環境を作る	人の話をよく聞き，理解する力をつける								

(人の話を最後まで聞き取ること。)(自分の思い・考えを表現できること。)	(人の話を最後まで聞き取ること。)(2) (自分の思い・考えを表現できること。)	自分を表現する					グループ活動や学級を超えた合同学習で協調性を養い グループでの話し合い	発言の場を多く設ける	グループ活動を取り入れた授業	グループ学習および発表を通して共に学び	朝の会のスピーチ，グループ発表など
3) 何でも話し合える雰囲気を作り，学習を通して，子ども同士のコミュニケーションが作れるよう，配慮する。	何でも話し合える雰囲気を作り (3)	望ましい人間関係・他を思いやり，互いに高め合えるような生徒集団になる様々なリーダーを中心に学級や学年・委員会・行事・班活動を行う.・先生や生徒同士で相談できる雰囲気を作る	子ども同士の関わり合いを大切にする	間違えても恥ずかしくない雰囲気作り	子どもどうし，または子どもと教師の交流を大事にする	コミュニケーション能力 (3)	グループワークなどを取り入れる (2)	(子どもたちによる発表の場を多く設け，話す力の育成を図る)	発表する機会を出来るだけ多く設け，積極的な授業参加	グループ活動	グループ学習などを増やし，発表の機会を設ける
	子ども同士のコミュニケーションを図る	コミュニケーション能力の育成 (3)	自分の周りにいる人と気持ちいいコミュニケーションをとる	真剣に取り組んでいる姿勢がしっかり認められる雰囲気作りを目指す	子ども同士のコミュニケーション	コミュニケーション力を高める					
(子どもの発表を大事にする。)(友だちの発表について責めたり茶化したりしない。)(〜くん・〜さんといった敬称で呼ぶ。)	子どもの発表を大事にする。)(友だちの発表について責めたり茶化したりしない。	友だちの発表や間違いを茶化さない友だちの意見や作品といった，友だちの努力を認め，大切にする									
1) 学校生活における，3学年としての基本的な生活習慣を身につける。		めりはりのある生活習慣	望ましい生活習慣 (2)	集団行動，学習習慣といった基本的な生活習慣	当たり前のことをしっかりやり，中学年としての自覚を持たせる (2)	規則正しい生活習慣 (2)	ルールを守る	団体行動の意識向上 (2)	自己の健康管理の徹底		
(集団行動，学習を支える生活習慣に重点を置く。)(3年の行動特性の長所を生かす。)		集団行動をきちんと行わせる	集団行動を意識する (4)	集団の一員であることの自覚	集団を意識する習慣		(登下校，チャイム，その他集合時間) 廊下を走らない チャイム着席生活習慣宿題の提出	清掃活動を積極的に取り組ませる 時間を守る (2)	時間を守るための「5分前行動」 チャイム着席	3分前行動	時間を意識する習慣

2) のぞましい言葉遣い，あいさつ，後始末の習慣を身につける。		身のまわりの整理整頓，後片付け あいさつ(2) 自ら挨拶(2) あいさつをしっかりする 人に元気よくあいさつする習慣2 友達，先生，地域の人など関係なくあいさつする習慣 丁寧な言葉づかい 自分の身の回りの整理整頓 （正しい）言葉づかい（7） 挨拶の習慣（8） あいさつ運動（2）	返事などの礼儀(3) 忘れ物をしないようにメモを取り，活用する 清掃活動をきちんと取り組む（3） 時や場所に適した服装や言葉遣いを知り，実践する ろうかは歩く TPOに応じた行動を意識
3) 児童指導・生活指導上の問題をできるかぎり早期に発見し，指導にあたる。	児童同士のトラブル，生活指導上の問題をできるかぎり早期に対処する。	児童間のトラブルは迅速に対応し，優劣をつけないよう治める いじめは許しません 生徒間でのトラブル（ケンカ，いじめ）はできるかぎり早期発見し，場合によっては厳しく指導にあたる いじめなどの問題は早期発見に努め，対処する 何か問題が生じた際には，迅速に対応する 生徒間のトラブルの早期解決	日記を通して，子どもたちの近況を把握する（毎週，月，水，金曜日の終わりの会） 日記
4) ご家庭との連携を密にして，対処に努める。	ご家庭との連絡を密にする(3)	保護者，地域との連携 何か問題が生じた場合，ご家庭と連携し迅速に対処する	連絡帳の活用（4）
上記に該当しない内容			当番活動宿題・忘れ物のチェック(5) 健康への留意（うがい，手洗い，早寝・早起き）（9） やるべきときはやるべきことをする 持ち物（ハンカチ・ちり紙）

※表中の（　）内の数字は同一している表現の延べの数値を示した。

表3　学生が提示した「学習の進め方について」および「その他・諸連絡」に関する内容

		ほぼ同一と判断できる内容の指摘（頻度）	ほぼ同一と判断できる内容の指摘（人数）
筆者が提示した内容	宿題（学習習慣の定着を図ることを目的とする）・負担にならないように配慮する。 内容……プリント1枚（計算・漢字）・計算ドリル・漢字ドリル・音読・(作文)	学習習慣の定着を図ることを目的とする（11） 負担にならないように配慮する（6）	23名中19名
	学習の準備について・鉛筆の使用・下敷きの使用	学習の準備・鉛筆・下敷き（11）	23名中11名
	学習プリントの整理のお願い。B5版ファイル	B5版（あるいはB4版ファイル（10）	23名中11名
		表現の一部の利用（頻度）	**表現の一部の利用（人数）**
	漢字のテスト	テストの実施（16）	23名中10名
	学級だより「たんぽぽ」について・緊急連絡網について・遠足	学級だより（10）	23名中10名
	PTA役員選出について 学級委員（PTA役員）3名	PTA役員（11）	23名中12名

参考文献

秋田大学「ゲーミング・シミュレーション型授業の構築」特色ある大学教育支援プログラム（平成18年度 特色GP）（http://www.akita-u.ac.jp/honbu/project/pr_feature2006.html 2013/03/23参照）.

長谷川勝久・宮崎英憲・金田茂裕（2012）「教員養成における往環型教育システムの開発」，日本教育工学会 第28回大会講演論文集，pp.339-340.

河村茂雄「保護者会での実践」國分康孝 監修（1996）『エンカウンターで学級が変わる（小学校編）』，図書文化.

川野雅資 編著（1997）『患者－看護師関係とロールプレイング』，日本看護協会出版会.

久米弥寿子・小笠原知枝（1999）「基礎看護学演習におけるロールプレイングの教育的効果」『日本看護学教育学会誌』，第9巻第2号，p.83.

クラウス・クリッペンドルフ（三上俊治ほか訳）（1989）『メッセージ分析の技法「内容分析」への招待』，勁草書房.

近藤勲（1995）「実践的な教授技術の習得をめざしたシステムの開発とその検討—ロールプレイング法によるマイクロティーチングの実践事例をもとに—」『日本教育工学雑誌』，第18巻第3号，pp.137-151.

クリシア・M・ヤルドレイ＝マトヴェイチュク（和泉浩監訳）（2011）『ロール・プレイ 理論と実践』，現代人文社.

薄井坦子・三瓶眞貴子（1996）『看護の心を科学する』，日本看護協会出版会.

第 23 章　国際協力サービスラーニングのプログラム化に向けた実践的考察　—フィリピン共和国パンパンガ州の児童養護施設での情操教育協力活動を参考に—

国際部　澤山利広

プロジェクト名：Philippine Children Project（PCP）
科目の位置づけ：課外活動
参加者数：関西大学学生 6 名～ 12 名を含む 15 名程度
キーワード：国際協力，サービスラーニング，フィリピン，情操教育，コンピテンシー

あらまし：2010 年度，2011 年度の実績を引き継いで実施された 2012 年度の Philippine Children Project（PCP）は，関西大学教育研究高度化促進計画「アジアと連携したサービスラーニング教育プログラムのモデル化」の実践のひとつであり，関西大学が長期ビジョンで掲げる「考動力」の育成に資する教育プログラムのモデル化を目指しています。

PCP は日本からの大学生や社会人によるフィリピン共和国パンパンガ州アンヘレス市圏の児童養護施設や小学校における国際情操教育協力と現地の大学生との交流，及びエクスカーションから構成されています。主となる活動は，フィリピンの子ども達を対象にした体系的な音楽の授業の提供です。楽器の演奏技術を習得してもらい，コンサートで合奏を披露してもらいます。その過程から子ども達は情操を育むことになります。

関西大学学生は，そのために移転可能なスキルなどを派遣前研修で習得して現地に赴きます。帰国後はその経験を文字化，言語化，映像化することによって学生自身の成長を図ることを目指しています。すなわち派遣前研修，現地活動，派遣後研修をサイクルとしたサービスラーニングプログラムといえます。

本章では，PCP の活動のうち，主に現地児童養護施設でのリコーダー指導のための派遣前研修から派遣後研修までの軌跡を概観し，関西大学における今後の国際協力サービスラーニング科目群の設置の方向性を示します。

1　プログラムの概要

関西大学の学生は，2010年度からPhilippine Children Project（PCP）に参加しています。2010年度は本学国際部が企画した国際協力体験セミナーとして，2011年度は本学重点領域研究「アジア・オセアニアにおける国際教育プログラムの開発に関する基礎研究」の活動として，そして2012年度は本学教育研究高度化促進計画のプロジェクトとして実施しました。

PCPの始まりは，1994年にコラソン・アキノ元フィリピン共和国大統領が来日した際の記念事業に遡ります。現地NGOのBenigno S. Aquino FoundationやUniversity Center Foundation, Inc.（UCF）のバックアップを得て実施されてきた国際協力・国際交流活動が，変遷を経つつも継続され，現在は日比の市民・学生の有志がPCPを組織して継承しています。

日本側は，法人格や事務所，会員制度を持たない有志によるグループが母体です。自治体関係者や教員がメンバーの多くを占め，夏休み中の日程を調整して数名が現地を訪れます。現地に行けないメンバーも日本国内での準備に携わります。筆者は関西大学生の引率者として同行しています。PCPの関大生メンバーは，概ね4月から5月上旬にかけて全学部生・大学院生を対象に参加者を募り，選抜されます。PCPの主活動はリコーダー指導です。誰もが習ったことのあるリコーダーの指導であれば，所属学部に関係なく応募可能です。選考基準は，学業成績や履歴よりも派遣前後の研修に参加できるかを重視します。なぜなら，参加者が一連の学びに真摯に向き合い，成長を遂げる伸び代を見分けたいという思いがあるからです。

フィリピンでは，8月中旬に10日間程度を過ごします。活動サイトはマニラ首都圏から車で北に3時間のアンヘレス市圏にある男子児童養護施設Angeles Bahay Bata Center（ABBC）などです。ABBCを拠点に，午前中はABBC附属の小学校であるAngeles Bahay Bata Learning Center（Learning Center）においてリコーダーの演奏指導を行います。教える側にとってのリコーダーは，短期間で初歩的な教授法を習得でき，身振り手振りを交えることで技術力と語学力を補うことができます。また，現地の児童の上達を日々確認できる点からも技術協力の醍醐味を味わうことができます。

午後のスケジュールは，公立のCutcut Elementary Schoolにおける情操教育指導やHoly Angel Universityでの文化交流です。平日は朝6時の朝食に始まり，その日のふりかえりや翌日の準備が終了するのは23時を過ぎます。週末のエクスカーションでは，ピナツボ火山噴火被災地やその影響で移住を余儀なくされたアエタ族の集落，第二次世界大戦時の神風特攻隊発祥の史跡，アジア最大の米軍基地が置かれていたクラーク空軍基地の跡地などを訪問します。

2　安全確保と危機管理

筆者の主な役割は，現地活動中の安全確保や危機管理です。しかし，年1回しか実施しないプロジェクトが，毎年，成功裏に終了し，継続できているのは，本活動のミッションを共有しているアンヘレス市圏在住のフィリピン人コーディネーターがいるからです。これまでも大雨や直前に発表された祝日による大幅な予定変更があっても所期の目的を達成し，不測の事態にも事なきを得ているのは，現地事情に精通し，人的ネットワークを有する彼の存在が大きいといえます。

筆者とコーディネーターは，事前現地調査・準備の段階で事故，自然災害などの発生時の連絡体制の確認や避難，搬送にかかるシュミレーションを行い，通院が必要な事態を想定してAngeles University Foundation Hospitalの救急救命センターに搬送するルートを確保し，異なる会社の携帯電話を揃えるなどの複数の通信連絡手段を用意しています。

こうした危機管理に加えて，現地活動で最も配慮しているのは，メンバーの体調管理です。本プロジェクトは国際協力を表看板にしているために，メンバーの誰かが体調を崩せば，他のメンバーの負担になるばかりか，ひいてはフィリピンでの情操教育協力に支障をきたすことにもなるからです。PCPの女性社会人メンバーには，男性引率者では十分に対応や気配りができない諸点に配慮いただいています。

宿舎は，ホームステイの方が異文化交流に資することは明らかですが，セキュリティを最優先し，ビレッジと呼ばれる警備員が常駐するコンパウンド内のリビングダイニング付の施設を利用しています。これは，ミーティングや翌日の準備のためのスペースを確保し，十分に睡眠をとるためでもあります。また，専属料理人に宿舎での食事と活動サイトでの昼食の弁当を用意してもらっています。タイトなスケジュールに少しでも余裕を持たせ，雨季中の食中毒を防ぎ，学生の体力を維持するための配慮です。しかし，町中に出て現地の料理を食すことは，重要な異文化体験です。全ての技術協力活動終了後の帰国前日に大衆食堂でフィリピン料理に舌鼓を打つことにしています。

3　国際協力サービスラーニングの視点

本プロジェクトの主目的は，フィリピンの小学校の時間割にはあるものの教員不足，教材・施設不足などのために十分に行われていない初等教育レベルの情操教育分野への寄与です。しかし，一般に，日本の大学生・院生は，国際協力を行うための語学力と移転可能な技術を持ち合わせていません。そのような学生が派遣前の研修によって必要な知識とスキルを身につけ，現地で国際情操教育協力を行います。その過程は参加学生のコンピテンシーを高める機会になっています。

コンピテンシーとは，1970年代初めにデビッド・マクレランド教授（ハーバード大学心理学教室）が，学歴や入省試験の結果が同等のアメリカ国務省外交官の途上国でのパフォーマンスの差を分析した研究に端を発する概念です。置かれた環境や条件の下で高い成果や期待された結果をもたらす行動特性を意味します。職務や作業において，安定して好業績をあげている人材にみられる共通の態度，思考パターン，判断基準などのことで，具体的には信念の強さ，異文化に対する高い感受性，他者の人間性の尊重，良好な人的ネットワークの構築力などがあげられています。

サービスラーニングとは，サービス（ボランティア）の提供者と受け手である人間や社会，環境の双方の変化を意図して，サービスの目標と学習目標を結びつける取り組みです。提供者自身のふりかえりと新たな価値観，知識，スキルの獲得，そして社会課題を解決する体験ができるような工夫がなされている点に特色を見いだすことができます。そのため PCP では，フィリピンにおける初等教育レベルの情操教育協力活動を実効性あるものにすると共に，その経験を身につける観点から正課外教育の派遣前研修と派遣後研修が用意されています。専攻も異なる様々な属性の参加者が知恵と力（前に踏み出す力，考え抜く力，チームで働く力など）を結集して，互いに高め合うピアエデュケーションを取り入れていることも特徴にあげることができます。

また，サービスラーニングが生涯にわたる地域への貢献や地域との結びつきの強化を重視していることに鑑み，PCP も市民の参画を得た社学連携，すなわち社会と学校の機能とが連携したプロジェクトである点を附記しておきます。学生の音楽，体育などの情操教育教授法などの習得には，筆者ではなく PCP をはじめとする学外組織の協力を得ています。現地で使用する文具のほとんどは市民の寄贈で賄われます。寄贈いただいた方には，現地から報告を兼ねたお礼状を送付することで，ささやかな日本国内での国際協力文化の醸成にも心がけています。

4　派遣前研修

派遣前研修は，6 月上旬から 8 月上旬までの 15 日間，計 60 時間を費やします。参加者には活動にかかる実費を負担するからといって，お客さん意識を持ってもらっては困ります。折に触れ，他者への献身を第一義とした技術協力であり，自主性に基づくボランティアであるからこそ，責任が伴うことの自覚を促すようにしています。

研修では，タガログ語やリコーダー教授法の他にフィリピン事情，保健衛生講座，学外施設での講義や実習を行います。単位にすると 4 単位相当となり，それ以外の準備作業の時間を換算すれば，実際には 6 単位以上の学習量になります。主な準備作業としては，楽譜作成や文具などの寄贈品の収集が挙げられます。このほか，現地の子ども達との会食費や備品購入費を捻出するためにフリーマーケットに参加します。

派遣前研修では挨拶や自己紹介ができるくらいのタガログ語を身に付けるようにします。簡単な英語を使った身振り手振りでも何とか意思疎通はできますが，現地の言葉を話せるに越したことはありません。なぜなら，タガログ語を話そうとするこちらの姿勢が，子ども達の技術習得にもよい影響を与えるからです。また，現地語の知識が少しでもあることで町中や道沿いの看板や掲示の意味を探ろうという意欲が沸き，場所を探したり，危機管理上の能力も高まります。こうして当地の文化への興味・関心が喚起されることで，より異文化理解が促進されていきます。

5　現地活動

ABBC は，2001 年 7 月 25 日に Clark Centennial Rotaly Club（CCRC）が創設した男子児童養護施設です。タガログ語で Bahay は家，Bata は子どもを意味しています。ここでは，育児放棄，虐待などによって保護者に養育されていない 6 歳から 17 歳の男子約 20 名が暮らしています。施設運営費は，主に CCRC のメンバーからの寄付で賄われていますが，運営資金不足のために受け入れ定員 60 名を満たしていません。事務職員が 2 人，子どもたちの世話をするハウスピアレンツ 3 人のうち，2 人はドミトリーに住み込み，もう 1 人は給食を担当しています。小学校教諭 4 人，他に非常勤のソーシャルワーカー 3 人が勤務しています。3 階建ての建物の 1 階と 2 階には，事務室，図書室，視聴覚室，医務室，食堂，キッチンがあります。3 階はドミトリーになっており，子ども達のプライベートスペースは 2 段ベッドの上下のいずれかと，幅 30cm ほどのキャビネットです。掃除は子ども達全員で分担し，食後は交替で食器を洗い，各自が洗濯を行います。敷地内には，バスケットボールコートがあります。自由に施設外に出ることができない子ども達にとって，スポーツはフラストレーションの解消には欠かせません。伝統楽器のロンダリアを演奏する課外クラブもあります。我々から見れば，ABBC は快適な空間ですが，路上生活をしていた子ども達の中には，規則に縛られることに耐えられず，脱走する児童もいます。

また，フィリピンは初等教育の6年間は義務教育ですが，未就学児は珍しくありません。Learning Centerにも就学の時期が遅れたり，成績不良に伴う留年などの理由で本来なら高校生に相当する年齢の児童がいます。加えて，ABBC以外の児童も通ってくるので，家庭環境も大きく異なる男女共学のクラスからなっています。

PCPメンバーによるリコーダーの指導は月曜からの5日間で，最終日にコンサート（発表会）を開催します。課題曲は派遣前研修で小学校教諭のPCPメンバーのアドバイスを踏まえて選曲します。簡単すぎず難しすぎず，5日間で何とかマスターできる曲であるからこそ，PCPのメンバーは懸命に教え，子ども達は練習に励みます。そして，児童が日に日に曲をマスターし，コンサートで立派に発表した時の感動が，PCPを継続してきた原動力となっています。2012年の課題曲は，“Bahay Kubo”（1年生），“Bulaklak”（2年生），“Mary had a Little Lamb”（3年生），“Jingle Bells”（4年生），“National Anthem of the Philippines”（5年生と6年生）でした。PCPメンバーはデモンストレーションのために“We Wish You a Merry Chiristmas”，「翼をください」，“Top of the World”，“Mickey Mouse March”などを用意しました。

写真1　リコーダーを指導する学生

写真2　ミーティングの風景

6 「与えるよりも与えられる」工夫

PCP参加者もそうですが，国際協力ボランティアの経験者からは　国内での活動と現地での異文化社会での奮闘を通じて，異口同音に「与えるよりも与えられた」という感想が聞かれます。米アカデミー賞でオスカーを獲得した『千と千尋の神隠し』という映画になぞらえれば，ボランティアの多くが途上国という「異界」においてニックネームで呼ばれることになります。それは映画の主人公が名前を取られることとは少し違いますが，日本とは違う呼び方や接し方をされる点で共通です。学生達は身振り手振りを交えてコミュニケーションを試み，目の前の児童が上達するように工夫を凝らして指導します。そのような経験をした帰国後の学生達が成長の種を持ち帰っていることに気づく人はまずいません。しかし，学生達の内面は大きく，特に初めての国際協力経験者は劇的に変わっていることが多くあります。

「与えられる」ために派遣前研修で強調しているキーワードは3点です。

1つ目は，「子ども達への配慮」です。これこそが他者への献身を実践するための最も大切な姿勢といえます。児童養護施設で活動させていただくにあたっては，技術にも増して心構えをしっかりしておかないと，他意のない言葉が児童を傷つけるなどの取り返しのつかない事態を招きかねません。

2つ目は「よき地球市民」です。地域活性化は万国共通の課題であり，途上国社会で見られる現象の多くは，先進国と呼ばれる国々の社会にも内在しています。アンヘレス市圏には，日本国内のことを考えるためのヒントが溢れています。Leaning Centerの活動自体が「よき地球市民」を育む場に他なりませんが，エクスカーションでは，貧困，自然災害，難民，基地問題，戦争について考えてもらう場所を訪れます。我が国においても近年は所得格差の広がりと共に，貧困問題が語られるようになりました。東日本大震災被災地の復興は現在進行形です。途上国の問題は「対岸の火事」ではなく「他山の石」であるという意識が“Think Globally, Act Locally”あるいはその逆の“Think Locally, Act Globally”を実感させることになります。

3つ目が，「モノの命を大切に」です。モノにも命があるという教えは，日本の美しさにも通じています。寄贈いただいた文具にはかなりの割合で手紙が入っています。学生は再梱包のために荷を解き，メッセージに目を通します。その作業を通じて，寄せられたリコーダーなどが単なる中古品ではないことを，誰に言われなくても心に刻むことになります。そして，学生はフィリピンの学校にそれらの品を手渡す際にも，そこに込められている思いをたどたどしくともその土地の言葉で伝えようと努力します。そのミッションを果たすためにタガログ語の習得にも熱が入ります。

7　派遣後研修

帰国後の研修では，現地活動の経験の咀嚼が主目的となります。9月以降の秋学期期間中はミーティングを毎週行い，学内で報告会を催し，学外のディベート大会に参加するなどの言語化を試みます。そして年度内に文集（報告書）やDVDを完成させてプロジェクトは終了します。

成果物の分析からは，参加学生の具体的な変化が読み取れます。家族や地域社会の大切さの再認識や残りの学生生活をより充実したものにしようとする契機になっていることがうかがえます。他のボランティア活動に従事したり，留学を目指す学生もいます。また，進路を考える際の動機づけにもなっています。日本の就職活動は，どこの会社に入るかという「就社活動」のようですが，学生が企業を選ぶ際にCSR（Corporate Social Responsibility）を重視したり，あるいはNPO/NGO，教職，国際関係などへの視野の広がりが見受けられます。さらに，自分とは何かというアイデンティティーの探究や日本文化のすばらしさの再発見にも資しているようです。身をもっての体験が「与えるよりも与えられた」という言葉に表れているといえるでしょう。

このような体験をした学生の何人かが，翌年は一般メンバーの資格でPCPに参加しています。2010年のPCPに参加した6名の学生メンバーのうち3名は，2011年の企画段階から参画し，現地ではリーダーシップ，あるいは補佐力を発揮してプロジェクトの成功の一翼を担いました。PCPに参加しなくても他の1名は，フィリピンに留学し，もう1名は国際協力のゼミを選択しています。2012年のPCPにおいても同様の先輩参加者の活躍が見られ，よき伝統となる兆しが見られます。また，同年のPCPでは，フィリピンでの現地活動には参加しない2名の学生が，国内での派遣前と派遣後の研修をサポートをしてくれました。

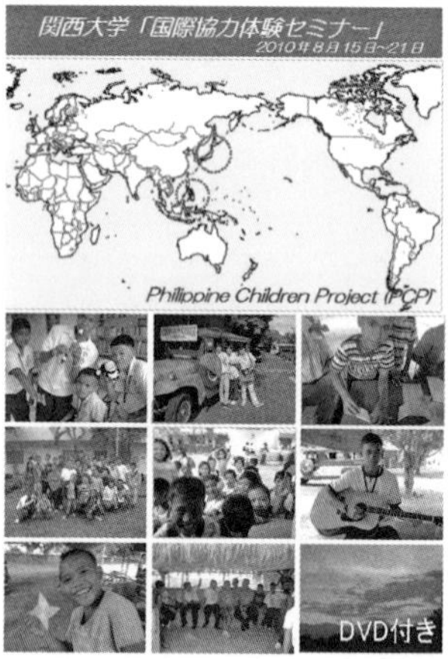

写真3　報告書（文集）表紙

写真4　報告会ポスター

8　今後の展開

8. 1　国際協力サービスラーニングプログラムの開発における高等教育機関への期待

高等教育機関が果たすべき役割は，一般に教育，研究，社会貢献とされています。国際協力分野においても同様です。

教育機関としては，日本では得難い体験の機会を学生に提供し，学生の「生きる力」を涵養することです。生きる力の定義は曖昧ですが，筆者は，グローバル化する社会で人間らしく生を全うする力であると考えています。PCPに参加した学生は，活動中の様々な出来事や出会う人々からの刺激で視野を広げることになります。特に，児童養護施設の子ども達の，自らを律し他者と協調しながら逞しく生きる小さな背中から多くを学んでいます。

研究分野では，知の学際的融合によって，サービスラーニングプログラムの理論的裏付けを得ることです。サービスラーニングの手法は様々であり，ひとつの学問領域に収まるものではありません。国内外の高等教育機関の有する知見を融合させる視点が望まれます。

フィリピンの大学では，共和国法令9163号に基づき，National Service Training Program（NSTP）が必修科目になっています。NSTPは国家に貢献する市民の育成を目標に掲げ，①Reserve Officers' Training Corps（ROTC），②Literacy Training Service（LTS），③Civic Welfare Training Service（CWTS）の3つのプログラムから成っています。LTSは未就学児童に対する読み書きと算数の教授能力の育成を，CWTSは様々な分野の社会貢献活動を通じて，学生自らが心身及び倫理，知的領域を含む社会的成長を遂げることを目的としています。フィリピンの高等教育機関とのサービストレーニングに関する研究は，新たな視点を加味したプログラムの開発に資することが期待されます。

社会貢献は，University Citizenshipに基づく市民への参画機会の提供です。高等教育機関は地域社会に生かされている市民に他なりません。世界に開かれた窓となり，PPP（Public Private Partnership）の触媒にもなりえる存在です。PCPの場合は，日比の市民有志が長年続けてきた活動に関西大学学生が参加させていただいているので，大学のリソースの提供ではありませんが，今後は市民参画の仕組みづくりに知恵を絞ることが，関西大学のPCPへの寄与になります。その視点のひとつが「循環型国際協力」であると考えています。援助先と被援助先のノウハウと経験の共有による互恵的関係の構築が望まれます。国内の問題の原因は，内的要因のみではなく，その解決には国際協力の経験とノウハウを活用できることも多くあるはずです。大学による国際協力活動は，常にそのことを意識し，互いの地域社会に寄与できる市民参画型プログラムの開発が俟たれます。

8．2　国際協力体験で育まれるコンピテンシー

PCPは日本からの学生の体験学習や相手国の学生との交流を目的とした

スタディツアー，あるいは観光や調査を目的としたフィールドトリップではありません。フィリピンの初等教育レベルの情操教育分野への寄与を旗印とした国際協力であり，「考動人」の育成は副次的なものとしています。

筆者はPCPを含む，これまでに引率した海外プロジェクトの参加者を対象にしたアンケートやインタビュー調査から，異文化社会での奮闘が，①家族や地域社会の大切さの再認識，②日本文化のすばらしさの再発見，③文化相対主義的視点の涵養，④地球市民意識の醸成，⑤アイデンティティ探求，のそれぞれの機会になっていることを確認しています。

参加学生は，帰国後の成果物の作成や報告会での発表などの現地での体験の文字化・言語化・映像化を通じて，自らが何を得，今後何ができるかを模索しています。これらの体験の咀嚼の過程からは，上記5項目以外に国際協力活動で高い成果を生み出すための行動特性，すなわちコンピテンシーの獲得をうかがうことができます。PCPの社会人メンバーとの人間関係づくり，Learning Centerの児童に対する思いやりやコンサートを成功させようとする強い信念，ABBCやCutcut Elementary Schoolのスタッフへの配慮，そして，筆者の琴線には触れないような様々なシーンの描写からも若い学生ならではの感受性を読み取ることができます。筆者はこれらが国際協力を含む社会貢献活動におけるコンピテンシーの一部であろうと考えています。

8. 3　国際協力サービスラーニング科目群の完成に向けて

関西大学教育研究高度化促進計画「アジアと連携したサービスラーニング教育プログラムのモデル化」の主目的は，地域社会や国際社会でリーダーシップを発揮しながら地球規模の諸問題を解決できる「考動力」を育む教育システムづくりです。多くの大学が，グローバル人材の育成と国際社会への貢献の具体的な施策として，ODA実施機関，国連，NGO/NPO，民間企業と連携した国際協力ボランティア派遣制度を展開しています。

関西大学においても，本書で紹介されているアジア各国でのサービスラーニングプログラムだけではなく，ゼミ単位で実施されている国際協力ボランティア活動は幾つもありますが，関西大学を冠とするプログラムはありません。国際協力ボランティア制度に基づく派遣実績は，受験生や入学者，外部資金の獲得，収益事業の誘致などへの波及効果も大きく，本学においてはそれらの端緒を拓く観点からも同様の制度の構築が喫緊の課題となっています。

現状では，国際協力プロジェクトに参加する学生に奨励している「国際協力の基礎を学ぶ（2 単位）」「国際協力ボランティアの経験に学ぶ（2 単位）」，「経済社会開発を学ぶ（2 単位）」「ボランティアの理論とワークショップ（2 単位）」の受講によって国際協力に関する科目の単位取得は可能です。特に，「ボランティアの理論とワークショップ」は海外活動を行う学生を想定とした体験型授業です。しかし，本稿執筆時点においては海外活動自体に単位が付与できる科目は設置されていません。そのため，今後の展望としては，初心者向けとして民間企業や NGO/NPO が主催・企画するワークキャンプやスタディツアーの中から，本学が内容を審査・認定した活動時間が 30 時間以上のプロジェクトに 1 単位，中級者向けとして PCP を含む本学教員が実施している 60 時間以上の国際協力プロジェクトに 2 単位，そして上級者向けとして青年海外協力隊や NGO のスタッフ，あるいはインターンなどの活動に 4 単位程度を付与できる制度の導入を考えています。海外活動自体を単位化し，既存科目と合わせた「国際協力サービスラーニング科目群（仮称）」を始動させる意義は，教育のみならず，研究，社会貢献の観点からも大きな一歩になるに違いないと確信しています。

参考文献

Boyatzis, R.E.（1982）*The Competent Manager*, NY: Wiley.
宮崎駿脚本・監督（2001）『千と千尋の神隠し』（劇場版アニメーション）スタジオジブリ（DVD）.

付記

本研究は，平成 24・25 年度関西大学教育研究高度化促進費で助成を受けたものである。

おわりに

本書は高等教育機関としての大学での学びについて，その歴史・制度的変遷，理論的背景の解説から始まり，さまざまな形態での学びの学習環境デザイン及びそこでの実践についての具体的な数多くの事例紹介で構成されています。

編著者の岩﨑千晶先生は，大学生のこうした学習環境デザインに強い関心を持つ若手の気鋭の研究者です。その熱意は多くの同僚の共感を呼び，こうして，関西大学全学部の教員，1専門職大学院，留学生別科，教員の所属する2つの部（教育推進部・国際部）の教員がこぞって執筆に参加するという形の本を編纂することができました。執筆者の延べ人数は23名にもわたり，それぞれの多彩な領域での実践をわかりやすく紹介しています。

冒頭の第1部では現在の高等教育をとりまく環境の変化やそれへの制度的な対応，その理論的な背景などが詳細に記述されています。

第2部から第5部までは，それぞれの学部の専門科目や共通教育科目・初年次教育科目等での実践が，演習編（第2部），多人数講義編（第3部），ICT活用編（第4部），社会連携編（第5部）で詳細に述べられています。授業の規模で言えば10名程度のゼミの演習の紹介から20～30名程度の一般演習の科目，100名を超える講義科目，250名を超える大人数講義科目までさまざまな形態の授業の実態をみることができます。また，授業の種類についても，初年次教育科目，全学共通教育科目，学部共通科目，教職科目，学部専門科目から，留学生別科，他大学との連携科目，課外のプロジェクトの紹介まで，幅広い種類の授業がとりあげられています。

特筆すべきは，本書ではさまざまな授業の方法を「学びを育む学習環境」の一部と捉え，その具体的なありさまが生き生きと記述されていることです。

第２部以降では各章の冒頭にキーワードが記されていますが，それを手掛かりに，紹介されている授業の方法を分類してみますと，協同(協働）学習，グループワークについて紹介された章が沢山あることに気づきます。多人数の講義科目にそれらをとりいれた実践もみられます。また，それに関連して，学生自身の持つ「教育力」を活用したティーチングアシスタント（TA）やラーニングアシスタント（LA）の活用事例も多くみられます。さらにそれらに共通した理論的背景としてのプロジェクト学習（PBL），協同学習への言及もみられます。さらにｅポートフォリオの活用やルーブリックへの言及といった「評価」を視野に入れた授業実践，教室での授業とｅラーニングを混在させた実践もいくつか紹介されています。こうしたさまざまな方法がそれぞれの授業で用いられていますが，それは１つの大学内・１つの教科内での学びにとどまらず，中学生・高校生へのセミナー，他大学との連携，異分野を統合する授業，国際教育の授業にまで発展的に展開し，現在の大学生の学びの全体像を映し出しています。

そうした学びの環境を個々の教員が最大限に努力してデザインし実践している様相を把握・理解していただくのが本書の第一の目的です。さらにそうした実践の背景にある，社会的要請や学問的必然性についての共通の理解を生み出すことが第二の目的です。さらに現在すでに教育実践をされている方にとっては，なんらかの実践改善上の契機にしていただくのが第三の目的であり，加えて教育行政（学内行政）担当者にはそうした学習環境の整備が大学生の学びの質の向上に寄与し，回りまわってわが国の高等教育全体の利益に資するものであることを認識いただくことが第四の目的です。

このように，たいへん欲張った目的をもって編纂されたものですが，本書で唯一意を尽くせなかったのは，個別の教員の努力だけではなく，所属する学部や大学全体としての高等教育への取り組みの姿を十分に明示できなかった点です。これには今回の編集作業以上の努力と時間を要しますので，今後の課題として編者およびその周りの方々に大いに期待したいと思います。

若手の編者・研究者の，本書にみられる溢れんばかりの熱意・情熱を，大学や高等教育機関全体の課題として共有し，それがよりよい明日の教育活動の糧となることを期待します。また，そうした熱意を具体化していくことをミッションとする機関に所属するものとして，関係部署と協力しながら「大学生の学びの環境」を改善・発展させていく決意をあらためて表明するものです。

関西大学教育推進部・教育開発支援センター長　田中俊也（文学部教授）

索引

A-Z

あ

か

ら

わ

著者紹介

岩﨑 千晶（いわさき・ちあき）

（はじめに，第2章「学生の能動的な学びを支え，新しい能力を育成する教授・学習法を考える」，第3章「新しい能力を育む学習環境を考える」，第7章「ラーニング・アシスタントを活用した初年次教育「スタディスキルゼミ（プレゼンテーション）」のデザイン」，第16章「対面授業でのS-maqsを活用した双方向授業の準備から実施まで」）

関西大学教育推進部准教授，博士（情報学）。
専門は教育工学で，「学びを育む学習環境のデザイン」をテーマに，高等教育を中心とした学習者同士の協同的な学びの場づくりについて研究をしている。

『映像メディアのつくり方』（共著）北大路書房，2008年.
Analysis of Relating the Use of a Learning Management System to Teacher Epistemology and Course Characteristics in Higher Education,（共著）, *Knowledge Management and E-Learning -An International Journal (KM and EL)*, Vol 3, No 3, pp.478-490, 2011.
Analysis of Problems and needs for Instruction Reform In Higher Education,（共著）, *International Journal of Educational Media and Technology*, Vol.2, pp.55-64, 2008.
「組織的な教員支援としてのスチューデント・アシスタントの効果と課題」（共著）『日本教育工学会論文誌』，第32号増刊号，pp.77-80，2009年.

久保田 賢一（くぼた・けんいち）

（第1章　高等教育を取り巻く環境の変化を考える，第21章　大学と社会をつなげるプロジェクト学習のデザイン）

関西大学総合情報学部教授，Ph.D.（Instructional Systems Technology）。
専門は学習環境デザイン。初等教育から高等教育まで学習者がどのように学ぶかを質的に研究している。とくに，地域や海外におけるフィールドワークの中での協働的な学びに関心がある。

『高等教育におけるつながり・協働する学習環境デザイン：大学生の能動的な学びを支援するソーシャルメディア』（編著）晃洋書房，2013年.
『大学教育をデザインする：構成主義にもとづいた教育実践』（共編著）晃洋書房，2012年.

『最適モデルによるインストラクショナルデザイン：ブレンド型eラーニングの効果的な手法』（共編著）東京電機大学出版部，2008年.
『ICT教育のデザイン』（共編著）日本文教出版，2008年.

黒上 晴夫（くろかみ・はるお）
（第4章「新しい学習を評価するツール　―ルーブリック―」）

関西大学総合情報学部教授，教育学修士。
教育工学を専門とし，カリキュラム開発，教育評価，思考スキルの育成方法を主な研究のターゲットにしている。

『教育目標をデザインする：授業設計のための新しい分類体系』（共訳），北大路書房，2013年.
『考えるってこういうことか―思考ツールの授業―』（共編著），小学館，2013年.
『シンキングツール―考えることを教えたい―』（共著），NPO法人学習創造フォーラム，2012年.
「小学校における情報教育の位置づけについての展望」（単著），『教育メディア研究』，第19巻，第1号，pp.47-57，2012年.

竹内　理（たけうち・おさむ）
（第5章　ティーチング・アシスタントと e-LINC を活用した教職課程科目「英語科教育法」の実践）

関西大学外国語学部教授，外国語学部長，大学院外国語教育学研究科長，博士（学校教育学）。
専門は英語教育学（学習方略，動機づけ，自己調整学習）および外国語教育におけるICT利用で，第二言語学習者の認知面と情意面の研究を進めている。

『より良い外国語学習法を求めて：外国語学習成功者の研究』（単著）松柏社，2003年（2004年度大学英語教育学会賞受賞）.
『外国語教育研究ハンドブック – 研究手法のより良い理解のために』（共編著）松柏社，2012年.
Applying strategies to context: The role of individual, situational, and group differences. In A. Cohen & E. Macaro (Eds.) *Language Learner Strategies: Thirty Years of Research and Practice.* (Ch4. pp.69-92), co-authored with C. Griffith & D. Coyle, Oxford University Press, 2007.

Adaptation and validation of self-regulating capacity in vocabulary learning scale. *Applied Linguistics*, 33, 83-91, 2012, co-authored with A. Mizumoto, Cambridge University Press, 2012.

中澤　務（なかざわ・つとむ）
（第 7 章「学ぶ力を主体的に身につける「知のナヴィゲーター」の授業デザインとライティングラボの活用」）

関西大学文学部（哲学倫理学専修）教授，博士（文学）。
専門は哲学・倫理学で，古代ギリシャ哲学を中心に，哲学・倫理学の諸問題について研究をしている。

『ソクラテスとフィロソフィア』（単著），ミネルヴァ書房，2007 年.
『知のナヴィゲーター』（共著），くろしお出版，2007 年.
『都市の風土学』（共著），ミネルヴァ書房，2009 年.
「ゴルギアスの認識・言語批判」（単著），『関西大学文学論集』62-2，pp.35-59，2012 年.

石橋 章市朗（いしばし・しょういちろう）
（第 8 章　政治学教育をつうじた市民教育の実践）

関西大学法学部教授，修士（法学）。
専門は政治学で，政策過程の分析，若者の政治意識の分析を行っている。

「観光振興の政策過程研究―宮崎県のリゾート計画を事例に―」（単著），関西大学経済・政治研究所『サステイナブル社会と公共政策』（研究双書第 143 号），pp.149-187，2007 年.
「生活と政治の関係を認識することは政治への関心を高めるか ―高校生の政治意識の分析―」（単著）『関西大学法学論集』第 63 巻 5 号，pp.69-94，2013 年.

森田 雅也（もりた・まさや）
（第 9 章　合同ゼミによる大学間交流学習のデザイン）

関西大学社会学部教授・博士（経営学）。
専門は人的資源管理で，自律的な働き方，働かせ方，特にチーム作業やワーク・ライフ・バランスについて研究をしている。

「境界決定の自律性とワーク・ライフ・バランス」（単著），『国民経済雑誌』，第208巻，第1号，pp.1-19，2013年.
『経験から学ぶ人的資源管理』（共著）有斐閣，2010年.
『チーム作業方式の展開』（単著）千倉書房，2008年.
Management Education in Japan,（共著）*Oxford:Chandos Publishing*, Chapter 2, pp.31-54, 2008.

岡田 忠克（おかだ・ただかつ）
（コラム　スポーツに取り組む学生への自律的な学習を促す教育実践）

関西大学人間健康学部教授，博士（学術）。
専門は社会福祉政策で，福祉国家の形成過程における福祉行政及び運営管理の国際比較研究，貧困問題，ソーシャルビジネスについて研究している。

『よくわかる社会保障』（共編著）ミネルヴァ書房，2006年.
『転換期における福祉国家』（単著）関西大学出版部，2009年.
『図表で読み解く社会福祉入門』（編著）ミネルヴァ書房，2012年.

三浦 真琴（みうら・まこと）
（第10章　学生と作る・学生が創る授業「大学教育論―大学の主人公は君たちだ！―」のデザイン）

関西大学教育推進部教授，教育学修士。教育開発支援センター副センター長
専門は教育社会学で，自身が実は構成主義に則っていることを三年ほど前に知り，それに気をよくして学生が大学生活を楽しむ契機となるアクティブラーニングを実施するための研究と実践に拍車がかかっている。

「三浦流の学生と楽しむ大学教育」『学生と楽しむ大学教育』（共著）ナカニシヤ出版，pp.249-266，2013年.
「Active Learningの理論と実践に関する一考察　LAを活用した授業実践報告(3)」（単著）『関西大学高等教育研究』，第3号，pp.81-88，2012年.
「Active Learningの理論と実践に関する一考察　LAを活用した授業実践報告(2)」『関西大学高等教育研究』，第2号，pp.1-7，2011年.
「Active Learningの理論と実践に関する一考察　LAを活用した授業実践報告(1)」

『関西大学高等教育研究』，創刊号，pp.25-35，2010 年.

片倉 啓雄（かたくら・よしお）
（第 11 章　理工系多人数講義における効果的なグループ討論）

関西大学化学生命工学部教授，農学博士。
専門は生物化学工学で，固体培養によるエタノール生産や乳酸菌の接着現象を研究しているが，日本工学教育協会で技術者倫理調査研究委員会委員も務め，技術者倫理と安全工学の講義も担当している。

『安全倫理』（共著）培風館，2008 年.
『バイオ系実験安全オリエンテーション』（共著）化学同人，2009 年.
安全にはトップダウンとボトムアップの双方が必要―学生に能動的に安全活動に参加させるには―（単著）『私立大学環境保全協議会誌』，6，pp.43-47，2008 年.
技術者倫理教育の目的は何か：社会の安全・安心との関連を中心に考える（単著）『電気学会研究会資料 . IEE Japan』，44，pp.1-6，2009 年.

倉田 純一（くらた・じゅんいち）
（第 12 章　専門分野の異なる三大学連携の教育）

関西大学システム理工学部・博士（工学）。（関西大学・大阪医科大学・大阪薬科大学　医工薬連環科学教育研究機構　機構長）
専門は制御工学で，人－機械系の最適制御などの観点から，新たな計測技術やデバイスに関するハード面，人材育成に関するソフト面の両面から，生活支援について研究をしている。

「電気温水器式自然熱循環型暖床装置の基礎特性」（共著），『空気調和・衛生工学会論文集』，160，pp.11-19，2010 年.
「介助者・車いす系の自律駆動操作モデルの構築と性能検証」（共著），『日本機械学会論文集 C 編』，76（767），pp.1788-1796，2010 年.
Evaluation of Operability of an Electric Cart Handle without the Bending Motion of Wrists,（共著），*Mechatronics for Safety, Security and Dependability in a New Era* (Elsevier), pp.9-12, 2007.
Development of Sensors Based on the Fixed Stewart Platform, Mechatronics for Safety,（共著），*Security and Dependability in a New Era* (Elsevier), pp.145-148, 2007.

柴　健次（しば　けんじ）
（第13章「思考を促す会計教育　会計専門職大学院」）

関西大学会計研究科教授，博士（商学）。
専門は会計学及び開示学で，開示を前提とした会計の在り方，公共の担い手の多様化に伴う新しい学問の構築，会計及び開示が機能する社会に必要な会計教育について研究をしている。

『ＩＦＲＳ教育の基礎研究』（編著）創成社，2012年.
『ＩＦＲＳ教育の実践研究』（編著）創成社，2013年.
『ビジネス・マネジメント』（共編著）文眞堂，2013年.
『大震災後に考えるリスク管理とディスクロージャー』（共編著）同文舘，2013年.

古川 智樹（ふるかわ・ともき）
（第14章　ブレンディッド・ラーニングによる日本語教育のデザイン）

関西大学留学生別科特任常勤講師，博士（文学）。
専門は日本語教育，会話分析で，現在は日本語教育におけるブレンディッド・ラーニング，eポートフォリオ活用の有効性，及びICTを介在した相互行為について研究をしている。

「eポートフォリオ・システムを活用した渡日前から始まる日本語教育―学習環境面に配慮したアーティキュレーションの構築を目指して―」（共著）『留学生教育』，第18号，pp.65-72，2013年.
「あいづちとして用いられる『あ』の機能」（単著）『言葉と文化』，第11号，pp.237-253，2010年.
「OPI発話における学習者の『聞き手の反応』」（共著）『日本語教育研究』，第17号，pp.93-107，2009年.
Misunderstandings arising from different uses of back-channeling by native speakers and Chinese learners of Japanese,（単著），*Studies in Language Sciences*, Vol 7, pp.213-229, 2008.

池田 佳子（いけだ・けいこ）
（第14章　ブレンディッド・ラーニングによる日本語教育のデザイン）

関西大学国際部教授，Ph.D.（言語学）。

専門は日本語教育，会話分析，エスノメソドロジー，授業分析で，政治談話場面，教育場面，制度的コンテクストにおいて空間・人間・物体（ICT を含む多様なメディアを含む）の相互行為について研究をしている。

『コミュニケーションの諸相―変移・共創・身体化―』（共編著）ひつじ書房，2013 年.
Audience Participation in Politics-Interactional Analysis of Political Communication in Contemporary Japan,（単著），関西大学出版部，2013 年.
Laughter and Turn-taking: Warranting next speakership in multiparty interactions,（共著），***Studies of Laughter in Interaction***, pp.39-64, 2013.
Enriching Interactional Space Nonverbally: Microanalysis of Teachers' Performance in JFL Classrooms,（単著），***Japanese Language and Literature***, Vol.45, No.1, pp.195-226, 2011.

田中 俊也（たなか・としや）
（第 15 章「学生の学びのスタイルと評価の互恵的関係を探る」，おわりに）

関西大学文学部教授，関西大学教育開発支援センター センター長，博士（心理学）。専門は心理学で，特に思考・問題解決を中心とした認知心理学，教室での教え・学びについての教育心理学を専攻とし，心理学的知見の教育分野への展開，高等教育分野への発展可能性について研究をしている。

『思考の発達についての総合的研究』（単著）関西大学出版部，2004 年.
『教育心理学［新版］』（共著）有斐閣，2002 年.
「Simon Says（1）On Physical Symbol Systems；Simon Says（2）On Situated Learning」（Simon, H.A. と共著） 関西大学文学論集第 50 巻，第 3 号，pp.37-52（1）；第 4 号，pp.59-76，2001 年.
「Developing Peer-Support Skills in Students.」（共著）*The First Year Experience Monograph Series*, 52, pp.55-60, 2009.

冬木 正彦（ふゆき・まさひこ）
（第 16 章「対面授業での S-maqs を活用した双方向授業の準備から実施まで」）

関西大学名誉教授（環境都市工学部），現 畿央大学副学長，理学博士。
専門は情報システム工学で，教育と学習を支援する情報システムの設計から開発，運用支援，および高等教育を対象とした教育学習支援環境の情報システム的観点からのあり方について研究している。

「Web 型自発学習促進クラス授業支援システム CEAS の開発」（共著）『教育システム情報学会論文誌』，第 21 巻 4 号，pp.343-354，2004 年.
「授業支援型 e-Learning システム CEAS を活用した自発学習促進スパイラル教育法」（共著）『日本教育工学会論文誌』，第 28 巻 4 号，pp.311-321，2005 年.
「ICT を活用した専門科目の一部としての ESP 教育」（共著）『日本 e-Learning 学会誌』，第 9 巻，pp.27-35，2009 年.
「コース管理システム CEAS の授業支援型ユーザインターフェイス」（共著）『教育システム情報学会誌』，第 27 巻 1 号，pp.5-13，2010 年.

辛島 恵美子（かのしま・えみこ）
（第 16 章「対面授業での S-maqs を活用した双方向授業の準備から実施まで」）

関西大学社会安全学部教授，法学修士。
専門は安全学構築であり，安全問題にかかわる広範な専門領域を横断的に補完的につなぐための基礎研究に携わっている。

『安全学索隠…安全の意味と組織』（単著）八千代出版，1986 年.
『検証　東日本大震災』（共著）ミネルヴァ書房，2012 年.
「社会安全学構築のための安全関連概念の再検討」（単著）Safety Science Review 2010『社会安全学研究』，Vol.1，pp.3-16，2011 年.
「安全学からみる薬害と安全の関係」（単著）『社会医学研究』，Vol.30，No.2，pp.39-54，2013 年.

山本 敏幸（やまもと・としゆき）
（第 17 章　「交渉学」，ラーニング・アシスタントを取り入れた初年次教育「ピア・コミュニティ入門・演習」におけるデザイン）

関西大学教育推進部教授，教育推進部副部長，Ph.D.(教育工学)。
専門は教育工学(メディア・テクノロジー)で，アクティブラーニングを反映した ICT 活用型学習者主体の学習環境(カリキュラム・マッピングから LMS，e ポートフォリオまで)の構築・開発・研究をおこなっている。

A technology enhanced course for communication incorporating empathy,（共著）, Knowledge Management & E-Learning（KM&EL）, 2013, Vol.5, No.3.（Available:

http://www.kmel-journal.org/ojs/index.php/online-publication）
「関西大学・高槻ミューズキャンパス，初・中・高等部における e- ポートフォリオを活用した個性ある教育体制―教育理念，計画から運営までの準備について―」（共著），『関西大学インフォメーションテクノロジー IT センター年報』，創刊号，pp. 47-66，2010 年.
『受講生視点の講義資料 tips 』（共著）『関西大学　インフォメーションテクノロジー　IT センター年報』，第 2 号，pp. 49-60，2011 年.
『聴覚障害者を支援するインクルーシブな ICT 活用の試行』（共著），「公益社団法人私立大学情報教育協会教育改革 ICT 戦略大会」，2013 年

川上 智子（かわかみ・ともこ）
（第 18 章　社会人基礎力を培い，新しい価値を創造するビジネス教育）

早稲田大学大学院商学研究科教授，博士（商学）。
専門はイノベーション・マネジメント，技術生産管理論，マーケティング論他。同僚と共にビジネスプラン教育や産学共同プロジェクト等を通じた教育を実践。イノベーション研究ではトップジャーナルに論文を多数公刊。

『顧客志向の新製品開発：マーケティングと技術のインタフェイス』（単著），有斐閣，2005 年.
『事業創造のための実践ビジネスプラン：社会人基礎力を鍛える』（共著），中央経済社，2009 年.
『1 からの病院経営』（共著），碩学舎，2013 年.
Personal Word-of-Mouth, Virtual Word-of-Mouth, and Innovation Use,（共著），Journal of Product Innovation Management, No.31, Vol 1, pp.17-30, 2013.

後藤 健太（ごとう・けんた）
（第 19 章「国連機関（ILO）での政策提言プロジェクト『KUILO』を実践する専門演習デザイン」）

関西大学経済学部教授，博士（地域研究）。
専門は開発経済学で，東南アジアを中心にグローバル化時代における途上国の産業高度化について研究をしている。

Aid for Trade and Value Chains in Textiles and Apparel,（共著），***Sector Study Report for the Fourth Global Review of Aid for Trade: Connecting to Value***

Chains, 2013,1-55, Geneva: WTO, OECD and IDE/JETRO2013.
Social Networks, Informal Trade Credit, and its Effects on Business Growth: Evidence from the Local Garment Trade in Vietnam, (共著), ***Journal of the Asia Pacific Economy.***, 18(3), pp.382-395, 2013.
Upgrading, Relocating, Informalising? Local Strategies in the Era of Globalisation: The Thai Garment Industry, (共著), ***Journal of Contemporary Asia,*** 2013.
Starting Businesses through Reciprocal Informal Subcontracting: Evidence from the Informal Garment Industry in Ho Chi Minh City, (共著), ***Journal of International Development***, 25(4), pp.562-582, 2013.

深井 麗雄（ふかい・よしお）
（第20章　社会との連携を通して，多人数講義を少人数ゼミに変えるレシピ）

関西大学非常勤講師
専門はメディア学である。

『破滅―梅川昭美の三十年―』（共著），晩聲社，1979年.
『ドキュメント希望新聞―阪神大震災と報道―』（共著），毎日新聞社，1995年.
「地域社会とメディア―沖縄県宮古島市の地元紙やテレビ局の役割について」（単著），関西大学経済・政治研究所「研究双書」第154冊，pp.85-113，2012年.
「長野県の地域紙から見えたメディアの課題と可能性―信州・市民新聞グループの特異性と普遍性」（単著），『政策創造研究』第6号，pp.151-186，2013年(所収予定).

石井 康博（いしい・やすひろ）
（第22章　小学校と連携したフィールド実習―模擬保護者会の実施―）

関西大学文学部教授，博士（人間科学)。
専門は算数科教育で，算数科で利用される具体物，子どものインフォーマルな知識，小学校入門期における子どもの数的活動について研究をしている。

『小学校算数科で利用されてきた具体物―子どものインフォーマルな知識および方略に与える影響』（単著）関西大学出版部，2013年.
「異なる具体物による等分活動がインフォーマルな知識と方略に及ぼす影響」（単著）『日本教育工学会論文誌』第35巻，第1号，pp.59-71，2011年.
「具体物を利用することが子どもの減算方法に及ぼす影響」（単著）『科学教育研究』第30巻 第5号，pp.294-305，2006年.

澤山 利広（さわやま・としひろ）
（第23章「国際協力サービスラーニングのプログラム化に向けた実践的考察―フィリピン共和国パンパンガ州の児童養護施設での情操教育協力活動を参考に―」）

関西大学国際部教授，博士(国際公共政策)。
専門は開発経済学，国際化政策論で，日本国内に加え，ブータン，フィリピン，インドネシア，中国，カンボディア，ザンビア等がフィールドであり，国際協力と国内の地域社会の政策リンケージについて研究をしている。

『国際ボランティアの歩き方』（共著）国際協力出版会，2007年.
『ケースから見たボランティア入門―ボランティアが拓くグローカル社会―』（共編著）トゥエンティワン編集部，2004年.
『国際協力の現場から』（共著）晃洋書房，2003年.
『国際協力の地平』（共編著）昭和堂，2002年.

大学生の学びを育む学習環境のデザイン
— 新しいパラダイムが拓くアクティブ・ラーニングへの挑戦 —

2014年３月31日　第１刷発行
2015年５月15日　第２刷発行

編著者　岩　﨑　千　晶

発行所　関　西　大　学　出　版　部
〒564-8680 大阪府吹田市山手町３－３－35
TEL 06-6368-1121／FAX 06-6389-5162

印刷所　石川特殊特急製本株式会社
〒540-0014　大阪府大阪市中央区龍造寺町7－38

ISBN 978-4-87354-575-2　C3037